中国传统政治文化书系

主　编　齐　涛
副主编　蒋海升　谢　天

中国传统改革精神

李沈阳　著

泰山出版社·济南·

图书在版编目（CIP）数据

中国传统改革精神 /李沈阳著；齐涛主编；蒋海升，谢天副主编. -- 济南：泰山出版社，2023.12
ISBN 978-7-5519-0691-3

Ⅰ.①中… Ⅱ.①李… ②齐… ③蒋… ④谢… Ⅲ.①体制改革—研究—中国—古代 Ⅳ.①D691.2

中国版本图书馆CIP数据核字（2021）第242669号

ZHONGGUO CHUANTONG GAIGE JINGSHEN
中国传统改革精神

策　　划	胡　威
主　　编	齐　涛
副 主 编	蒋海升　谢　天
著　　者	李沈阳
责任编辑	徐甲第
装帧设计	路渊源

出版发行　泰山出版社
　　　　　社　　址　济南市泺源大街2号　邮编 250014
　　　　　电　　话　综　合　部（0531）82023579　82022566
　　　　　　　　　　出版业务部（0531）82025510　82020455
　　　　　网　　址　www.tscbs.com
　　　　　电子信箱　tscbs@sohu.com
印　　刷　山东华立印务有限公司
成品尺寸　165 mm×240 mm　16开
印　　张　15
字　　数　230千字
版　　次　2023年12月第1版
印　　次　2023年12月第1次印刷
标准书号　ISBN 978-7-5519-0691-3
定　　价　69.00元

总序

政治文化是基于政治制度和政治行为而形成的政治思想、政治观念与价值取向。它既是对政治制度和政治行为的抽象，又是社会文化中的客观实在，对政治制度与政治行为产生着重要影响。中国传统政治文化则是对中国传统政治制度和政治行为的抽象，具有丰富而深刻的内涵，影响着中国传统政治的构建，也影响着近代以来中国政治道路的选择。

相当长的一个时期以来，我们对传统政治文化没有给予应有的关注，更没有给予客观的评价。多数情况下，我们将其视为封建专制主义的糟粕，将其贴上落后、保守甚至反动的标签，其中一个重要原因是受西方学术范畴与话语体系的影响。

早在启蒙运动时代，一些著名的欧洲启蒙思想家便借中国古代政治之例抨击欧洲封建专制主义。孟德斯鸠在《论法的精神》中认为，历史上存在过三种政体，即共和政体、君主政体与专制政体：共和政体是全体人民或仅仅一部分人民握有最高权力的政体；君主政体由单独一个人执政，不过遵照已确立且被固定了的法律执政；专制政体既无法律又无规章，由单独一个人按照一己的意志与反复无常的性情领导一切。他认为，中国古代就是专制政体，在这种政体下，人的命运和牲畜一样，就是本能服从与接受惩罚，即使西方的暴君统治也强过东方的专制统治。

冷战时期，有的学者基于强烈的意识形态偏见，不遗余力地揭示东方专制主义的"罪恶"，其中最具代表性的就是美国历史学家魏特夫的《东方专制主义：对于极权力量的比较研究》一书。该书认为：东方国家的治水导致了专制政体与东方专制主义，"由此产生的权力是一种极权力量。在这样的治水社会中，政治上是君主暴政，经济上消灭土地私有制，文化上是奴性状态。生活在这种治水社会中的民众必然屈从于中央集权，处在全面恐怖之中，最终陷入全面的孤独"①。当然，也有许多严肃的西方学者从不同角度探讨和研究中国传统政治文化，但往往不得要领，比如，近代政治学的代表性学者马克斯·韦伯曾着力于中国古代政治研究，并认定中国古代政治体制是家产官僚制。所谓家产官僚制，就是以家产制国家为基础，家产制与官僚制相结合的政治体制。马克斯·韦伯认为："当君侯以一种人身的强制，而非领主式的支配，扩展其政治权力于其家产制之外的地域与人民，然而其权力的行使仍依循家权力的行使方式时，我们即称之为家产制国家。"②当家产制国家继续扩大时，必然要借助于官僚制度，国家愈大，对官僚制度的依存就愈是绝对。马克斯·韦伯在《儒教与道教》一书中提到，自秦王朝开始，各王朝都是"家产官僚制"，在这一体制下，君主将国家政权作为私人权力与私人家产，置于其官僚制行政的管理之下。这一体制下的官僚不同于近代官僚，他们更像是君主的家臣与"包税人"，他们必须与君主建立人身依附关系，获准在其任职范围内充分的收益权，他们可以将其行政内所得的收入作为俸禄，事实上与

---

① 金寿福：《东方专制主义理论是冷战产物》，《历史评论》2020年第2期。

② 马克斯·韦伯：《韦伯作品集Ⅲ：支配社会学》，康乐、简惠美译，广西师范大学出版社，2004，第103页。

其私人收入并无区别。

对于孟德斯鸠出于工具目的对东方专制主义的批判可以另当别论，但其影响力不容忽视；对于魏特夫等人的观点，学界虽进行了较为充分的讨论，但并非从根本上解决了相关理论问题；对于为数颇多的严肃学者所进行的相关研究，国内学术界也进行了积极的回应与讨论，但对中国传统政治文化研究长期未见全面深入的突破，并未构建起完整的、客观的研究体系。究其原因，在于分析工具的选择。西方学者所使用的学术范畴与话语体系，都是在对西方文明的发展研究基础上形成的，他们往往以之为标准来评判中国传统政治文化。马克斯·韦伯这位严肃的学者，尽管注意到了中国传统社会种种内在逻辑与独特存在，但仍不愿放弃其既有的范畴，而是以家产制与官僚制这两个既有范畴打造出"家产官僚制"之履，削足适履，将中国传统政治塞入其中。国内学术界与西方学术界关于中国传统政治文化的对话、对中国传统政治文化的研究，也多是借用舶来的西方政治学的理论与范畴，难免力不从心，甚至还可能带来更严重的后果。中国台湾学者林端在21世纪初不无忧虑地认为，马克斯·韦伯对中国传统政治与法律存在诸多误解，"如果这些误解不断存续下去，甚至中国人的世界也越来越接受这种误解的说法，会是很可怕的事情，到最后中国人自己不了解中国文化的特征，却顺着西方人的眼睛来看自己的中国，看自己的文化"[1]。在以往的学术讨论中，我们总是说西方人戴着有色眼镜看中国问题，实际上，最大的问题在于我们自己也戴着西式有色眼镜看自己的问题。所以，我们的当务之急是摘下这副眼镜。

摘下西式有色眼镜，我们会发现，在人类政治文明进程中，并

---

[1] 尤陈俊：《中国传统法律文化的重新解读与韦伯旧论的颠覆——〈韦伯论中国传统法律：韦伯比较社会学的批判〉评介》，《法制与社会发展》2006年第2期。

不存在唯一正确的普世的政治思想、政治观念与价值取向。习近平主席在2021年世界经济论坛"达沃斯议程"对话会上的特别致辞中指出："世界上没有两片完全相同的树叶，也没有完全相同的历史文化和社会制度。各国历史文化和社会制度各有千秋，没有高低优劣之分，关键在于是否符合本国国情，能否获得人民拥护和支持，能否带来政治稳定、社会进步、民生改善，能否为人类进步事业作出贡献。各国历史文化和社会制度差异自古就存在，是人类文明的内在属性。没有多样性，就没有人类文明。多样性是客观现实，将长期存在。"[1]习近平总书记在中共十九届四中全会第二次全体会议上的讲话中还指出："一个国家选择什么样的国家制度和国家治理体系，是由这个国家的历史文化、社会性质、经济发展水平决定的。"[2]

西方近代政治文明就不是资本主义时代的专利，而是在欧洲独有的历史文化基础上产生的，如美国学者拉塞尔·柯克所说："（美国）秩序的根基可蜿蜒曲折地追溯到希伯来人对上帝之下的有目的的道德生活的认知。它们涵括了古希腊人在哲学和政治上的自我意识；罗马人的法治与社会组织经验涵育了这些根基；它们与基督教对人之责任、希望和救赎的理解盘根错节地交织在一起；它们从中世纪的习俗、学问和英勇精神中吸取生命的养料；它们紧紧地抓住16世纪酝酿的宗教情绪；它们源自英格兰千辛万苦争来的法律之下的自由；殖民时期美国一百五十年的共同体经验强化了这些根基；它们得益于18世纪的辩论；它们借着《独立宣言》和美国宪法崭露峥嵘；它们经过美国内战的严酷考验后又全面恢复生机。"[3]

---

[1] 习近平：《让多边主义的火炬照亮人类前行之路——在世界经济论坛"达沃斯议程"对话会上的特别致辞》，《人民日报》2021年1月26日第2版。

[2] 习近平：《习近平谈治国理政》（第三卷），外文出版社，2020，第119页。

[3] 拉塞尔·柯克：《美国秩序的根基》，张大军译，江苏凤凰文艺出版社，2018，第474页。

同样，中国现代政治文明也是在中国独有的社会土壤中生长起来的，其中，传统政治文化是十分重要的组成部分，如习近平总书记所指出的："像这样的思想和理念，不论过去还是现在，都有其鲜明的民族特色，都有其永不褪色的时代价值。这些思想和理念，既随着时间推移和时代变迁而不断与时俱进，又有其自身的连续性和稳定性。"①

因而，对中国传统政治文化的发掘与构建不仅可以让我们认识过去的中国，更可以助益于当代中国政治文明的发展，助益于中国特色社会主义制度和国家治理体系的进程。我们必须摘下西式有色眼镜去看中国自己独特的政治制度与政治行为，去把握与构建中国人自己的传统政治文化。

摘下西式有色眼镜，我们可以发现，在五千多年中华文明发展进程中，我们创造了独具风格的传统国体，"天下"与"社稷"是基本的国家范畴。

中国早期政治家们坚定地认为，"天下"是他们政治作为的地理空间，也是国家政权覆盖的地理范围。从西周王朝的"普天之下，莫非王土；率土之滨，莫非王臣"，到孔子所秉持的"修身齐家治国平天下"，陈述的是同一政治表达。在这一政治框架中，"国"只是政权存在，无论是万国时代，还是西周各诸侯国都是如此。天子是天下的最高统治者，是各国的宗主，具有至高无上的地位。对于远近不同、关系不同的各国政权，均认定为同一天下，分为五服，设定不同的责任与义务，以德怀远、万国来朝是最为理想的天下治理状态。在秦汉统一王朝时代，虽然诸侯之国消失，但天下观并未改变，历代王朝仍认定自身为天下宗主，以天下为己任。

在这一政治框架中，正统与正朔成为非常重要的政治符号，统

---

① 习近平：《习近平谈治国理政》（第一卷），外文出版社，2014，第171页。

治者都认定自己是天下正统所在，而正统的标志就是奉其正朔。正朔是历法，使用其颁行的历法，就是奉其正朔，认可其正统地位。因而，对于天下各政权，历代王朝或有征讨，但并无掠夺，只要称臣纳贡，奉其正朔，便可换来封名，获得应有的保护。

在这一政治框架下，统一的王朝是历史发展的基本形态，每一个分裂时代都是被动的，分裂时代的任何一个王朝无不以正统自居，都想让其他王朝奉其正朔，都不肯偏安一方。海内为一的大一统是每个王朝共同的追求。

中国早期政治家们还敏锐地将天下细分为社稷、民、君三个组成部分。在《孟子·尽心下》中，孟子旗帜鲜明地认为："民为贵，社稷次之，君为轻。"这一论述的意义不仅仅是认识到了民众在社会历史中的地位，更是将社稷与君分离开来，以君主为代表的统治者只是社稷的管理者，并非社稷本身，这成为中国古代最为重要的政治传统。齐宣王曾问孟子，商汤推翻夏桀、周文王讨伐商纣王，是否真有此事？孟子说有。齐宣王又问，臣弑其君可否？孟子的回答是，凡背弃仁义、残害百姓者，就是独夫民贼，人人可诛之。可以说，"民惟邦本"的政治理念在中国古代深入人心。唐太宗曾把君主与百姓的关系比之为舟与水的关系，说"水可载舟，亦可覆舟"，这也是认可君权并非神圣不可转移。因而，当统治者不足以维持其统治时，总是被农民起义拉下马来，实现改朝换代。

必须指出的是，在一次又一次的历史更替中，天下未变，文化人伦未变，天下之民及其共同的精神追求与心理取向未变，社稷也未变。所谓王朝的周期更替只是政权变动，而非国家变动。五千多年的中华文明从未中断，赓续至今。

摘下西式有色眼镜，我们还会发现中国传统政体的明显特性，可以看到中国古代政治文明之路是一条不同于西方社会的文明之路，它有着集权一统的行政体制、充分发育的政府职能和平等开放的社会结构。

就传统行政体制而言，韩非为秦始皇设计了"事在四方，要在中央。圣人执要，四方来效"①的行政体制总则。这里所说的"圣人"就是君主。中央对于地方，"如身之使臂，臂之使指，莫不制从"②，指挥自如；君主对于全国，则是"天下之事无大小皆决于上"③。此总则通行于整个中国古代社会，各王朝自上而下设置层层相属的地方行政机构，又设置了分工明确、职责清晰的职能部门，确保各地权力集于中央王朝，中央王朝权力集于君主。

在这样一种体制下，基本不存在独立的政治实体。古代中国没有西方中世纪相对独立的自治城市，王朝的体系一直延伸到城市里坊；也没有西方中世纪自行其是的封建领主和自治村庄，王朝的体系也囊括了所有村落；更没有西方中世纪宗教的威权，各种宗教都在王朝行政体系的管理之中。还必须说明的是，中国古代各王朝均非所谓"家产制"国家，皇室财产与王朝财产始终有清晰的界限，君主私人财务与社会公共财政也并未合一。

就传统政府职能而言，"父母官"可以说是对传统政府职能的最好概括，王朝政府几乎是唯一的主体。中国古代各级政府是实施社会管理的全能的一元化政府，从中央到地方，有着构造齐全、涵盖几乎所有事务的机构与管理者。无论是国计民生，还是司法、治安、民政以及宗教、教化等，都在各级政府的一元化管理体系之中。如经济事务的管理，从农业到工商业，无一遗漏。中央王朝既有大农令、大农丞、劝农使，又有均输官、平准官，还有工部、户部、少府等。县一级则有工曹、户曹、市曹等，连县城中的市场也有市令与均平令进行市场秩序与物价管理。社会精神文化生活也是在一元化的管理下，倡导什么礼俗，尊崇什么宗教，甚至于表彰

---

① 高华平、王齐洲、张三夕译注：《韩非子》，中华书局，2010，第59页。
② 班固：《汉书》，中华书局，1962，第2237页。
③ 司马迁：《史记》，中华书局，1959，第258页。

孝子烈妇、调和邻里之争，都在政府的统辖之下，可以说是事无巨细、无所不包，尤其是基层地方政府，几乎就是一地之大家长。

在这样一种体制下，没有行政权力之外的权力存在，没有类似西方中世纪的各种社会中间组织分割其事权，也没有西方中世纪那样的各式法庭分割其司法裁判权，更没有西方中世纪的议会分割其税收或其他社会权力。中国古代社会存在着宗族与其他各色民间组织，但都不具有较为完整的权力，只是在行政权力的认可或赋予下，拥有一定的社会权力，是行政权力的补充或延伸。

就传统社会结构而言，中国古代社会的最大特点就是"编户齐民"制度，其实质是相对平等、开放的社会角色体系。中国古代社会存在着明显的角色差异、社会地位差异，但没有严格的社会鸿沟，不同角色的人们拥有一个共同的身份，即编户齐民，所有人户都在政府的编制管理之中，都可能实现社会角色的转换。

在这样一种体制下，中国古代的农民有可能转而为官或是经商，"朝为布衣，暮为卿相"并非个例；而西方却是严格的身份世袭制，中世纪的农民没有此通道。中国古代的"士"是文化的掌握者与传承者，也是社会流动的中转站；西方中世纪的文化都垄断在教会之手，直接制约了社会的活性。中国古代社会实行家产继承的诸子均分制，每一个子嗣都可以均等地继承家业，保障了社会结构的稳定；西方中世纪则是长子继承制，大量余子与骑士的沉淀成为其社会结构的一个顽疾。

摘下西式有色眼镜，我们又会发现，中国传统治理体系也独具风格，难以用现有政治范畴进行诠释，无论是中国传统政治治理体系、经济治理体系，还是文化治理体系，都是如此。

就中国传统政治治理体系而言，现有的民主、法治、专制等范畴都难以表达中国传统政治治理体系的本来。如，中国古代政治是民主政治吗？当然不是。是专制政治吗？也不全是。中国古代有君主专制，但君主的权力往往受到制约，实际是有限君权，最为典型的是唐朝的三省六部制，从诏令的起草、复核到执行，都有庞大的官僚部门负责，彼此制约。而且，还有较为完整的朝堂议事制度、监察制度、谏议制度，朝堂之上，并非君主一言九鼎。另外，中国古代王朝均有十分完整庞大的法律规定，从民事、刑事到社会事务、行政运转都有详尽规定，依法行政的色彩十分明显，但又难以认定这就是法治社会，因为从君主到各级地方官员，他们在各种事务中的自由裁量权还是比较突出的。这就是中国传统政治治理体系的实际：既非民主，又非专制；既非法治，又非人治。

就中国传统经济治理体系而言，现有的国有化、私有化等范畴，也都难以准确表达传统经济治理体系。以土地制度为例，在中国古代相当长一个时期，土地一直没有明确的国有或私有的属性，虽然自秦王朝统一后，宣布"令黔首自实田"，似乎认可了农民的土地所有权，农民可以转让与买卖土地，但此后，各王朝仍不断进行土地的重新调整与分配：从西汉的授田制、王莽的王田制，到西晋的占田制、北朝与隋唐的均田制，王朝政权总在不断地否定私有，保障农民的土地占有；直到明清时期，农民仍不具备西方私有权属意义上的完整的土地私有权。以工商政策为例，中国早期国家形成于三次社会大分工完成之前，使工商业在出现之初就打上了明显的国家印记。春秋战国以来，虽然允许私营工商业发展，但"工商食官"制度并未终结，官营工商业一直未退出历史舞台，而且还处在不断发展中，从而出现了官营工商业和私营工商业并存，官营工商业一直处于垄断与主导地位的格局，这一格局贯穿中国古代社会两千年。

就中国传统文化治理体系而言，现有的文化专制、思想自由等范畴同样无法诠释中国传统的文化治理体系。以思想自由定性中国传统文化治理显然荒谬，但是，以文化专制指认中国传统文化治理同样不妥。中国历代王朝都重视文教，推广教化，中国古典文化的繁荣世所公认。更为重要的是，中国古代社会没有出现西方中世纪宗教力量钳制思想的现象，人们拥有较为宽松的信仰选择，除了以祭天为核心的垄断性信仰外，并无多少禁区。

中国传统政治的上述特性，当然是在中国长期稳定的农耕文明土壤中形成的，其中最根本的一点就是中国古代政治文明独特的发生与发展道路。中华文明有着独特的发生途径与成长历程，传统中的胎记遗存清晰可辨。一万多年前，相当长的一个时期，由于受大理冰期的影响，全球性气温下降，冰川扩张，海平面大幅度降低，渤海、黄海、东海成为新的大陆，朝鲜半岛、日本列岛以及台澎诸岛都与东亚大陆连为一体。在这方新的土地上，我们的先民们拥有了更为广阔的生存空间，自北向南，依次活动着渔猎采集群落、初始农耕群落、高级采集狩猎群落。我们上古传说中的尧、舜、禹、共工、三苗、蚩尤等，都生存于其中。而当时的旧大陆，尤其是北部大陆，由于严寒与干旱，冻土带南移，人口较为稀少。大约一万年前，随着大理冰期的结束，全球性气温转暖，冰川融化，暴雨成灾，海水上涨，接踵而至的洪水淹没了新大陆，也湮没了新大陆上的所有文明。人们的生存空间大大缩小，幸存的群落与群落间发生了旷日持久的冲突，尧、舜、禹与共工、三苗的战争都在此列。[①]

在中华文明的发生史上，存在着一个一直没能解决的问题，那就是早期文明的源头究竟在何处？现在看来，答案应当有了，即这一时期的洪水与战争是中国早期文明的源头。在治洪、御洪的过程中，尧舜禹集团内部开始萌生社会分工、公共权力以及刑罚，尧舜禹的禅代、鲧的放逐以及四岳的存在，都为我们透露出了这样的信息。更为重要的是，洪水进逼所引起的大规模的群体战争同样在促成权力与统治的萌生。《吕氏春秋·荡兵》曾言："人曰'蚩尤作兵'，蚩尤非作兵也，利其械矣。未有蚩尤之时，民固剥林木以战矣，胜者为长。长则犹不足治之，故立君。君又不足以治之，

───────
① 齐涛主编：《世界史纲·绪论》，泰山出版社，2012，第1~7页。

故立天子。天子之立也出于君,君之立也出于长,长之立也出于争。""立长""立君""立天子",实际上是国家形成三阶段的写照。尧、舜、禹与共工、三苗的战争,标志着"立长"阶段的开始,也意味着中国早期文明的滥觞。

中国早期文明萌生后所面临的主要压力仍是群体间的冲突与对抗。随着生产的进步、人口的膨胀,这种对抗愈演愈烈。群体内部的组织体系也开始完备。这种组织体系的完备首先是在聚落中实现的,尔后又逐渐延伸,进而形成了早期方国,其时间大约在五六千年前,这也就是古史上所谓的"万邦时代"。随着方国间对抗与联系的逐步加强,方国共同体开始出现,夏王朝的建立标志着更大范围方国共同体的出现,也标志着大一统王朝的萌生。此时的方国共同体并非方国联盟,而是诸方国对方国共同体的主导者的服从与认可;而作为方国共同体主导者的夏,对其他方国也并非征服与掠夺,而是视为同类,致力于人文教化的一统。商之代夏、周之代商,只是一个主导者对另一个主导者的取代,人文教化一统的方国共同体并未改变。在此基础上建立的国家政权已带有浓重的统一国家色彩。经过春秋战国的历史整合,至秦王朝建立,大一统的中央集权王朝已经形成,西方近代意义上的国家已经出现在两千多年前的中国,大一统传统由来已久,根深蒂固。

由于中华文明的萌生缘于冰后期群体间的对抗,其萌生之时,私有财产和贫富分化尚未出现,私有制与阶级也未产生,三次社会大分工更没有展开,氏族血缘组织还未被地缘组织所取代,因此这些历史任务都是由先行出现的国家机器渐次完成的。这一过程,必然要打上国家的烙印。国家政权对社会的控制与管理是全方位的,国家政权之外的其他力量难以生成。

与文明发生的途径相联系,国家产生之时,没有明显的阶级对立和阶级差别,没有内部奴隶,各成员之间的差别更多的是社会分工与角色的不同,社会成员都有一定的参政、议政权利。直到西周春秋时代，实行的仍是国人内部民主制，遇有重大事务，国君往往要与国人相商，甚至与之盟誓。国人废黜国君，另立新君之事也曾发生。战国以来，君权强化，君主专制体制不断发展，但民主制的基因并未中断，社会成员的平等性在一定程度上得以延续。

与文明发生的途径相联系，中国早期社会组织不是以地缘关系代替血缘组织，而是对血缘组织的确认与强化。家庭与家族是基本的社会组织，无论是群落，还是方国、方国联盟以及后代的夏、商、周，其组织结构基础都是家族。在此基础上，国家作为宗法血缘关系下的父家长制大家庭放大后的产物，必然会带来内部的集权化倾向，带来全能的政府职能；群体内部的纽带是血缘关系，又为父家长式的专制奠定了基础。

与文明发生的途径相联系，中国古代的三次社会大分工一直没有完整实现。西周及其以前的时代，土地为宗族所有，实行的是以家族为单位的大田集体劳动，家畜饲养与农业生产是在同一个劳动单位内完成的，纺织和陶器制作等手工业生产也是如此。家族之间和全社会所需的手工业商业活动则由王朝政府承担，此即商周王朝的工商食官制度。在此基础上，形成了独特的土地制度与官营工商制度。

与文明发生的途径相联系，中国早期政治是人文政治，而不是神祇政治，祭祀僧侣集团在中国政治上一直没有取得过主导地位。在文明的萌生中，中国也与西方世界一样，有祭祀与专职的祭祀人员，有通天人之际的"若木"与神山。从红山文化的祭坛到三星堆的神杖，从种种的民间神祇传说到遍布南北的新石器时代的岩画，我们都能感到神仙世界对世俗世界的影响。但在中国社会，神职人员一直没有成为独立的政治集团，神职首领往往是世俗首领兼而领之，这种情况下的祭祀集团只能是政治的附庸。与之相对应，在中国传统政治生活中，一方面是世俗首领垄断了天人之际的通道，"天之子""予一人"以至后世的封禅大典，充分体现了这种垄断；另一方面，人文与人伦成为基本的价值取向，从周公旦的"敬天保民"，到孔夫子的人文教化，反映的都是这一精神。因而，中国古代社会未曾出现欧洲中世纪宗教的桎梏与束缚，而是成就了中国古代社会的人文繁盛与相对宽松的信仰世界。

从上述内容我们可以清楚看到，中华文明的发生与西方迥异。西方文明的发生，走的是一条符合传统理论的基本道路，即在原始社会的后期，随着生产的进步，有了剩余产品与剩余劳动，又有了私有财产与私有观念，在此基础上，形成了贫富分化与阶级对立，国家机器在阶级对立的基础上应运而生，代表统治阶级的利益，实行阶级统治与阶级压迫。与之同时，原始的氏族血缘关系被打破，以地缘关系编制、管理其国民成为国家形成的重要标志。自国家出现到希腊罗马时代，欧洲社会完成了其政治基础的奠基与政治制度的完善，基于个人权利至上的公民权与财产私有权成为其社会的两大基点，城邦民主政治与自由文化精神构成了欧洲政治文明的基本框架。此后，虽然经历了中世纪的黑暗，但这一基础并未被完全摧毁，在许多方面仍以种种不同的方式在继承与发展，尤其在城乡二元结构下，城市文明崛起，为欧洲社会提供了另一个版本的治理体系。至文艺复兴，则在新的历史时期实现了对希腊罗马文化的续写与迸发。随着资本主义运动的进展，近代国家、近代法律、近代思想文化以及近代国际秩序逐步形成，从而完成了欧洲文明的构建。

中华文明的发生与欧洲社会已大不同，发生之后，中华文明仍旧沿着自己的基点行进。近百年来，不断有学者将中国的历史进程与欧洲的历史进程相比附，得出了种种结论。就历史的客观性而言，两者虽不乏相似之处，但仍是不同道路上的行进者。如中国春秋战国时期的变革与希腊、罗马的变革实际是同工异曲，中国的秦汉帝国与罗马帝国的强盛也并非一事，中国的封建社会也不能等同于欧洲的中世纪社会等，特别是春秋战国这一特定历史变革时期所造就的中华文明的框架，更是上承远古以来中华文明的发生，下启两千年中华文明的发展，有着独特的内涵与意义。

中国传统政治的特性已述于上，如何总结、提炼由中国传统政治制度与治理体系所凝聚的思想与文化，是这套书系的任务所在，如习近平总书记所指出的：

> 在几千年的历史演进中，中华民族创造了灿烂的古代文明，形成了关于国家制度和国家治理的丰富思想，包括大道之行、天下为公的大同理想，六合同风、四海一家的大一统传统，德主刑辅、以德化人的德治主张，民贵君轻、政在养民的民本思想，等贵贱均贫富、损有余补不足的平等观念，法不阿贵、绳不挠曲的正义追求，孝悌忠信、礼义廉耻的道德操守，任人唯贤、选贤与能的用人标准，周虽旧邦、其命维新的改革精神，亲仁善邻、协和万邦的外交之道，以和为贵、好战必亡的和平理念，等等。这些思想中的精华是中华优秀传统文化的重要组成部分，也是中华民族精神的重要内容。马克思主义传入中国后，科学社会主义的主张受到中国人民热烈欢迎，并最终扎根中国大地、开花结果，决不是偶然的，而是同我国传承了几千年的优秀历史文化和广大人民日用而不觉的价值观念融通的。①

这套"中国传统政治文化书系"就是以习近平总书记所指出的中华民族在几千年历史演进中所形成的关于国家制度和国家治理的丰富思想为纲，从不同方面对习近平总书记所提炼的中国传统政治文化进行阐释。我们要表达的不是政治史，也不是制度史，而是政治史与制度史中所蕴含的文化精神。这种精神通过政治事件、政治制度和政治人物来体现。也可以认为这是一个另类的政治史，是围绕问题说话的

---

① 习近平：《习近平谈治国理政》（第三卷），外文出版社，2020，第119~120页。

政治史。

  为便于更多读者阅读，我们未把这套书系打造成晦涩难懂的理论著作；为保障其科学性与可靠性，也不想把它制作成迎合市场的通俗演义。而是采用"非史""非论"的叙述手法，既不是历史的，也不是理论的；既不是通俗的，也不是高大上的，力求以一种独特的模式，让人们从政治历史中感知传统政治文化精神之所在。在叙述中力避夸夸其谈，从概念到概念，力避事无巨细，面面俱到，而是画出三分，留白七分。用完整的叙事、画龙点睛的提炼，把传统政治文化的基点与内核告诉读者，读者自然可以领会其中的政治精神，构建自己心中的中国传统政治文化。

目录

绪论 ··· 001

第一章　中国传统改革精神的形成 ··· 008
一、传统改革精神的萌生 ··· 008
二、传统改革精神的形成 ··· 016
三、春秋战国改革的维度 ··· 033
四、春秋战国时期的改革与中国道路 ··· 035

第二章　社会转型期的改革 ··· 043
一、中国历史上的两次主要社会转型 ··· 043
二、社会转型期的社会问题 ··· 049
三、社会问题的应对与改革精神 ··· 055
四、社会转型期的主动改革精神与被动改革意识 ··· 067
五、改革精神与少数民族政权封建化进程 ··· 070

第三章　立国定制时的改革 ··· 090
一、政权建立时的局势 ··· 090
二、立国的权时之变 ··· 095
三、巩固政权的改革 ··· 103

四、改革取向与王朝性格的塑造　　… 113

第四章　内部危机时的改革　　… 119
　　一、王朝赓续中的危机呼唤改革　　… 119
　　二、改革意识与危机的缓解　　… 137
　　三、改革意识与统治王朝的命运　　… 142

第五章　外来压力下的改革　　… 148
　　一、传统社会的外来压力　　… 149
　　二、外来压力下的应变精神　　… 159
　　三、外来压力下的守旧与王朝衰亡　　… 167

第六章　循序渐进的改革　　… 171
　　一、循序渐进改革的必要性　　… 171
　　二、循序渐进改革的实践　　… 182
　　三、急功近利改革的教训　　… 191

第七章　综合配套的改革　　… 196
　　一、综合配套改革的形式　　… 196
　　二、综合配套改革与单项改革的效果　　… 201

结　语　　… 205
参考文献　　… 213
后　记　　… 217

绪论

改革又称变法、更化、改制、维新和新政等,虽然这些称呼之间互有差异,但本质相同,均指在现有的政治体制内,对制度与政策等进行改良与革新。不同时代、不同区域、不同民族的政权无论在政治制度、经济结构、军事制度、社会生活和思想文化等方面有多大的差别,都会遇到种种问题,甚至会出现危机,威胁到政权的稳固。改革则是解决问题、化解危机和巩固统治的一种重要方式。

一、传统改革精神的确立

中国传统社会的改革很早就开始了,有的学者认为,我国的社会改革之缘起可追溯到远古氏族制时代的唐尧、虞舜,之后是夏禹创立国家的改革、商王盘庚的改革和武丁的改革。周朝在灭商之前,就有古公亶父和周文王的改革。[①]笔者认为,就现有可靠的文献记载而言,中国传统社会的改革应当始于商周嬗代后周王朝的一系列改革,

---

① 顾奎相、陈涴:《中国古代改革成败论:湘岩文存二集》,辽宁大学出版社,2004,第2页。

即"周虽旧邦,其命维新"。而把改革作为解决问题、化解危机的方式确定下来,进而沉淀为传统精神,则是在春秋战国时期。

进入春秋时期之后,维系了西周数百年统治的各种典章制度开始解体和崩溃,社会上出现了种种变化,但这个时期的统治阶层并没有大规模创立新的制度,只是在旧制度的基础上进行制度的变革,试图通过对旧制度缝缝补补来应对新的局面。齐国的管仲改革,晋国的郭偃之法、晋文公改革,鲁国的初税亩以及郑国的子产改革,都试图在原有的行政、经济和社会制度下,增加新制度以冲击和替代旧制度。战国时期,随着生产力的显著提高,国家的政治制度、社会的生产方式、社会的组织关系、社会的意识形态以及民众的日常生活都处于急剧的变动之中。虽然有学者认为不宜高估战国时期铁器的使用对社会经济产生的影响,但铁器在农业生产中的应用无疑提高了生产力,进而推动了土地私有制的发展,阶级关系和社会关系随之出现剧烈变化。诸侯国之间的战争更加频繁,社会矛盾和阶级矛盾日趋激化,导致各国面临的社会危机也日益深重。在这种局势下,有长远见识的政治家们开始在国内推行政治、经济、军事及社会改革,掀起了一场场轰轰烈烈的变法运动,例如魏国的李悝变法、楚国的吴起变法、秦国的商鞅变法,以及赵国的公仲连改革和赵武灵王的胡服骑射改革、韩国的申不害改革、齐国的齐威王和邹忌改革、燕国的乐毅改革等。从公元前5世纪40年代到公元前4世纪初的近100年时间里,战国七雄几乎都进行了程度深浅不一的改革,标志着改革时代的来临。

与现实中的改革实践相呼应,思想领域也不断出现提倡改革的观点和理论。《周易》的革卦《象传》的"革而信也"和《诗经·大雅·文王》的"周虽旧邦,其命维新"等,透露出经典著作中的改革意识,而荀子的"法不贰后王"、邹衍的"五德转移"和韩非子的"不法常可"等观点,更是蕴含着丰富的改革思想。

春秋战国时期改革的实践和思想相互激荡,奠定了中国传统社会的诸多特征：君权强化、王位世袭、土地私有、官僚制度等。在这个时间段，古希腊也进行过多次改革，如公元前621年的德拉古立法、公元前594年的梭伦改革、公元前508年左右的克里斯提尼改革和公元前5世纪的伯利克里改革等，这些改革确立了古希腊同时也是欧洲的两大传统——主权在民和轮番为治。[①]因为"轮番为治"，所以梭伦肩负仲裁制宪大任的执政任期只有一年，届满后便飘然离任，出国远行，此后终其一生再没踏入政坛。据说在改革后期，有人建议梭伦继续掌控大权，实行僭主政治——建立在强人基础上的独裁统治，但被他拒绝，他用自己的行动践行了对城邦政治的承诺和对个人独裁的反对。梭伦之后，虽然希腊还是走上了僭主政治的道路，但公民大会和执政官选举照常进行，希腊始终沿着梭伦确立的民主政治方向继续民主改革，最终成为国力强大、政治民主、经济繁荣和文化昌盛的城邦。大致在这个时间段，处于共和时代的古罗马的平民与贵族之间的斗争以及斗争的一大结果——改革，也确定了其发展道路与中国发展道路的分途。可以说，中国在春秋战国时期改革确立的传统和欧洲在古希腊、古罗马时期改革确立的传统既是中西改革结果的区别，也是中西走向不同发展道路的一个根源。

二、传统改革的三种类型

春秋战国之后，改革成为传统社会的共识，不同时期的帝王将相进行过不计其数、自上而下的改革：在秦汉统一时期，帝王将相如秦始皇、汉高祖、桑弘羊、王莽和汉光武帝进行过改革；在所谓失落的3个多世纪的魏晋南北朝时期，五胡十六国的石勒和王猛，南北朝的北魏孝文帝、宇文泰和宇文邕均进行过改革；隋唐重新统一后，发端于隋文帝的诸多改革被唐朝的唐太宗、武则天和唐玄宗继

[①] 陈乐民：《欧洲文明十五讲》，北京大学出版社，2004，第26页。

承，促使唐朝逐渐发展到古代社会的高峰；在宋金元时期，北宋的宋太祖、范仲淹、王安石，辽朝的辽圣宗，金朝的金世宗，元朝的元世祖等，无论是农业社会还是游牧社会，都进行过改革；在明清时期，明朝的明太祖和张居正，清朝的康熙皇帝、雍正皇帝和乾隆皇帝等更是有过革故鼎新的举措，造就古代社会最后的辉煌；在近代，洋务运动、戊戌变法和清末新政等，无不是在危亡相逼的环境下进行的救亡图存的改革。[①]

这些改革主要包括三种类型。一是处于社会转型期的改革。社会学者根据社会生存方式的差异，把人类社会划分为狩猎和采集社会、农业社会、工业社会等类型，从一种生产方式到另一种生产方式的转变即可视为社会类型的转变，也意味着社会发展出现根本性转向。任何社会在转型时期总会出现不同的问题，面对这些问题，积极改革以适应变化的形势是主要方式。二是处于王朝兴衰周期中的改革。历史上存续时间较长的王朝一般要经历从建立到发展，再从兴盛到衰落的周期，无论处于兴衰周期中的哪个阶段，都需要通过改革以巩固政权、解决问题和挽救危亡。王朝建立时，面对着前朝遗留的皇室无能、贫富分化、吏治腐败、严刑峻法等问题，需要采取措施以恢复秩序、抑制豪强、轻徭薄赋和与民休息。从效果上看，这个时期的改革措施基本能够得到贯彻，改革容易取得成功。王朝进入中期发展阶段后，与它取代的王朝一样，会面临土地兼并、皇权衰落、效率低下和外部威胁等问题，这时需要改革以缓和矛盾、稳定政局，但这个时期的改革难度较大，不仅中央集权的式微使改革措施的贯彻力度大打折扣，还有作为既得利益者的反对派的阻挠和破坏，致使改革效果不佳，无法从根本上解决问题。王朝末年，面对社会上日积月累的种种问题，部分统治者和官僚会试图

[①] 顾奎相、陈涴：《中国古代改革成败论：湘岩文存二集》，辽宁大学出版社，2004，第2页。

发奋图强以挽救政权于危亡之际，但这时的问题已经根深蒂固和盘根错节，任何改革都可能引发极大的社会变动，因此这个时期的改革幅度小，限于局部修补。三是入主中原的少数民族政权的改革。今天的中国大地上除了有汉族政权的兴起衰落，还有少数民族及其政权的兴衰起伏，他们在大部分时间里位于汉族政权的周边，但也不排除个别少数民族进入中原乃至建立区域性和全国性政权。与汉族政权的改革主要发生在阶级社会相比，少数民族政权改革的一个特征是从氏族社会向阶级社会过渡，最终实现封建化。少数民族政权改革的一个优势是有中原王朝现成的经验教训可以参考，因而改革的进程快，效果好。当然，对少数民族政权改革进行单独划分是为了理解上的便利，事实上第三类改革在进行过程中与前两类改革存在一定的重叠：少数民族政权的改革会引发社会转型，而在社会转型过程中，少数民族政权又进一步采取措施，加速社会转型；与汉族政权一样，少数民族政权也会经历时长不等的兴衰周期，因此不同阶段的改革也可划入第二种类型。

三、传统改革的宏观把握

中国历史上的改革众多，改革的发动者、时机、持续的时间、力度和效果等互有差异，要如何梳理这些改革，尚无定论。本书主要从四个方面，即改革的动因、领域、速度和程度呈现传统改革。

首先，从改革的动因来看，中国传统改革的发动主要基于两方面原因，即内部的危机和外部的威胁。内部的危机主要源于土地兼并严重、政治衰败、百姓负担重等因素，而外部的威胁主要来自外来的游牧民族的袭扰和其他文明快速发展的压力。唐朝的两税法改革和永贞革新、五代后周世宗改革、北宋王安石变法以及明朝张居正改革等，基本上是统治阶层为挽救统治危机而调整统治政策的改革，成效有限，只是在一定程度上起到了缓解作用。在改革动因问题上，诚如王福生先生所论，改革"一般开始时往往不是基于某种理论，而是基于某种现实。或者说，它是一种利害权衡的结果，特别是在没有学习目标和参照系的情况下"[①]。

其次，从改革的领域来看，中国传统改革有同时在行政、经济、军事等两个及以上的领域进行的，也有针对特定领域进行的，前者可称为综合改革，后者则属于单项改革。如果综合改革中各领域改革措施相互配套和衔接，这样的改革又可称为综合配套改革。从战国时期的商鞅变法到晚清的清末新政，中国传统改革大多数属于综合配套改革。而单项改革则相对较少，如西汉后期由大臣师丹等人奏议并经哀帝下诏推行的限田限奴政策就是比较典型的单项改革。通过比较综合配套改革（可分为综合改革与配套改革）与单项改革（包括打破旧制度而没有确立新制度、单纯地颁布一项新制度等）的效果，不难看出综合配套改革的优势所在。

再次，从改革的速度来看，中国传统改革的推进速度有快有慢，速度慢的如商鞅变法，从公元前359年辩论变法和颁布《垦草令》，到3年后实施第一次变法，再到公元前350年实施第二次变法，最后到公元前338年商鞅去世但变法措施继续推行，变法进行了20年以上的时间，这样的改革属于循序渐进式的。与此相反则是急功近利式的，包括反复地改革同一问题、运动式地推进改革措施和密集颁布改革政令等，如戊戌变法期间光绪皇帝在3个月左右颁布了上百道变法诏书，改革的速度非常快。改革速度的快慢与改革的效果不能完全对应，不是说速度慢的效果就好，反之则不好，改革速度的选择要与具体情境联系起来。

最后，从改革的程度来看，中国传统改革的措施有激烈的，也有相对缓和的。前者主要出现在社会转型期，后者则主要出现在王朝建立后。不同研究者对社会转型的理解或有差异，因而划定的社会转型期也不同。笔者认为中国传统社会出现过两次主要（而

[①] 王福生：《论改革的起因与动因》，《未来与发展》2012年第1期。

非全部）的社会转型，分别处于春秋战国和晚清时期。这两次主要社会转型期间的改革包括春秋时期齐国、晋国、鲁国和郑国等国的改革，战国时期魏国、楚国、秦国、韩国、齐国、燕国和赵国等国的变法，以及晚清的洋务运动、戊戌变法和清末新政等。此外，少数民族从氏族社会迈入阶级社会过程中进行的改革，包括政权建立者的改革，如鲜卑族的拓跋珪改革、契丹族的耶律阿保机改革、党项族的李元昊改革、蒙古族的成吉思汗改革、满族的努尔哈赤改革等，以及他们的后世君主为了推进封建化而进行的改革，如鲜卑族的孝文帝改革、女真族的金世宗改革、满族的皇太极改革等。这些改革颇具民族特色，但也多模仿中原王朝的规章制度。与汉族政权的改革往往是"摸着石头过河"相比，少数民族政权改革的一个优势是有参照和坐标。与社会转型期的改革相对应的是王朝立国前后为巩固政权而进行的改革，以及巩固政权后的改革，包括汉高祖、汉光武帝、隋文帝、唐太宗、宋太祖、元世祖、明太祖等对统治政策的调整。这些改革大都出现于王朝发展时期，成效较大，不仅解决了政权初立时的问题，巩固了政权，而且为王朝进一步发展打下基础。社会转型的改革措施与王朝自身的改革措施一样，都是针对社会问题而来的，但它们引发的社会变迁程度更大，而且改革与社会转型相互激荡，高于王朝自身巩固和挽救政权的改革措施。

这四个方面涵盖了一个改革周期的主要因素，虽然它们还不是全部的因素，如还可以从改革者的身份进行划分等，但在一定程度上可以让我们把握传统社会改革的大致状况。

第一章 中国传统改革精神的形成

2018年12月18日,习近平总书记在庆祝改革开放40周年大会的重要讲话中指出:"中国人民具有伟大梦想精神,中华民族充满变革和开放精神。几千年前,中华民族的先民们就秉持'周虽旧邦,其命维新'的精神,开启了缔造中华文明的伟大实践。"习近平总书记的重要讲话为探寻中国改革精神的源头与实践找到了坐标。回顾早期中国历史不难发现:中华民族很早就萌生和确立了改革精神,并在现实中予以实践,使改革成为发展和进步的持续动力。

一、传统改革精神的萌生

人类的精神文明发展史表明,一种观念的萌生需要一定的契机。这种契机可能来自对自然界的观察,也可能来自对社会活动的反思,还可能来自对人类思想的思考。就中国传统改革精神而言,其萌生的契机主要来自对社会活动的反思。

1. 殷鉴不远

商朝末年,纣王荒淫暴虐,《史记·殷本纪》有以下描写:他只追求感官上的享受——喜好喝酒、宠信妲己、听淫乱的乐曲、看粗鄙的舞蹈、豢养飞禽走兽等,却不顾百姓的死活——不断加重赋税、大兴土木修建园林楼台等，当然还少不了文献记载中"酒池肉林"的故事。作为商朝末代君主，纣王与文献记载中夏朝的末代君主桀一样，身上背负了诸多罪恶。陈登原曾加以搜集，罗列桀、纣相似的三十四条事迹："一、恶名传世；二、口腹杀人；三、内宠外谍；四、好武招败；五、大兴土木；六、骄妄比天；七、貌异常人；八、悉日传役；九、力大无朋；十、肥硕无比；十一、恣情佃猎；十二、凭野作战；十三、逆天怙恶；十四、江河示警；十五、五行失常；十六、女子人妖；十七、交接恶人；十八、长夜荒宴；十九、肉林淫戏；二十、淫声渡曲；二十一、炮烙之刑；二十二、好事激变；二十三、诛僇无辜；二十四、嫌忌新王；二十五、史官通敌；二十六、使民不时；二十七、纵其口欲；二十八、恃险亡国；至于杀人剖心，燔人闻臭，剔孕妇，斩朝涉，又作铜柱，又作酒池，则三十四事矣。"①当时是否发生过以上事情或许难以证实，但纣王作为亡国之君，不仅需要背负起这些罪恶，而且没有这些罪恶也不足以凸显后世革命的正当性，所以《论语·子张》中记载子贡的感慨说，纣王作的恶不像传说的那么严重，所以君子厌恶处在下流之处，因为一旦身居下流，所有不好的名声都归到他身上。

商朝政权摇摇欲坠，地处渭水和泾水流域（今陕西境内）的姬姓周族迅速崛起，拥有了一支数万人的精锐军队。周文王继位后，任用贤臣，采取先弱后强、各个击破的策略，削弱和孤立纣王的统治，准备灭商。周文王死后，其子武王继位。在太公望和周公旦的辅佐下，周族日益兴盛。武王即位的第九年，在毕地祭祀文王，然后去东方检阅部队，到达盟津。他制作了文王的木主，用车子拉着带在部队中；他自称"太子发"，表示自己只是遵循文王的征伐脚步；他告诫麾下的司马、司徒和司空等人，要严肃谨慎，谦逊地说自己没有多少知识，唯有依靠祖先给他留下的有德之臣；他将继承发扬祖先

---

① 陈登原：《国史旧闻》第1册上，辽宁教育出版社，2000，第80页。

的功业，制定严格的赏罚办法，扩大祖先的功业。做完这些后，武王起兵伐纣，并由吕尚发布号令：集合起你们的部下和船只，如果有迟到的将被处斩。武王在渡河到达河心时，有条白鱼跃进船里，他就用来祭祀；渡过河后，又有一股火从天而降，落在他住的房子上面，变成乌鸦形状。到这时，有800多位诸侯虽无约定却聚集起来，他们认为到了讨伐纣王的时候，武王却说现在还不行，于是退兵而回。这就是盟津之誓。

过了两年，纣王更加昏乱暴虐，杀了王子比干，囚禁了叔父箕子，吓得太师和少师抱着他们的乐器投奔周朝。武王向诸侯宣告：商朝有重罪，我们不可不合力讨伐。于是他遵循文王的遗志，率领战车300辆，虎贲猛士3000人，穿戴甲胄的战士45000人，大举讨伐纣王。大约公元前1046年12月，武王率领的部队渡过盟津，诸侯都赶来会合，武王告诫他们要勤勉振作，不得懈怠！于是作《太誓》，称现在纣王由于听从妇人的话，自绝于天，违背天象规律，疏远同祖兄弟，废弃先祖的音乐，用淫乱的音乐窜改典雅的音乐，取悦妇人。武王恭谨地执行上天的惩罚，要求战士们努力杀敌，一鼓作气，不能有第二仗，更不能有第三仗！

一天清晨，武王很早就来到商朝国都朝歌郊外的牧野，举行誓师大会。武王左手拿着黄钺，右手握着由白牦牛尾装饰的旗指挥，他说："来自西方的战士走了那么远的路！各诸侯国的君主、司徒、司马、司空、亚旅、师氏、千夫长、百夫长，以及庸、蜀、羌、髳、微、纑、彭、濮各族的百姓，举起你们的戈，排好你们的盾，竖起你们的矛，我要宣誓了。"随后武王宣誓道："古人有句话，'母鸡不啼明。母鸡啼明，家必败'。纣王只听妇人的话，丢掉自己先祖的祭祀，不回报祖先，抛开家族和国家，不任用同祖兄弟，竟推崇、提拔、信任、任用四方重罪逃亡的人，让他们鱼肉百姓，在国中大行奸邪。现在我恭谨地执行上天的惩罚。今天的作战，前进不超出六七步，就要停顿下来整齐队伍。努力吧，战士们！刺杀不超出四下、五下、六下、七下，就要停顿下来整齐队伍，奋力吧，战士们！我们的队伍威风凛凛，如虎、如罴、如豺、如螭。在商朝郊外作战，不要阻挡和杀害逃阵投降的人，让他们为我们服役。奋力吧，战士们！谁不努力，就对谁执行杀戮之刑。"这就是史书记载的《牧誓》的内容。

誓师结束后，武王和诸侯在牧野摆开阵势开始进攻纣王。纣王听说后，发兵70万进行抵御。交战开始，武王首先派吕尚和百夫长挑战商朝的军队，并用一个"大卒"——主力的战车和戎士疾驰而出进行冲击。商朝王的军队虽然人多，但都没有打仗的意志，反而盼着武王赶快攻进来，于是纷纷掉转武器，成了武王的内应。接着，武王率众全面攻击，打败了商朝的军队。混战中，纣王逃回城里，登上鹿台，把搜刮来的宝玉都蒙在身上，自焚而死。商朝最终灭亡。周武王得到了各个部落和小国的拥护，建立周朝，定都镐京，史称西周，从此造就了彪炳史册的礼乐盛世。

对于周人代殷以及西周礼乐文明鼎盛的原因，前人已有详尽的论述，其中一个重要原因就是西周统治者能够充分认识到殷商败亡的教训，并以之为鉴，进行了一系列改革。

2. 周虽旧邦，其命维新

西周王朝的改革主要集中在思想文化与政治制度两个方面，新儒家学派的徐复观用"人文精神"代替"原始性的宗教"来概括这种思想上的变动。

> 从遗留到现在的殷代铜器来看，中国文化，到殷代已经有了很长的历史，完成了相当高度的发达。但从甲骨文中，可以看出殷人的精神生活，还未脱离原始状态；他们的宗教，还是原始性的宗教。当时他们的行为，似乎是通过卜辞而完全决定于外在的神——祖宗神、自然神及上

帝。周人的贡献，便是在传统的宗教生活中，注入了自觉的精神；把文化在器物方面的成就，提升而为观念方面的展开，以启发中国道德的人文精神的建立。①

具体而言，徐复观说的人文精神至少涵盖以下观念，体现了商周之际思想界的变迁。

一是天命无常。商朝统治者认为自己是上（天）帝之子，与上（天）帝有着血缘关系，《诗经·商颂·长发》载：有娀国正在昌盛，上（天）帝立有娀氏为妃，生下契，建立殷商。他们的统治也是天命所为，《诗经·商颂·玄鸟》载：上（天）帝命令燕子，降下卵来生契建商。他们居住在广阔的商代土地上。上（天）帝命令武王成汤，征服疆域，管理四方。成汤以为会得到天帝永远的庇护。直到周文王战胜黎国，"三分天下有其二"，商朝处于风雨飘摇的时候，商纣王还感慨："呜呼！我生不有命在天。"②相信上天会保佑他平安无事。最终，始终坚信天命的"大邦殷"被"小邦周"消灭。西周战胜商朝的事实给予周人的天命观深刻的冲击。一方面，周人仍然相信天命，《诗经·大雅·大明》说，上（天）帝有命正从天而降，天命降给这位周文王。在周原之地京都之中。又说，这位伟大英明的君主，小心翼翼恭敬而谦让。勤勉努力侍奉那上天，带给我们无数的福祥。《诗经·大雅·假乐》说，成王善良，善于安民和用人，受到上天护佑。天命保佑他，天神告诫他。《尚书·大诰》载周公说，"天降割于我家"。《尚书·召诰》载召公说，今君王初掌新政，对于上天赐予的究竟是愚昧或明哲，是吉或凶，国运长或短，都无法预知。《诗经》和《尚书》中的这些

---

① 徐复观：《中国人性论史》（先秦篇），上海三联书店，2001，第13~14页。
② 李民、王健：《尚书译注》，上海古籍出版社，2004，第184页。

话透露出周人对天命说深信不疑。另一方面，周人与商人不同，认为天命不是一成不变、永保一家的，而是可以变动的。《诗经·大雅·文王》：上（天）帝既已降下意旨，就应该臣服周朝顺应天命。商的子孙臣服周朝，可见天命无常会改变。《尚书·康诰》：啊！努力吧，你这年轻的姬封。天命不只帮助一家，你要记住啊！正是借助"天命靡常"的观念，周人很好地解释了从夏到商、从商到周的朝代更替："我听说：'上（天）帝制止放纵。'夏桀不节制自己的行为，上（天）帝就降下了威严的教令，警戒夏桀。他不听取上（天）帝的教令，大肆放纵，说了侮慢上（天）帝的话。因此上（天）帝不再眷顾他们，废止了夏国的大命，降下惩罚。上（天）帝命令你们的先祖成汤代替夏桀，任用贤能的人才治理四方。"这是叙述从夏到商天命的转移。"从成汤到帝乙，商朝没有人不力行德政，谨慎地祭祀，因此上（天）帝帮助建立商朝。商朝的王也没有人敢违背上（天）帝的旨意，也没有人不配合上（天）帝实施恩泽。现在的纣王不懂得上（天）帝的意旨，也不听从商朝先王的教导。他大肆放纵淫乱，不顾天意和百姓的疾苦，因此上（天）帝不再保佑商朝，给商朝降下亡国的丧乱。"这是叙述从商到周天命的转移。可见天命曾经在夏，也曾经在商，由于夏桀和商纣两人不遵循天命，因此遭到亡国的惩罚。

二是忧患意识。"天命靡常"为西周代替商朝提供了合法性证明，也使周人产生深深的担忧：既然天命是可以转移的，能从商朝转移到周，那周人如何才能避免天命再次转移，使周人失去统治权呢？《尚书·大诰》中周公说："我受天命的役使，天帝把艰难的事重托给我，我不能只为自身忧虑。"《诗经·小雅·小旻》中的"战战兢兢，如临深渊，如履薄冰"可谓西周初年统治者的心态，但这已经不同于以往的恐怖，正如徐复观所辨析的那样："'忧患'与恐怖、绝望的最大不同之点，在于忧患心理的形成，乃是从当事者对吉凶成败的深思熟虑而来的远见；在这种远见中，主要发现了吉凶成败与当事者行为的密切关系，及当事者在行为上所应负的责任。忧患正是由这种责任感来的要以己力突破困难而尚未突破时的心理状态。所以忧患意识，乃人类精神开始直接对事物发生责任感的表现，也即精神上开始有了人的自觉的表现。"①

三是惟德是亲。难能可贵的是，周人没有沉浸于忧患意识中而迷茫，反而从中引申出重"德"思想，为确保难以捉摸的天命指示了切实可行的路径。"周人以蕞尔小邦，国力远逊于商，居然在牧野一战而克商。周人一方面对如此成果有不可思议的感觉，必须以上（天）帝所命为解，另一方面又必须说明商人独有的上（天）帝居然会放弃对商的护佑，势须另据血缘及族群关系以外的理由，以说明周之膺受天命。"②这个"血缘及族群关系以外的理由"即周人的德行。《尚书·召诰》中记载，周王应该认真推行德政，并据此向上（天）帝祈求长久的福命。《诗经·大雅·文王》说，想念你的祖先，修明你的德行。永久配合天命，凭自己的努力去追求属于自己的福分。这些话的主旨正如王国维所说："殷、周之兴亡，乃有德与无德之兴亡。故克殷之后，尤兢兢以德治为务。"③

思想的震撼必须见诸行为的改变，才不至于重走商朝灭亡的老路。王国维说："中国政治与文化变革，莫剧于殷周之际。"④这主要是就制度而言的。周初统治者战胜商朝后，确立了一系列新的政治和文化制度，开启了改革之路，由此奠定了长久统治的基础。

政治方面的一个改变是确立嫡长子继承制。王国维说："自成

---

① 徐复观：《中国人性论史》（先秦篇），上海三联书店，2001，第18~19页。

② 许倬云：《西周史》（增补本），生活·读书·新知三联书店，1994，第101页。

③ 方麟选编：《王国维文存》，江苏人民出版社，2014，第386页。

④ 方麟选编：《王国维文存》，江苏人民出版社，2014，第374页。

汤至于帝辛三十帝中，以弟继兄者凡十四帝。其以子继父者亦非兄之子，而多为弟之子。……故商人祀其先王，兄弟同礼。即先王兄弟之未立者，其礼亦同。是未尝有嫡庶之别也。此不独王朝之制，诸侯以下亦然。"①以弟继兄的有十四帝，即外丙、中壬、大庚、雍己、大戊、外壬、河亶甲、沃甲、南庚、盘庚、小辛、小乙、祖甲、庚丁；以弟之子继位的有七帝，即小甲、中丁、祖辛、武丁、祖庚、廪辛、武乙。这说明在商朝中期以前，还没有形成比较严格的王位继承制度。周朝实行嫡长子继承制，规定王位和财产由嫡妻所生的长子——嫡长子继承，周天子的庶子称别子。嫡长子继承周天子之位，是大宗；庶子被分封到各个战略要地做诸侯，相对于大宗而言是小宗，但他们在自己的封国内又是大宗，其继承者同样必须是他们的嫡长子。西周的嫡长子继承制确立的目的在于解决权位和财产的继承与分配，稳定社会的统治秩序。

另一个改变是推行分封制。关于商朝的分封制是否存在，学界存在不同的意见，有的认为存在，也有的认为不存在。从史料记载中的侯、伯等称号来看，商朝已经存在分封的事实，但分封制作为制度确立下来，却始于周朝。周天子把土地和百姓分封给王族、功臣和先代贵族，让他们到各地去做诸侯，建立诸侯国。被封诸侯要服从周王的命令，向周天子上贡财物，派兵随周天子作战，但他们也有权在诸侯国内实行再分封，在诸侯国内可以设立官员，建立武装，征收赋役。周朝的分封主要出现周武王时期、周公/成王时期、周平王时期，先后分封的重要诸侯国有鲁、齐、燕、卫、宋、晋等，其中，鲁、燕、晋是周天子的姬姓封国。

周朝在文化方面的改变是制礼作乐。武王死后，成王继位，周公承担起辅佐的重任。这期间，他在总结夏、商之礼的基础上对

---

① 方麟选编：《王国维文存》，江苏人民出版社，2014，第376页。

礼进行了承袭和改革，形成了周礼。《论语·为政》："殷因于夏礼，所损益，可知也；周因于殷礼，所损益，可知也。其或继周者，虽百世，可知也。"这指出了从夏礼到殷礼再到周礼的演变关系。根据应用领域的不同，周礼可以分为五类：一是吉礼，即关于祭祀的礼仪，如祭祀天地、社稷和宗庙等；二是凶礼，即关于丧葬和哀悼的礼仪，大致包括复、殓、殡、葬、服丧五个阶段；三是军礼，即关于军事活动的礼仪，如校阅、用兵和田猎等活动；四是宾礼，即关于诸侯朝见天子以及诸侯国间相互交往时的礼仪，如朝会、聘问、会盟、觐见等；五是嘉礼，其内容繁多，既涉及日常生活中的宴请宾客，又涉及王位继承等，尤其以婚礼、冠礼等最为重要。周礼的内容包罗万象，但贯穿着亲亲和尊尊两个基本原则，前者涉及血缘关系的远近，后者涉及等级体系中的尊卑。在周礼进行过程中，往往伴随着相应的音乐。礼乐制度确定了社会伦理规范和行为准则，明确了有关社会政治的礼法制度，为治理统一的大国提供了设计蓝图。

二、传统改革精神的形成

西周战胜商朝的事实以及西周初年的改革举措不仅是传统改革精神的生动体现，更佐证了改革是社会进步的动力之一这一说法。随着时间的推移，商周之际的变革逐渐变成历史，最终在经典作品和诸子百家中沉淀为共识，与春秋战国时期的改革运动相辉映，标志着传统改革精神的确立。

1. 经典与诸子思想中的改革意识

经典中的改革思想，主要体现在《周易》《诗经》和《礼记》中。

"易"的含义有多重，《周易》的基本思想是整个世界处于永恒的变化中，人必须顺应变化，调整自己的行为。正如哲学家陈来所论，"《周易》中包含了丰富的变革思维，它主张世界本质上是不断变化的，人必须通晓世界的变化，才能认识世界；人不仅要认识这个变化的世界，还要推动变化的过程，成就这个世界的变化。人必须与世界的变化相配合，形成自觉的变化观，才能更深地理解世界，实现自己的目的。人的历史实践，既有损益的渐变，也有剧变式的革命，而人类大部分的活动，是通过改革实现制度和自我的不断更新，以促进人类生活的繁盛发展"①。如六十四卦中的第四十九卦《革》，古往今来的很多学者都试图解释该卦的意思。汉郑玄说："革，改也，水火相息而更用事，犹王者受命，改正朔，易服色，故谓之'革'也。"唐孔颖达《正义》说："革者，改变之名也；此卦明改制革命，故名革也。"两者的观点有相通之处，认为该卦就是讲改革。卦在变，人也应该变。《革》卦的《彖传》："天地变革而成就四时，商汤和周武王的革命顺应天命合乎人心。变革的时机太伟大了！"②《杂》卦进一步解释道："革，去故也。鼎，取新也。"如果说，"革"代表改革，意味着除去一切旧的东西；"鼎"则代表趋新，意味着树立新的东西，鼎革是天道运行的内涵之一。落实到人道上，就是《周易·系辞下》的经典名言："穷则变，变则通，通则久。"事物发展到了极点，就要发生变化，这样才会使事物的发展不受阻塞，事物才能不断地发展。

《周易》之外，《诗》和《礼》中也有关于改革的思想。《诗经·大雅·文王》："文王在上，于昭于天。周虽旧邦，其命维新。"大意是说，周文王乃是禀受天命昭示天下，周虽然是旧的邦国，但它的使命在于革新。"周虽旧邦，其命维新"一语蕴含改革的意蕴，成为古代先哲经常引用的话语。《礼记·大学》："汤之

---

① 陈来：《〈周易〉中的变革思想》，《社会科学研究》2019年第2期。
② 黄寿祺、张善文：《周易译注》，上海古籍出版社，1989，第406页。

《盘铭》曰：'苟日新，日日新，又日新。'"这是说如每天能洗干净自己身上的污垢，那就应当天天清洗，寓意修身无止境，合在一起就是说如果每天能除旧更新，就要持之以恒。

现在来看，经典中明确的改革言论还不够多，也不够系统，思想领域关于改革的详细论述集中体现在荀子、邹衍和韩非子等战国诸子身上。

春秋战国时期，诸子都有推崇先王的传统，经常以传说中的人物作为自己这一派的开创祖师。孔子和孟子推及尧、舜、周公，老子和庄子推及伏羲、黄帝。在夏、商、周三个朝代之间，孔子最想回到西周去，在《论语·八佾》中有这样的记载："周监于二代，郁郁乎文哉！吾从周。"孟子更进一步，他的理想社会是尧、舜时代，这也是任何一个君主都憧憬的。对远古的推崇，往往暗含着对现实的不满和批评，因此，他们贬低眼下的霸主，视之为社会退化的表现。《孟子·告子下》中记载："五霸者，三王之罪人也；今之诸侯，五霸之罪人也；今之大夫，今之诸侯之罪人也。"但是，过去的祖宗之法真的可以超越时间的流逝，成为当下遵循的楷模吗？到战国后期，许多诸侯通过变法运动，打破旧的传统，确立新的法则，实现富国强兵之路。残酷的社会现实表明，在形势已经发生巨变的情况下，再拘泥于传统，无法走出祖先的阴影，结果只能是失败。

关于先秦儒家的三大代表人物孔子、孟子、荀子，如果说孔子是一个理想主义者，孟子是一个浪漫主义者，那荀子就是一个现实主义者。荀子，战国后期赵国人，儒家代表人物。与孔子、孟子相比，荀子更在意的是当下，所以《荀子·君道》说："羿之法非亡也，而羿不世中；禹之法犹存，而夏不世王。故法不能独立，类不能自行，得其人则存，失其人则亡。"这说明在法和人之间，人是主体，人不在了，他流传下来的"法"只是皮毛。三皇五帝已经成为过去，他们制定的规章制度还在，但他们制定规章制度时的思想已经无从追寻，不能被照搬到后世，后世应该根据形势的变化，采取新的应对措施。面对形势的变化，荀子继承了孔子、孟子颂扬先王的传统，虽然经常念叨"不懂得先代帝王的遗教，就不知道学问的博大""大凡说出来的话不合乎前代圣人的思想，不遵从礼义，就可以称他为奸诈之言；奸诈之言即使说得很动听，品行高尚的人也不屑一顾"，但他内心深处涌动的是对后王的肯定，如"后王奉行的政治原则不能超出夏、商、周三代，实行的法度不背离当代帝王。政治原则超过三代叫作荒诞，法度背离了当代帝王叫作不正"。荀子推崇礼，这个礼主要是后王制定的礼，而不是前代的遗留物。他说，辨别事物不比名分重要，名分不比礼义重要，礼义不比学习圣王重要。圣王有百多人，我们要学习谁呢？答：礼义的文制已消灭了很久，礼义的音乐节奏已绝迹了很久，守护法制的官员有司，也远离礼制而脱节了。所以说，想看圣王的痕迹，而又能表现出光明的，就是后来的圣王周天子了。后来的圣王，就是天下的君主，放弃后王而说上古圣王之道，就好像放弃自己的君主而侍奉别人的君主。

邹衍是战国末年阴阳家的代表人物，在继承古代阴阳五行说的基础上，提出"五行生胜"理论。这一理论包含两个方面：一是五行相生，即木生火，火生土，土生金，金生水，水生木；二是五行相胜，即木克土，金克木，火克金，水克火，土克水。邹衍不仅用五行相生相胜解释自然现象，还把它运用到社会中解释朝代更替，这就是"五德终始"说。按照他的学说，历史上的王朝各占一种"德"，黄帝时代是土德，夏是木德，商是金德，周是火德。新王朝在兴盛时，上天会显示某种征兆；新王朝战胜前代王朝不仅意味着政权的转移，更是"德"的转换；新王朝建立后，代表该"德"的帝王应该根据天意，制定相应的符合该"德"的制度、服色等，如《史记·孟子荀卿列传》所评价的那样：邹衍"称引天地剖判以来，五德转移，治各有宜，而符应若兹"。

韩非子是法家的集大成者和荀子的学生，他看到了社会的巨大变迁，批评了复古的主张和儒、墨二家分化的斗争。他认为人类应该正视时代的进步，"法后王"还不够彻底，"后王"之后还有"后王"，因此应该根据不断变化的社会制定合乎时代的措施，才能切合需要。为此"后王"就要打破成规，不能拘泥于先王制定的规制：远古时期，人少而禽兽多，人不能战胜禽兽。有一位圣人在树上建巢，以避免禽兽侵袭，人们高兴地让他做王，称他为有巢氏。人们吃的野生植物的果实和蚌肉、蛤蜊，不仅气味腥臊难闻，还伤害肠胃，导致疾病。有一位圣人钻木取火，把食物烧熟了以去掉腥臊，人们高兴地让他为王，称他为燧人氏。中古时代，天下发大水，鲧和禹疏导河流；近古时代，桀和纣残暴昏乱，商汤和周武王就起兵讨伐。时代变了，如果有人在夏朝时还在树上筑巢和钻木取火，一定会被鲧和禹耻笑；如果有人在商朝时还像鲧和禹那样疏导河流，一定会被商汤和周武王耻笑。依次推理，如果有人在今天还赞美尧、舜、大禹、商汤、周武王的政治措施，一定会被新的圣人耻笑。因此圣人不强求效法古代，也不效法所谓永久适用的制度，而应根据当前的社会情况制定符合实际的措施。①在这段话里，韩非子从回顾历史和当时的现状出发，论证了古代的制度不宜在当今使用，他认为治国的方式方法必须随着时代的变化而变化，如果泥古不变，就会遭到后世不断的嘲笑。总结为一句话就是，社会是变迁的，不能墨守成规。

2. 现实中的改革大潮

与思想中的改革意识相呼应的，则是现实中此起彼伏的改革实

---

① 王先慎：《韩非子集解》，中华书局，2003，第442页。

践活动。春秋战国时期是中国历史上的社会转型期，也是中国历史上的改革时期。为了达到富国强兵和称霸诸侯的目的，各国纷纷实行变法，而且随着时间的推移，越来越多的诸侯国融入改革的潮流。

春秋时期存在着众多诸侯国，虽然《吕氏春秋·先识览·观世》说的"周之所封四百余，服国八百余"的数量稍显夸张，但目前普遍认为，当时有140多个诸侯国。[①]从西周到春秋，不仅仅是历史记载名称的变化，更蕴含着社会的巨大变迁。面对变化的社会，齐国、晋国、鲁国和郑国等国家积极应对，实施了不同程度的改革，为战国时期的改革提供了现实的榜样，可谓改革时代来临的先声。

管仲改革：地缘代替血缘的努力。

管仲（？—前645年），名夷吾，字仲，春秋时期齐国颍上人，被后世尊称为管子，齐桓公时任齐相。公元前685年，齐桓公即位后，任用管仲为相进行改革。管仲改革的主要目的是"富国强兵"，即国家富裕、军队强盛。为此，他从政治、经济和军事等方面采取新的措施。第一，行政方面。一是推行"叁其国而伍其鄙"的制度，即在"国"中设置二十一乡，其中工乡三、商乡三、士乡十五。将士乡再分成三部分，称为"叁其国"。国都以外的地方分成五个区，称为"伍其鄙"。严格实行士、农、工、商分区定居制，不许杂处和迁徙，各有所务，以利老少传习，安心生产。二是任贤使能，国中有"慈孝""聪慧""拳勇"出众的人，由乡长推荐试用，选择称职的人委任为吏，被任用的称职者还可以晋升，直至升为上卿助理。这在一定程度上突破了世卿世禄制度，扩大了人才来源，为建立霸业奠定了人才基础。第二，经济方面。一是在

[①] 齐涛主编：《中国通史教程》（古代卷），山东大学出版社，2009，第53页。

农业领域改革赋税制度,实行"相地而衰征"。不管是公田还是私田,一律按土地的优劣征取不等的租税。这项政策的实施扩大了税源,增加了国家的财政收入。二是在商业流通中设"轻重九府",通鱼盐之利。由官府铸造货币,调剂物价。发展渔盐之业,设盐铁官,由国家经营盐铁,以增加财政收入。第三,军事方面,改革兵制,实行"寓兵于农"的军政合一制度。士农之乡每家出1人为士卒,每乡2000户,出士卒2000人;五乡出士卒1万人组成一军,十五乡共出士卒3万人,组成三军。这些士卒平时生产,农闲时训练,战时打仗,亦兵亦农,兵民合一。这种制度把行政组织和军事组织对应起来,实现了军政合一,使齐国扩大了兵源,减少了养兵费用,增强了战斗力。①管仲改革是春秋时期第一次较为全面的改革。由于君臣同心,励精图治,改革使齐国的国力日益强盛,因此齐国不仅打败了来犯的北戎,制止了狄人的袭扰,还击败了兵力强盛的楚国,使齐桓公成为春秋五霸之首。齐桓公晚年昏庸,在管仲去世后,任用易牙、竖刁等小人,最终在内乱中饿死。

郭偃之法:尚贤冲击世袭的藩篱。

郭偃(生卒年未详),春秋时晋国大夫,历仕晋献公、晋惠公和晋文公三朝,是与管仲齐名的改革者。晋文公在位期间,郭偃帮助其实行新政,称郭偃之法。根据《国语·晋语四》的记载,晋国的改革措施包括:"公属百官,赋职任功。弃责薄敛,施舍分寡。救乏振滞,匡困资无。轻关易道,通商宽农。懋穑劝分,省用足财。利器明德,以厚民性。举善援能,官方定物,正名育类。昭旧族,爱亲戚,明贤良,尊贵宠,赏功劳,事耆老,礼宾旅,友故旧。胥、籍、狐、箕、栾、郤、柏、先、羊舌、董、韩,实掌近

---

① 齐涛主编:《中国通史教程》(古代卷),山东大学出版社,2009,第54页。

官。诸姬之良,掌其中官。异姓之能,掌其远官。公食贡,大夫食邑,士食田,庶人食力,工商食官,皂隶食职,官宰食加。政平民阜,财用不匮。"①大意是说:周文公会见百官,授予官职,任用功臣。废除旧的债务,减免赋税,布施恩惠,废弃旧时禁令,救济贫困,起用有才德而长期没升迁的人,资助没有财产的人。减轻关税,修治道路,便利通商,宽免农民的劳役。鼓励发展农业,提倡互相帮助,节省费用来使资财充足。利器便民,宣扬德教,以培养百姓的纯朴德性。推举贤良,任用有才能的人,制定官员规章,依法办事,确立名分,培育美德。昭显有功勋的旧族,惠爱亲戚。荣耀贤良,尊宠贵臣,奖赏有功劳的人,敬事老人,礼待宾客,亲近旧日的友人。不同姓氏的人担任不同的官职:胥、籍、狐、箕、栾、郤、柏、先、羊舌、董、韩等十一族担任近官,贤良的姬姓担任内务官,有才能的异姓则担任边远地方的官。不同阶层的人谋生的途径也不同:王公大族依靠贡赋,大夫依靠采邑的租税,士人依靠充当俸禄的田地,一般平民自食其力,工商之官领受官廪等。于是政治清明,民生丰安,财用充足。这些措施主要涵盖三个方面:政治上,能够任用贤能。晋国在传统的"亲亲"和世卿世禄原则之外,强调任用贤能,虽然"诸姬之良"和"异姓之能"分别担任"中官"和"远官",毕竟迈出选贤任能的第一步。经济上,侧重发展生产。晋国改革分配体制,采用"君食贡"制度,要求国君从土地拥有者那里收取税赋;实行相对宽松的经济政策,轻徭薄赋,调动民众的生产积极性;调整生产关系,鼓励通商和多种经营,以繁荣社会经济。军事上,改革兵制,扩展编制。改变国君自任主帅

---

① 邬国义、胡果文、李晓路译注:《国语译注》,上海古籍出版社,2017,第324页。

的传统，实行军政合一，训练士卒，选拔将帅，将军事编制由二军扩充到三军和五军，把晋国打造成名副其实的军事大国。[①]由于晋文公的励精图治，晋国虽然经历一次次内乱，但都很快修复创伤，而且发展迅速。晋文公在位期间，晋国打败楚国，成为继齐桓公之后的又一位霸主，并维持了几十年。当然，郭偃之法没有完全脱离周朝的框架，尽管已经选贤任能，但国家的"近官"还是被旧公族胥、籍、狐、箕、栾、郤、柏、先、羊舌、董、韩等十一族掌握着，其他人才只能根据血缘远近担任"中官"和"远官"，说明郭偃之法中仍残存一些贵族世袭因素。

鲁国初税亩：土地所有制中的私有尝试。

初税亩是鲁宣公在位期间实行的赋税改革。春秋时期，由于技术的进步，生产力有了较大提高，大量的荒地得到开垦。开垦的荒地主要被私人掌握，成为他们的私有财产，并在贵族间流转。当时，鲁国实行井田制，私田不用向诸侯国纳税，导致诸侯国的收入下降。为了解决收入问题，鲁宣公十五年（前594年），鲁国实行"初税亩"。"初"是指开始，"税亩"是指按土地亩数征收赋税，"初税亩"意味着不论公田还是私田都一律按田亩收税。征收的标准是"公田之法，十足其一；今又履其余亩，复十取一"。按照此前的标准，对公田收取十分之一的税；实行"初税亩"之后，在公田之外再收十分之一的赋税。《左传》评价道："初税亩，非礼也，谷出不过藉，以丰财也。"[②]与管仲改革相比，鲁国的初税亩主要是针对经济领域的一次改革，这次改革一方面增加了民众的负担，但另一方面从国家层面承认了土地私有，促使鲁国的生产关系发生改革，有利于提高民众开垦荒地的积极性，回应了生产力提高

[①] 路强：《三晋变法风云》，山西春秋电子音像出版社，2008，第10页。
[②] 杨伯峻：《春秋左传注》，中华书局，1981，第766页。

的要求，是历史进步的体现。

子产改革：贵族势力的全面撬动。

子产（？—前522年），复姓公孙，名侨，字子产，春秋时期郑国的政治家、思想家。鲁襄公三十年（前543年），子产在郑国执政，开始改革。其内容包括三个方面：一是"作封洫"，即重新丈量土地，并划分疆界。这就承认了土地私有，有利于调动百姓的积极性。二是"作丘赋"，即在土地所有制改革的基础上，对赋税制度进行改革，粮税、兵役等的分担都以土地亩数为依据，这就减轻了百姓负担，有利于增强军备。三是"铸刑鼎"，即把法律条文铸造在青铜鼎上，并且公之于众，使之成为人人遵守的规范，这就削弱了贵族的权力，有利于维护国家秩序。子产改革无疑触动了贵族的利益，遭到了他们的激烈反对，当时有人公开扬言："取我衣冠而褚之，取我田畴而伍之。孰杀子产，吾其与之！"可是三年之后，改革措施在经济方面取得了明显的成效，百姓反过来称赞道："我有子弟，子产诲之；我有田畴，子产殖之。子产而死，谁其嗣之？"[1]子产在郑国执政并推行改革20多年，在内政和外交方面都取得了很大成就。公元前522年，子产病逝的时候，郑国青壮年号啕大哭，老人也都哭得像孩子一般。孔子听闻后也称其为"古之遗爱也"，给予子产很高的评价，《论语·公冶长》载："子谓子产，有君子之道四焉：其行己也恭，其事上也敬，其养民也惠，其使民也义。"

战国时期，群雄并起，互相征战。为了富国强兵，成就霸业，各国先后实行变法，首先是李悝在魏国推行变法，之后，吴起在楚国、商鞅在秦国、申不害在韩国、齐威王在齐国、乐毅在燕国、赵武灵王在赵国都实行了变法。

---

[1] 杨伯峻：《春秋左传注》，中华书局，1981，第1182页。

李悝变法：战国初期变法成功的范例。

李悝（前455—前395年），又名李克，战国时期魏国人，法家代表人物。公元前445年，魏文侯即位。为了尽快富国强兵，他任用李悝为相实行变法，内容涉及经济、政治、军事和司法制度。经济方面，实行"尽地力之教"，即采取措施充分发掘土地的潜力以提高粮食产量，进而增加收入。为了防止谷价大起大落，他推行"平籴法"作为"尽地力"的补充，这样既可防止商人抬高粮价，又能做到"取有余以补不足"[①]，保障农业经济的发展和物价的稳定。政治方面，实行"食有劳而禄有功"，即把爵位赐给有功于国家之人，剥夺于国无功的"淫民"爵位，以此打击旧贵族，维护新兴阶级的政治利益。司法方面，制定和颁行《法经》。为了确立封建法制，巩固国家政权，李悝搜集了各国的刑法并制定了《法经》。[②]《法经》包括盗法、贼法、囚法、捕法、杂法和具法六篇，集春秋以来成文法之大成，是中国历史上第一部系统的封建法典。它的问世，奠定了封建法律的体例和基本原则，成为后世立法的滥觞。此后商鞅由魏国入秦，就是带着《法经》而去，并在秦国进行变法的。李悝变法使魏国经济得到迅速发展，国力日趋强大，一跃为战国初期最先强盛起来的国家。司马迁曾评价道："魏用李克，尽地力，为强君。自是之后，天下争于战国。"[③]即是说李悝变法拉开了战国时期群雄逐鹿的序幕。这也就意味着，不是中国历史进入战国后李悝才开始变法的，而是李悝变法将中国历史推进到战国时代。

[①] 班固：《汉书》，中华书局，1962，第1124~1125页。
[②] 齐涛主编：《中国通史教程》（古代卷），山东大学出版社，2009，第66页。
[③] 司马迁：《史记》，中华书局，1959，第1442页。

吴起变法：特权阶层利益的短暂抑制。

吴起（约前440—前381年），卫国人，战国时期的军事家，历仕鲁、魏、楚三国。在魏文侯时，吴起被任命为西河的守官。任职期间，他设立常备军以防御秦国和韩国的进攻。魏文侯死后，吴起受到排挤，投奔楚国。楚国地广人众，能够调集百万大军，但由于政治腐败，经济落后，国力一直萎靡不振。楚悼王继位后，连年遭到魏、赵、韩等国的进攻，不断丧失土地。在极其窘迫的形势下，楚悼王不得不用重礼贿赂秦国，在秦国的帮助下才与魏、赵、韩讲和。面对内外交困的形势，楚悼王很想有一番作为。吴起来到楚国后，为楚悼王分析楚国的弊端，指出要扭转这种局面，只有"明法审令"，尽快变法革新。对吴起分析的种种弊端，楚悼王深有感触，于是先任命他为宛守，防御韩、魏。一年以后，晋升吴起为令尹，即楚国最高军政官，主持变法。吴起变法主要包括三个方面：第一，限制封君，"三世而收爵禄"。封君即受封的宗室、贵族、外戚、功臣，他们高官厚禄，世代相袭。吴起取消了他们的特权，规定凡封君之子孙三世无功，则取消他们的封君之号，不再享有封君的特权。第二，"捐不急之官"。针对楚国官员冗滥、官俸过高的弊病，通过精简机构、裁汰官员、削减官俸等手段，提高了行政效率，保证了改革的进行。第三，强兵。吴起仕魏时就曾改革军事制度，建立了武卒制。到楚国后，他决心也建立一支像魏武卒式的军队，"厉甲兵以时争于天下"。他加强军队训练，严格赏罚制度。强兵是吴起变法的主要目的，这也是战国时期诸侯国得以存续的基础。从效果来看，吴起变法促进了楚国的富强。《史记·孙子吴起列传》记载：通过变法，楚国在南面平定了百越，在北面兼并陈、蔡二国，并击退了三晋，在西面敢于讨伐秦国。一时之间，楚国成为诸侯国中的强国，它的强大引起诸侯国的担忧。但是，吴起变法也存在值得警惕之处：他选择以楚国旧贵族作为变法的突破口，采取的"废公族疏远者"、迁旧贵族于"广虚之地"等措施无疑损害了他们的利益,因此遭到旧贵族的嫉恨。事实也是如此。公元前381年,楚悼王去世后,楚国旧贵族即在楚悼王灵堂作乱;吴起死后,他们"又重新把握了国家政权,他们废除了吴起指定的各项改革措施,变法遂告失败。吴起变法的失败对楚国政治的发展产生了巨大的消极影响,终战国之世,楚国虽是南方的一个大国,但是在当时的政治格局中始终不占主导地位,在对外战争中也屡遭败绩"①。

商鞅变法:长期坚持的彻底改革。

商鞅,卫国人,姬姓公孙氏,又称卫鞅、公孙鞅。后因封于商,又称商鞅、商君。战国时期法家代表人物。秦国地处西陲,经济文化发展程度低于关东诸国,长期以来受到诸国的鄙视,"秦僻在雍州,不与中国诸侯之会盟,夷翟遇之"②。进入战国时期后,秦国的经济虽有所发展,但总体上仍较为落后。魏国和楚国分别实行变法后,国力增强,前者夺取秦国的西河之地,后者控制了黔中、汉中和巴等地,直接威胁到了秦国的安全。公元前361年,秦孝公即位。为了改变这个局面,秦孝公发布变法求贤的命令,征召治国人才,吸引了商鞅的到来。商鞅到达秦国后,经景监引荐,先后四次求见秦孝公,陈述其变法治国主张,最终得到秦孝公的支持。公元前356年,秦孝公任命商鞅为左庶长,在秦国推行新法,主要内容有四:一是制定连坐法,即将百姓按照五家为伍、十家为什的单位编制,实行连坐制度。告发奸邪之徒的人能获得奖励,隐匿奸邪的将受到同等处罚。二是推行个体小家庭制,要求有两个男子的家庭必须分家,否则加倍征收赋税,这为秦国扩大兵源和征收赋税提供了坚实的基础。三是奖励军功,在战场上杀敌一个并取其首级者,国

---

① 赵毅、赵轶峰主编:《中国古代史》(上册),高等教育出版社,2010,第155页。

② 司马迁:《史记》,中华书局,1959,第202页。

家赐爵一级，田一顷，宅九亩。同时规定，宗室贵族没有军功者不能享受特权，这对世卿世禄的宗族是一个打击。四是重农抑商，对积极从事农业并向国家贡献粮食多的人，免除本人的徭役；凡因经商或懒惰而导致贫困的商人和手工业者等，则全家沦为官奴。公元前350年，秦迁都咸阳后，商鞅发布了第二次变法政令，内容包括：一是实行县制，在全国设三十一个县，每县设立县令和县丞，由国君任免，统一领取俸禄；二是清除土地上的道路和田界，承认土地私有，鼓励农民开垦荒地，且允许买卖；三是统一度量衡，把升、斗、丈和尺等统一标准，把标准度量衡器发放到秦国各地。①公元前338年，秦孝公去世，太子即位，即秦惠文王。公子虔等人诬告商鞅谋反，秦惠文王最终怀疑商鞅，诛灭其家族，但没有破坏商鞅变法的内容，因此商鞅变法可谓相当成功。他在变法中吸取了魏、楚等国的变法经验，结合秦国的具体情况，制订出细密的计划，涉及社会的各个领域，对秦国实行了全面的改革，将新法推行到社会的各个角落，并使之深入人心，以至"秦妇人婴儿皆言商君之法"。经过多年的努力，秦国发展成为一个强国。史载变法一年之后，秦国百姓不觊觎不属于自己的财物，国力大大加强，使诸侯国都很畏惧。新法推行了十年，受到百姓的欢迎，秦国道不拾遗，山林里没有盗贼，家家户户富裕充足。百姓勇于为国家打仗，不敢因私利而争斗，乡村和都市治理得很好。

申不害变法：统治之术的片面推行。

申不害，又称申子，郑国人，战国时期法家代表人物。公元前375年，韩国灭郑之后迁都新郑。韩昭侯时，许多诸侯国通过变法变得强大，虽然韩国进行了一些改革，但旧法尚未废除，新法不断产生，且相互抵牾，致使法令不一。韩昭侯于公元前355年任用申不

---

① 赵毅、赵轶峰主编：《中国古代史》（上册），高等教育出版社，2010，第156~157页。

害实行变法。申不害从道家那里吸取了"君人南面之术",其变法的重点是建立使君主驾驭群臣、实行封建中央集权的专制统治的制度。第一,君主平时要"无为",在决策之前不露声色,不让臣下揣摩到自己的意图。第二,君主对臣下要依据功劳大小行赏,根据能力大小授官。第三,君主只能让臣下在职权范围内活动,不能超越职权行事。第四,君主要掌生杀大权,采取出其不意的办法使臣下慑服,处于提心吊胆的状态。一句话,国君要掌控大权用来"独断",具体地说就是把官吏的设置、任免、考核、赏罚甚至生杀之权掌握在自己手中。申不害的术治改革起到了一定的作用,使韩国的统治一时稳定下来,发展势头比较迅猛,以至于他在世时,诸侯国不敢来犯。但是,申不害过分强调"术",忽略作为基础的法律制度的建设,术治容易使官员无所适从,无法从根本上实现富国强兵的目的。因此申不害的改革有很大的局限性,效果远不如魏、秦等国的改革。

齐威王改革:以整顿吏治为突破。

齐威王,名因齐,齐桓公田午之子,战国时齐国的第五代国君。齐威王即位之初,政事由卿大夫掌管,内政混乱,齐国出现了"九年之间,诸侯并伐,国人不治"的局面。一个叫邹忌的人带着琴见齐威王,用鼓琴节奏的快慢来劝说齐威王。齐威王便任命邹忌为相,进行改革。齐国的改革侧重行政方面,尤其以整顿吏治为要:第一,赏罚分明。齐国的两个地方官员,一个是即墨大夫,一个是阿大夫。"威王召即墨大夫而语之曰:'自子之居即墨也,毁言日至。然吾使人视即墨,田野辟,民人给,官无留事,东方以宁。是子不事吾左右以求誉也。'封之万家。召阿大夫语曰:'自子之守阿,誉言日闻。然使使视阿,田野不辟,民贫苦。昔日赵攻甄,子弗能救。卫取薛陵,子弗知。是子以币厚吾左右以求誉也。'是日，烹阿大夫，及左右尝誉者皆并烹之。"[1]第二，善于纳言。齐威王"下令群臣吏民，能面刺寡人之过者，受上赏；上书谏寡人者，受中赏；能谤议于市朝，闻寡人之耳者，受下赏"。此命令下达后，群臣进谏者"门庭若市"；数月之后，进谏者"时时而间进"；一年之后，进谏者"虽欲言，无可进者"[2]。可见齐威王采纳了不少兴利除弊、富国强兵的建议。齐威王改革使齐国内部稳定，国力强盛。齐国派兵击败了赵、魏等国，收复了被侵占的土地，迫使赵国归还了从齐国夺走的长城，在战国中期一度代替魏国，成为东方各国的霸主。齐威王善于纳谏，知人善用，变法措施自然可以发挥效果；但是到齐闵王在位时，因其刚愎自用，一意孤行，导致齐国陷入万劫不复之地。

乐毅改革：循法与任贤并行。

乐毅，中山灵寿人，战国后期著名的军事家。战国七雄中，燕偏居北方。战国中期，燕王哙在位期间，任用子之为相，后把王位让给子之，造成国中大乱，齐国乘机攻燕，子之战败被杀。后来，公子职在赵国的帮助下回国即位，是为燕昭王。燕昭王即位后，礼节谦恭，用丰厚的报酬招纳有才能的人，吸引了各类人才赶去燕国：乐毅从魏国来了，邹衍从齐国来了，剧辛从赵国来了。燕昭王又在国中祭奠死者，慰问生者，与百姓同甘共苦。燕昭王重用乐毅并推行改革，措施主要有四：一是制定法律并严格推行，加强对官吏的审查与考核。二是确定新的用人原则，即"察能而授官"，把官职授予那些有能力的人，在一定程度上克服分封制度下"亲亲"以及"尊尊"带来的不利影响。三是严格执行法令，对于遵守法律的人无论其出身如何都给予奖励，以促使百姓安分守法。四是增强军力，注重战法的训练，提高军队的战斗力。经过燕昭王28年的励

---

[1] 司马迁：《史记》，中华书局，1959，第1888页。
[2] 刘向：《战国策》，贺伟、侯仰军点校，齐鲁书社，2005，第97页。

精图治，燕国走上了富国强兵之路，国家富强，民气高涨。公元前284年，乐毅率领秦、韩、赵、魏、燕五国之师讨伐齐国，攻破其都城临淄。但是在燕昭王死后，乐毅被继任的燕惠王猜忌，于是乐毅投奔了赵国，燕国的变法归于失败。

胡服骑射：跨越习俗壁垒的强兵举措。

赵武灵王，名雍，赵国邯郸人，战国时期赵国国君。战国中期，北方的赵国陷入了外交困境：西面与东面的秦、齐两国先后通过改革，国力强盛，蚕食赵国领土；北面的少数民族屡屡进犯，侵扰边境。公元前325年，赵武灵王即位，决定改变赵国外交和军事上的被动地位。经过观察和对比，他找到了赵国的弱点：北方少数民族都穿窄袖长裤、不受衣服牵绊的短衣，这种服装便于操作兵器作战，赵国的士兵则穿宽衣长袖，行动不便；少数民族以骑兵为主，迅疾如风，赵国士兵则驾驶木轮战车，非常笨重。有鉴于此，公元前307年，赵武灵王发布"胡服令"，开始胡服骑射的军事改革。改革在赵国引起轩然大波，使得大臣之间出现分裂：肥义等支持改革，贵族公子成、赵文和赵燕等反对改革。赵武灵王亲自到公子成家做工作，用大量的事例说明胡服骑射的好处，促使公子成支持改革，并带头穿上胡服。但其他反对派指责赵武灵王改变传统服饰是一种罪过，赵武灵王予以驳斥："先王有不同的习俗，后人应该遵循哪种？各朝帝王都不袭用前朝的礼仪、制度，后人应该遵循哪种礼制？伏羲和神农实行教化而不诛杀，黄帝、尧和舜使用刑罚但不残暴。夏、商、周三代都根据时代制定法度，根据事情制定礼制。各种法度政令都是顺应实际情况的需要，各种衣服器械都是为了便于他们的使用。因此，礼制不必是同一个模型，只要对国家有利就不必效仿古法。圣人的兴起并不是互相因袭，但都统一天下而称王。夏朝和商朝的灭亡也不是改变礼制导致的。如此说来，违背古法不一定就该非议，遵循礼制也不一定就该称赞。如果说穿着奇特的人的思想就一定是坏的，那么遵守礼法的邹国和鲁国就不该再有坏人；地处偏僻而习俗怪异的人一定不好，那么吴国和越国就不可能再出好人。圣人认为，穿着舒适的衣服就是好衣服，便于行事的礼节就是好礼节。无论进退的礼节还是服饰制度都是为了规范百姓，而不是限制特殊人才。百姓容易与习俗同流，贤人趋向与变革同步。因此有谚语说：'完全根据书本知识驾驭马的人无法全面发挥马的能力，完全依赖古代法度治理今世的人无法理解和事物的变化。'遵循旧法不足以建立伟业，因袭旧说不足以治理当今之世。你们都不懂得这些道理。"[1]在大臣肥义等人的支持下，赵武灵王下令全国改穿胡服，因胡服在日常生活中很方便，得到百姓拥护。改变服装之后，赵武灵王接着训练骑兵，改变军事装备，使得赵国国力逐渐强大起来，打败北方少数民族，开辟大片疆土。赵国不仅成为战国七雄之一，而且超越同时期的魏、韩、楚、燕等国，成为与秦、齐并列的三强。

由此可见，在从公元前5世纪的李悝变法到公元前4世纪赵武灵王胡服骑射的100年左右时间里，战国七雄纷纷进行了变法，变法涉及的国家之多、范围之广和程度之深，宣告了改革时代的来临。

三、春秋战国改革的维度

清同治十一年（1872年），李鸿章在《复议制造轮船未可裁撤折》中称其生活的时代为"此三千余年一大变局也"。清光绪元年（1875年），他又在《因台湾事变筹画海防折》中强调当时"实为数千年未有之变局"。以今天的眼光来看，春秋战国时期未尝不是自商朝以来的千年未有之大变局。在这场大变局中，数以百计的诸侯国曾建立、发展和衰亡。除却客观因素，诸侯国能否进行改革以主动适应大变局是关系到其生死存亡的主观因素，不同诸侯国的改革为考察后世改革提供了三个维度。

---

[1] 司马迁：《史记》，中华书局，1959，第1810~1811页。

1. 改革的时机

从改革的时机看，改革宜早不宜迟。春秋时期，齐桓公为何能成为五霸之首？战国初期，为何百年内难以有诸侯国能单独抗衡魏国？一个直接的原因是两国都最早进行了变法，如果说管仲改革开春秋时期改革的先河，那么李悝变法则揭开战国时期改革的大幕。两国之后，晋国、鲁国、郑国、楚国、秦国、韩国、齐国和赵国等纷纷进行变法，接连实现富国强兵的目的。虽然改革持续的时间有长有短，但它与富国强兵的直接关联印证了改革是发展的动力，早改革就能早发展，就能在诸侯国争霸中占据优势。

2. 改革的力度

从改革的力度看，宜大不宜小。春秋之前的社会是贵族社会，经济利益、政治权利和文化教育权利等都与阶层联系在一起。进行改革就是重新分配经济利益、政治权利和文化教育权利，这势必会触动既得利益阶层的利益，遭到他们抵制。秦孝公推行变法前，以甘龙、杜挚为代表的保守派贵族认为"圣人不易民而教，知者不变法而治。……法古无过，循礼无邪"，坚决反对变法；商鞅则指出：治理国家没有一成不变的办法，如果旧法度有利于国家就不仿效旧法度。商汤和武王不沿袭旧法度而能称王于天下，夏朝和商朝不更换旧礼制却灭亡。赵武灵王胡服骑射令尚未发布，王族公子成认为那是改变传统的教育方法，是对古代的道德准则的改变，违背大众的心意；大臣赵文进谏："顺应时势以遵从本地民俗是自古以来的准则，衣服有着特定的款式是礼法的规定，遵守法纪不犯错误是老百姓的职责，这三方面都是古代圣贤的教导。现在大王对这些都弃之不顾，改穿远方胡人的衣服，改变古代的教化，改变古代的章程，我希望大王认真地考虑考虑。"贵族赵造也称："圣人不改变百姓而进行教诲，有智慧的人不改变习俗来教化他们。顺着民心去教诲的可以达到不烦劳而可获得成功的功效，尊重习俗而教化百姓的就轻车熟路，非常方便。如今大王改变原来的做法，不顾自身的习俗而改穿胡服，不顾及社会上的议论，这可不是在教导百姓遵守礼制。更何况服装奇异的人思想放荡，而且习俗怪僻的地方往往民心混乱，所以历来治理国家的人不主张穿怪僻的服装，中原地区不仿效蛮夷的不开化行为，因为这样才能教导百姓遵守礼制。遵循原有办法没有什么过错，继续奉行传统制度不会偏离正道，我希望大王仔细考虑。"[1]面对这些抵制，改革者是否具有坚持到底的决心，关系到改革成效的大小。秦国能从战国七雄中脱颖而出统一天下，主要出于商鞅变法的坚决推行；东方六国虽然也都进行过变法，但因贵族势力的强大干扰，改革进行得不如秦国彻底，这也是六国越来越弱直至被兼并的一个原因。

3. 改革的范围

从改革的范围看，宜宽不宜窄。根据改革涉及内容的多寡，春秋战国时期的改革大致可分为两类：一类较为单一，主要针对特定领域的改革，经济方面的如鲁国的初税亩，军事方面的如赵国的胡服骑射，行政方面的如韩国的君主之术；另一类较为复杂，同时涉及政治、经济和军事等内容，如管仲改革、李悝变法和商鞅变法等。从效果而言，综合性改革较特定领域的改革更能持续促进国力的提升。初税亩的实施提升了鲁国的经济实力，但终春秋战国，鲁国很难称为强国；胡服骑射可以在短期内提高赵国的军事实力，但其崛起不过昙花一现；而改革内容广泛且坚持到底的商鞅变法，最终使秦国超越其他诸侯国而统一天下。

四、春秋战国时期的改革与中国道路

春秋战国时期，许多诸侯国都实行了改革，改革的措施一方面冲击了旧有的制度，另一方面确立了新的制度。新制度不仅被此后统一天下的秦朝继承，且成为中国历史的基本特征，因此可以说，

---

[1] 刘向：《战国策》，齐鲁书社，2005，第207~208页。

春秋战国时期的改革开启了中国道路的征程。

1. 土地私有与以农立国

经济方面，春秋战国出现了两大趋势。一个趋势是土地私有。春秋时期之前，"溥天之下，莫非王土"，土地名义上属于周天子所有。这种局面进入春秋后发生了变化。公元前685年，齐国的管仲采用了"相地而衰征"的新税法，规定不管是公田还是私田一律按土地的优劣征收赋税。公元前645年，秦国攻打晋国，晋惠公被擒，后被释放归国，晋惠公为取悦于民而"作爰田"。晋惠公以大量土地赏人，由于赏赐的人数众多，公田恐难以满足，不得不开阡陌来增加土地数量，"作爰田"是对井田制的一种破坏。公元前594年，鲁国实行初税亩，四年后又"作丘甲"。公元前538年，郑国的子产"作丘赋"。甲与赋基本相同，按丘出赋，实质上也就是按土地面积出赋，由于实行了初税亩，承认私田的合法性，因而一丘之内，垦田越多，军赋的负担越轻。公元前548年，楚国"书土田"，实行"量入修赋"的赋税制度，对全国土地进行丈量，并按照肥瘠分为九等，依据田地的收入规定征收军赋的数额，其实质是承认私田合法而征其税。公元前408年，秦国实行"初租禾"，不论公田还是私田一律征收土地税，并承认私田存在的事实，促进了封建经济的发展。商鞅第二次变法期间，又废井田开阡陌，清除土地上的道路和田界，承认土地私有，鼓励农民开垦荒地，且允许买卖。

另一个趋势是以农立国。春秋战国时期，中国的农业生产水平有了质的飞跃，而且工商业的发展也不缓慢。早在春秋时期，管仲就在商业流通中设"轻重九府"，通鱼盐之利。由官府铸造货币，调剂物价，以增加财政收入。到战国时，各国加强了商品交换市场的建设与发展管理制度。将经营同类商品的店铺都集中在一起，称为"列"，进行统一管理，对市中商肆的占地大小也作了明确规定，对市场管理人员的行为也作了规定。各国对市中的商业经营要征收一定的营业税，对行商要征收过关税。对所有的工商业从业者都要征收屋基税，称作"廛"。当时诸侯国的财政收入除地租之外，工商业的税收是一个相当重要的经济来源。在繁荣的市里，很多顾客一大早就等在市场门口，一旦开放，就蜂拥而入购买自己需要的商品。因此，那些重要的工商业城市在战国时期成为各诸侯国激烈争夺的对象。但战国工商业的发展势头始终没压过农业。公元前445年，魏文侯即位之后，为了尽快实现富国强兵的意图，任用李悝为相进行变法，李悝变法的内容涉及经济、政治、军事等方面，其中经济方面的"尽地力之教"充分发挥了土地的潜力，增加了收入，"平籴法"则保障了农业经济的不断发展和物价的稳定。此后，商鞅变法期间，重农抑商，奖励耕织，对积极从事农业并向国家贡献粮食多的人，免除本人的徭役；凡因经商或懒惰而导致贫困的商人和手工业者等，则全家沦为官奴。秦朝建立后，继承秦国的重农政策，由此确立以农立国的传统。

2. 官僚体制与君权强化

政治方面，春秋战国时期出现两大变化。一个变化是官僚体制的确立。随着变法运动的开展，各国政治方面的一个重大变化是确立新型的官僚体制。在行政机构方面，各国确立了以君王为首的中央集权的官僚体制。在中央机构中，君王是最高权力所有者，君王以下设有以相和将为首的各级官僚；在地方机构中，郡县两级管理体制开始普遍推行，郡县官吏都由中央任免，不能世袭，如商鞅变法实行县制，在全国设三十一个县，每县设立县令和县丞，由国君任免，统一领取俸禄。另外，官吏的任免途径发生重大转折。春秋时期，齐国的管仲在改革期间选贤任能，在一定程度上突破世卿世禄制限制，扩大了人才的来源；晋国的郭偃之法的"举善援能"是改革官制的指导思想，虽然以"亲亲"为主，也强调"尚贤"，既不"唯亲"，也不"唯贤"，其中包含着对世卿世禄制的否定。战国时期，燕国的乐毅改革确定新的用人原则，即"察能而授官"，把官职授予那些有能力的人，在一定程度上克服分封制度下"亲亲"以及"尊尊"带来的不利影响。官员的选择不是依据出身，而是依据能力，任贤使能、因功予赏成为选官的基本依据，西周以来的世卿世禄制度逐渐瓦解，官僚体制以及与之直接相关的俸禄制和选拔机制逐步确立。

另一个变化是君权的强化。强化君权包括两个密不可分的方面。一方面是削弱世袭贵族的权力。在这方面，吴起在楚国的变法是典型例证。楚悼王想改变楚国经济落后的现状，于是重用吴起进行变法。吴起变法主要措施是"捐不急之官，废公族疏远者，以抚养战斗之士"，并限制封君，"三世而收爵禄"。封君即受封的宗室、贵族、外戚、功臣，他们高官厚禄，世代相袭。吴起取消了他们的特权，规定凡封君之子孙三世无功，则取消他们的封君之号，不再享有封君的特权。除了魏国的吴起变法，各诸侯国都进行了针对削弱世袭贵族权力的变法。李悝在魏国变法期间，把爵位赐给有功于国家的人，剥夺那些对国家无功的"淫民"的爵位，打击了旧贵族。商鞅在秦国变法期间，奖励军功，规定在战场上杀敌一个并取其首级者，国家赐爵一级，田一顷，宅九亩，还规定宗室贵族没有军功不能享受特权，这对世卿世禄的宗族是一个打击。

另一方面是权力向君主手里集中。在这方面，申不害在韩国的变法是典型例证。韩昭侯于公元前355年任用申不害实行变法。申不害除了与其他法家人物一样重视法治以外，主要强调君主的统治之"术"。"术"的提出，对于当时建立官吏的考核制度具有重要意义。申不害的变法使韩国内政得以稳定，百姓生活逐渐富足。

3. 法律体例

法律方面，春秋时期，新兴地主阶级针对西周奠定的"礼治"传统进行改革，提出以法断事的"法治"思想。齐国的管仲提出"君臣上下贵贱皆从法"的思想，极大冲击了宗法等级制度。公元前536年，郑国的子产鉴于社会关系的变化和礼制的破坏，率先把法律条文刻在鼎上以作为国家遵循的固定制度。继子产铸刑书之后，大夫邓析首先提出"事断于法"的原则，强调对违法行为要依法处断，并于公元前502年修订郑国的法律，书于竹简之上，称为"竹刑"。公元前513年，晋国赵鞅把前任执政范宣子所编刑书正式铸于鼎上，公之于众。《左传·昭公二十九年》："冬，晋赵鞅、荀寅帅师城汝滨，遂赋晋国一鼓铁，以铸刑鼎，著范宣子所为刑书焉。"各国成文法的制定最终汇总到李悝的《法经》，成为后世立法的滥觞。此后商鞅由魏国入秦，就带《法经》而去，并在秦国进行变法。

4. 全员兵制

军事方面，春秋之前的士卒由国人组成，野人不能当兵，但春秋战国时期频繁的战争和扩大的战争规模促使各国不得不扩大兵源。管仲就曾改革兵制，实行"寓兵于农"这种军政合一的制度。该制度规定士农之乡每家出1人为士卒，每乡2000户出士卒2000人，五乡出士卒10000人为一军。士卒平时生产，农闲训练，战时打仗，亦兵亦农，兵农合一；平时的行政长官即是战时的军事长官，军政合一。公元前645年，晋国在韩原（今山西河津东）之战中败于秦国，损失惨重，为了重建军队，于是"作州兵"。"作州兵"即取消国人当兵的限制，使野人也能当兵。此后，鲁国"作丘甲"，郑国"作丘赋"，根据兵役与军赋一致的记载，两者也意味着向野人征兵，这成为中国历史上全员兵制的传统。

5. 改革与社会转型

春秋战国时期的改革有力地回应了社会转型的需求，不仅奠定中国历史的基本特征，在一定程度上也可视为东西方走向不同发展方向的转折点。如在权力分配方面，春秋战国改革的一个趋势是权力越来越集中于中央，最后发展为中央集权制；古希腊则在大约同时期的改革中确定"主权在民"的传统。

公元前594年，梭伦改革的一个重点是设立新的政权机构——四百人会议。会议由4个部落各选100人参加，这100人的名单除第四级公民（年收入谷物等产品的数量在200斗以下的公民）外，其他三级公民都有当选的可能。由此可见，四百人会议继承了原属于贵族会议的众多权力，却不再拥有原先的实权。与此同时，随着贵族会议权力地位的降低，原先徒有其名的公民大会逐渐恢复了其作为城邦最高权力机关的威严。由于选举和通过改革法令都必须在公民大会进行，因而公民参加大会的积极性空前提高。改革中另一个新设立的机构是陪审法庭。法庭不仅参与常规的例行审判，还接受一些上诉案件，而每一个公民都有上诉权，这就使得法庭事实上成为雅典的最高法院；法庭以陪审员当法官，由各级公民抽签决定，陪审员的人数可达数十人甚至上百人；审案时，陪审员通过投票做出裁定，这使得法院在审理案件时更加民主，有利于打破以往贵族垄断司法的局面。

梭伦以古老的伊奥尼亚部落为基础，使家族成为政治体制的基础。然而，为了将雅典民主付诸实践，必须削弱家族的政治地位，并以一种新的政治组织取而代之。阿提卡地区（希腊东部一带）的四个传统部落一直依靠血缘关系延续存在，每个部落的领导权都掌握在最年长和最富裕的家庭手里。梭伦之后，克里斯提尼为了打破这种世袭联合的政治垄断，以十个地域部落取代了原来的四个家庭部落。为避免雅典曾经出现的山地派、平原派和海岸派的相互斗争，他又把阿提卡地区按照山地派、平原派和海岸派分成三十个区域，每组十个区域。每组抽出一个区域组合在一起形成一个部落，这样就保证了权益的平衡。新选区形成后，克里斯提尼又组建了新的权力机构——五百人会议，以取代梭伦设立的四百人会议。五百人会议有着鲜明的特点。首先是会议的人员构成。会议由十个部落、每个部落各选五十人参加。与梭伦时期四百人会议的成员排除了第四级相比，五百人会议成员的范围更加广泛，涵盖所有的公民，他们不分等级，都有当选的可能性，因而比四百人会议更加民主。其次是构成人员的选举办法。各个选区基层单位按人口比例确定的名额，在合格候选人中抽签产生。既然是抽签，那每个身体健康并关心政治的雅典公民理论上都有当选会议成员的机会，事实上，每个公民在他一生中总有一两次获选的机会。再次是五百人会议的权力。在公民大会期间，它继续为公民大会准备议案、先行讨论所有提交的议题和主持公民大会；在公民大会闭会期间，它则负责处理国家日常政务。最后是五百人会议的运行。会议的五百名成员按部落分为十组，每组五十名，在一年内轮流值班，称为主席团；每组之内，成员通过轮流抽签值班，这就使得每个成员在值班那天成为整个雅典政治地位最高的公职人员，拥有主持公民大会和接见外国使团等权力。

伯利克里改革期间，民主政治的主要机构有公民大会、五百人会议和民众法庭。在这三个机构中，公民大会实行直接民主制，所有公民都有权利参加，有权发言和投票表决，是名副其实的国家最高权力机构。据研究，公民大会一般每隔八九天召开一次，讨论的议题非常广泛，涵盖从国家安全到官员的审核、惩罚和罢免等大小问题。它还允许任何公民就任何问题自由发言，前提是该公民在祭坛上放上橄榄枝表示请愿。值得注意的是，雅典的执政官抽签和十将军选举也在公民大会上进行。在雅典民主政治鼎盛之际，城邦公职人员都处于公民大会和五百人会议的督察监视之下，无论地位多高都不能脱离公民大会而擅自决定任何政务大事，如果公民大会认为某个公职人员有失职守，那无论他的功勋威信多高都会被依法惩处，处罚的程度从罢官放逐到处死。实际上所有公元前5世纪的著名政治家都受过公民大会的责罚，政治家泰米斯托克利和伯利克里亦不例外。[①]

当然，古希腊的改革也有缺陷，著名的哲学家罗素就说过：

---

① 吴于廑、齐世荣主编：《世界史：古代史编》（上卷），高等教育出版社，2011，第162、164、171页。

"体现出来我们心目中的所谓希腊文化的，大体上都是富人：他们有教育、有闲暇，游历把他们的传统偏见的棱角给磨掉了，他们消耗于论辩的时间又磨炼了他们的机智。所谓民主制，并没有触动使富人无需压迫自由公民便能享有他们的财富的那个奴隶制度。"[1]

澳大利亚作家约翰·赫斯特在《你一定爱读的极简欧洲史》中认为，欧洲文明在发端之初有三大组成元素，分别是古希腊罗马文化、基督教和日耳曼族的战士文化，这三大元素最终塑成欧洲文明的内核，也是欧洲文明异于中国传统文明的核心。这三大元素又各包含一些具体的要素，它们都是经过长期的历史演化而沉淀下来的。上文所述的"政权在民"就是古希腊历经多次改革才确立的传统，它不仅成为欧洲文明的传统，也与中国在春秋战国时期君权强化的传统截然不同，预示着中西文明发展道路的"分流"。

---

[1] 罗素：《西方哲学史》，李约瑟译，商务印书馆，1963，第107~108页。

第二章 社会转型期的改革

社会转型会使社会经济结构、文化形态和价值观念等发生深刻变化，同时，也往往伴随着社会问题的出现。反过来，社会问题的出现和解决也可能引发社会转型。社会转型与社会问题构成了一个互相作用的整体：社会转型容易导致社会问题的出现，社会问题的出现和解决会加速社会转型的进程。而社会问题的解决有赖于改革，改革是解决社会转型期问题的有效途径。

一、中国历史上的两次主要社会转型

1. 社会转型问题

在如何看待中国古代历史的发展变化方面，学界曾有过分歧，出现了两种观点。一种是社会形态演进论。根据这种观点，人类社会一般先后经历从原始社会到奴隶社会，再从封建社会到资本主义社会，最后达到共产主义社会的五种形态，这一过程中社会发生了质的变化。另一种是朝代循环论。1945年，黄炎培访问延安，在窑洞里向毛泽东主席问道："我生六十多年，耳闻的不说，所亲眼看到的，真所谓'其兴也勃焉'，'其亡也忽焉'，一人，一家，一团体，一地方，乃至一国，不少单位都没有能跳出这周期律的支配力。"回顾中国历史上的朝代更替，确实像黄炎培所说的那样：一个朝代建立之后，统治阶层励精图治，国力逐渐增强并趋于兴盛；到了中期，王朝会出现诸如土地集中、赋税沉重、徭役频繁等问题，趋向衰落，最终被新的王朝代替。王朝存在时间，短的有十余年或数十年，如秦、隋等；长的二百年左右，如西汉、东汉、北宋、南宋等；更长的近三百年，如唐、明、清。无论长或短，这些王朝无不经历从崛起到兴盛、从衰落到灭亡的过程。根据朝代循环论的模式，中国社会虽然发生了变化，但只是量的变化，没有质变。

中国历史分期问题在20世纪五六十年代是个历史学热点问题，它与封建土地所有制形式、封建社会农民战争、资本主义萌芽和汉民族形成这四个问题合称历史学研究的"五朵金花"。由于划分视角的不同，研究者对中国历史阶段的划分互有差异，影响较大的观点有三种：第一种是三分/四分法。三分是指古代、中世和近世。根据这种观点，从上古到战国末（守屋美都雄）或秦汉（内藤虎次郎）或唐朝（前田直典）属于古代，再到五代（内藤虎次郎）或明末（前田直典）属于中世，此后属于近世。如果在中古（相当于中世）与近世之间加上"近古"，或在近世后加上"最近世"，就成为四分法，如桑原骘藏认为从太古至战国是上古，从秦汉至唐末是中古，从五代宋至明末是近古，清朝以后是近世；宫崎市定认为从太古至秦汉是古代，从三国至五代是中世，从宋至清是近世，民国之后是最近世。第二种是五分法。五分是指原始社会、奴隶制社会、封建社会、资本主义社会和社会主义社会（共产主义社会）五种社会形态。这种观点根据经济基础与上层建筑之间的关系，认为人类社会依次经历这五种形态，中国自1840年后受到西方列强的冲击，没有从封建社会进入资本主义社会，而是转入半殖民地半封建状态，此后过渡到社会主义社会。第三种可称为多分法，即以朝代为序，以一个或多个朝代作为一个阶段，如先秦、秦汉、魏晋南北朝、隋唐五代、宋金元、明清等，这是很多教科书中常用的划分方法。

这些相对而言都是综合性的划分,还有专题性的划分,如,根据行政体制的不同,把春秋战国之前的社会视为分封制社会;秦朝统一后,废除分封制,实行郡县制,中国进入郡县制社会。再如,冯友兰在20世纪30年代出版的《中国哲学史》中把中国哲学史分为子学时代和经学时代,认为"董仲舒之主张行,而子学时代终;董仲舒之学说立,而经学时代始",这是就中国哲学史而言的。

无论哪种划分,它们预设的前提条件是:古代社会在某些方面曾经发生过质变,不同研究者依据不同方面的质变划分历史阶段。现在看来,这些划分都存在一些问题。三分/四分法主要是日本汉学家的观点,日本汉学家研究中国古代史时非常深刻和缜密,在摆脱欧洲中心论的背景下,主张以中国历史的内在变迁作为划分历史阶段的依据,如宫崎市定把宋朝视为近世的开端,原因就在于宋朝时民族自觉的高涨。他说:"民族自觉的高涨,作为中国近世社会的一个特征,成为区别近世与中世的一个标志。""中国近世是民族主义的时代,不单中国如此,周围异民族之间亦可见昂扬的民族意识。"[1]然而民族意识的高涨仅仅是中国历史发展的一个侧面,以此作为划分依据而没有顾及政治、经济和思想等方面的变化,是否不够全面?五分法主要是马克思主义的观点,这是以西欧为对象概括的发展模式,但它是否适用于西欧以外的地区,就连马克思本人也持谨慎态度。1877年11月,他在《给〈祖国纪事〉杂志编辑部的信》中如此阐述他的历史观:"关于西欧资本主义起源的历史概述彻底变成一般发展道路的历史哲学理论,一切民族,不管他们所处的历史环境如何,都注定要走这条道路",这样做"会给我过多的荣誉,同时也会给我过多的侮辱""因为极为相似的事情,但在不

---

[1] 宫崎市定:《宫崎市定中国史》,浙江人民出版社,2015,第175、193页。

同的历史环境中出现就引起了完全不同的结果"。①而以朝代作为历史分期依据，虽然便于记忆，却容易忽略朝代与朝代之间继承与改革的程度，如薛小林提到，如果我们视西汉与东汉为汉朝，就忽略了西汉与东汉的差异，"东汉与西汉之间的断裂似乎并不小于它们之间的连续。……在使用同一个朝代名称的表象下，两汉之间某些很重要的区别极容易被人们忽视"②。因此，有必要重新思考社会转型的依据。

2. 两次主要的社会转型期

学者阎步克认为秦汉帝国奠定了中国政治的三大"常态"——君主专制、中央集权和官僚政治③。把握了中国政治的常态，也就把握了中国历史发展的一个侧面，偏离常态或与常态相反的，可视为中国历史的逸出，如魏晋南北朝时期的门阀政治、士族政治等。由此扩展开来，中国历史在经济、思想、文化、艺术等方面都有"常态"，经济方面有以农耕为主的小农经济，思想方面有以儒学为主的思想确立等。把这些方面的"常态"综合起来，不仅可以把握中国历史的特色，而且可以探讨中国历史的变化，以及这些常态发生转折性改变的时期。

这样的时期，中华人民共和国成立之前主要有两次，一次是春秋战国，一次是晚清。美国历史学家L. S. 斯塔夫里阿诺斯在其所著的《全球通史》中提到，在中国长达数千年的历史中，曾有过三次从根本上改变了中国政治和社会结构的大革命，"第一次发生在公元前221年，它结束了封建领主制，创立了实行中央集权制的帝国；

---

① 马克思、恩格斯：《马克思恩格斯全集》第19卷，人民出版社，1963，第131页。

② 薛小林：《争霸西州：匈奴、西羌与两汉的兴衰》，社会科学文献出版社，2020，第17页。

③ 阎步克：《波峰与波谷：秦汉魏晋南北朝的政治文明》（第二版），北京大学出版社，2017，第213页。

第二次发生于1911年,它结束了帝国,建立了民国;第三次在1949年,建立了共产党领导的政权"①。美籍华人学者唐德刚则认为,"从秦国开始的我国史上的第一次社会政治大转型,发自商鞅,极盛于始皇,而完成于汉武。……我国史上第二次社会政治大转型,实在是从割让香港之后才被迫开始的"②。

说社会转型期"主要有两次",并不意味着社会转型式改革只有两次,前者着眼于中国历史发展的总体趋势,后者则涵盖不同时代不同地域的民族或政权的变迁,因此从数量上来说,后者远远超过前者,如后文所述,历史上少数民族及其建立的政权大都通过社会转型式的改革实现跨越式的发展。有研究者认为中国历史社会转型式的改革只有商鞅变法和戊戌变法两次,"商鞅变法和戊戌变法在中国改革历史上有独特地位。一部中国历史称得上是一部改革史,然而若是仔细梳理下来会发现,改革运动不少,社会转型式的改革屈指可数。历史上社会转型式的改革只有商鞅变法和戊戌变法,成功的则只有商鞅变法。封建时代持续不断的基本是修补式的、局部的、单项的改革,或者是少数民族与汉民族相互学习的改革,历朝历代差不多都有。但属于社会制度全局性、整体性、转型性的改革,如果不把当代改革单独算,只有这两次"③。其实,能够称得上社会转型式的改革不止商鞅变法和戊戌变法,还有其他情况,如许多少数民族政权的改革直接推动了社会转型,这些改革当然属于社会转型式的,但它们发生的时间间隔太大,不能算作主要的社会转型期。若要说主要的社会转型期,通常认为有春秋战国和晚清两次。

---

① 斯塔夫里阿诺斯:《全球通史:1500年以前的世界》,上海社会科学院出版社,1988,第285页。

② 朱庆葆主编:《南京大学百年学术精品·历史学卷》,南京大学出版社,2002,第991、993页。

③ 王福生、陈小丽:《大变法:中国改革的历史思考》,金城出版社,2010,第24页。

毫无疑问，春秋战国时期是中国历史上的重大改革期，这是过去史学家早已认识到的。清代学者王夫之在他的名著《读通鉴论》中就称战国时期为"古今一大变革之会"；顾炎武在《日知录》中则特别比较了春秋与战国礼俗的种种巨大差异；当代学者李学勤曾把考古学和历史学的成果结合起来，概括出春秋战国时期四个方面的急剧变革：一是从考古学视角看，中国由青铜时代向铁器时代过渡；二是从经济史视角看，中国社会出现了井田制的崩溃和奴隶制关系的衰落；三是从政治史视角看，中国从以宗法为基础的分封制国家转变为中央集权的专制主义国家；四是从文化史视角看，百家争鸣的繁荣和结束。①

除了上述方面，其他领域的变革也不可忽视。一是华夏族群意识的形成，这是王明珂指出的：整体来看，从西北经北方再到东北，华夏边缘大致形成于战国末。如果说这是有形的边缘的话，那么同时，华夏族群伴随着产生了自我意识和异族意识的无形边缘。②二是春秋战国之际的交通革命，这是张荫麟指出的："当春秋战国之际，我国在交通上曾起过一次大革命；许多国家，为侵略用兵的便利，都'堑山填谷'，以修筑新道路。"三是战国初期文武分途，这也是张荫麟指出的："当春秋之世，各国的军事领袖都是兼管民政的封君，纯粹的武将是没有的。战国初期大政治家像李悝、吴起、商鞅……都是能带兵出阵的，但自此时以降，文武渐渐分途。专门的名将如孙膑、穰苴、白起、王翦、廉颇、李牧……相继出现。"③

春秋战国之后，秦朝建立，秦朝的政治和文化等制度深刻地影

---

① 李学勤：《东周与秦代文明》，上海人民出版社，2014，第285页。
② 王明珂：《华夏边缘：历史记忆与族群认同》（增订本），浙江人民出版社，2013，第124、148页。
③ 张荫麟：《中国史纲》，江苏人民出版社，2019，第120、121页。

响了此后的历史，所以谭嗣同在《仁学》中说，"二千年来之政，秦政也，皆大盗也"。"秦政"一直延续到清朝前期。进入晚清后，在西方列强的冲击下，中国传统社会开始了又一次社会转型。

20世纪90年代以来，学术界流行用社会转型来描述晚清时期的社会变迁。刘伟认为近代中国的社会转型实质上是从传统农业社会迈向近代工业社会，在这个转变过程中，新旧结构的更替表现为五种发展趋势：行政上的中央政府权威削弱及其衰败化，外交上的在西方列强侵略下国家地位的边缘化，政治上的传统政治体系向近代政治体系演化的民主化，经济上的社会经济演变的市场化以及社会上的国家与社会结构的二元化。这五种趋势既是中国近代的推力，同时也是阻力，因此造成晚期社会转型的滞后。[1]李明伟则指出晚清社会转型体现在三个方面：第一是经济结构方面，传统的自给自足的自然经济仍然居支配地位，但是近代商品经济的比重不断增加，这在沿海地区表现得尤其明显；第二是社会结构方面，社会上出现新的社会力量，表现为工人、资产阶级、近代知识分子以及民族资本家的崛起；第三是思想观念方面，随着预备立宪会和宪友会等近代政治团体的出现和活动，人们的思想观念进一步发生变化。[2]

二、社会转型期的社会问题

美国社会学家米尔斯在其代表作《社会学的想象力》一书中认为，社会问题也是公众的问题，是社会中许多人遇到的公共麻烦，不是个人困扰。在不同的社会转型期，人类面临的社会问题都涉及经济、政治等领域，本质上颇为一致，但在表现形态上又有差异。

---

[1] 刘伟：《近代中国社会转型的发展趋势及其特征》，《华中师范大学学报（哲学社会科学版）》1997年第1期。

[2] 李明伟：《论晚清社会转型》，《光明日报》1998年6月26日第7版。

1. 春秋战国时期的社会问题

在第一次社会转型期，曾经支撑起西周社会秩序的四大制度——井田制、宗法制、分封制和礼乐制，随着周天子"天下共主"地位的崩溃和诸侯国的崛起，逐渐趋向瓦解。

根据《孟子·滕文公上》的记载，西周时期的土地制度是井田制，"方里而井，井九百亩，其中为公田。八家皆私百亩，同养公田。公事毕，然后敢治私事"。由于中国地形多样，当时的测量技术有限，把一里土地整齐划一地分成九份难以全面实行，"殷、周两代是施行过豆腐干式的均田法；其在西周不仅行之于镐京，于洛阳，而于齐于卫都有朕迹，只是各地所行的方式，多少有些出入。这些，一律都可以叫作井田，不必一定要九夫为井或八家共井"①。周天子既是行政上的统治者，也是经济上的土地所有者。周天子把土地分封给诸侯，诸侯把受封土地分赐给卿大夫，卿大夫再把土地分赐给子弟和臣属，形成分层级的土地占有制。在这种制度下，诸侯和卿大夫及其子弟、臣属只有土地的使用权而没有所有权，土地也不能随意转让和买卖。进入春秋时期之后，土地制度发生变动。《左传》记载的"晋郤至诉周侵田"一事反映出当时土地制度的很多问题。成公十一年（前580年）秋天，晋国大夫郤至与周王室为了附属温邑的㵒邑的土地所有权发生争执，周简王命令刘康公和单襄公到晋国去和郤至打官司。郤至说："温邑是我固有的封地，所以不敢失去。"刘康公和单襄公说："周朝推翻商朝的时候让诸侯拥有封地。苏忿生占有温邑并担任了司寇，与檀伯达一起被封在黄河边。后来苏忿生投靠狄国，又不能与狄国人和睦相处，所以逃到卫国去了。以后周襄王为了慰劳晋文公而把温邑赐给他，大夫狐溱和阳处父先后拥有温邑，最后才轮到你。如果要论它原主的话，它本来就是周天子的官员的封邑，你怎么能得到它呢？"晋厉公让郤至

---

① 郭沫若：《十批判书》，东方出版社，1996，第28~29页。

别再争了。这个故事透露出，周天子的土地所有权受到挑战，挑战者不是周天子分封的诸侯，而是诸侯的臣属。

身份社会意味着在一个社会中，人的权利大小和义务多少是由身份决定的，身份是人们确定社会地位的基本标准。在一个以血缘为基础的身份社会中，身份的获得基于人的血缘关系，即亲属关系，它是身份的基础。简而言之，血缘决定了人际关系的亲疏，进而决定了人的权利和义务。宗法制是用父辈血缘关系的亲疏来维系政治等级、巩固国家统治的制度，该制度在西周得到完善，深刻影响了此后的历史。根据宗法制，宗族分为大宗和小宗，大宗是周天子，他不仅是王族的大宗，也是天下的大宗；小宗是被封为诸侯的周天子的庶子，但他们在自己的封地内又是大宗；同理，诸侯的儿子如果被封为卿大夫，相对诸侯而言是小宗，在自己的采邑内则是大宗，因此大宗与小宗在某种程度上是相对而言的。从卿大夫到士也是如此。《左传·桓公二年》记载，"天子建国，诸侯立家，卿置侧室，大夫有贰宗，士有隶子弟"。因此贵族的嫡长子总是不同等级的大宗（宗子）。大宗不仅享有对宗族成员的统治权，而且享有政治上的特权。进入春秋时期，周天子已经无力统御诸侯，权威丧失，宗法制也被打开裂缝，逐渐衰落。周平王不仅失去了诸侯的信仰，也没有力量恢复对诸侯的统治；周桓王率领联军讨伐郑国，不但被打败，本人也被射伤，以致郑庄公公开讽刺周王室"天而既厌周德矣"。当诸侯把新得的土地分封给其他宗室或者异姓功臣的时候，这些人也会趁机扩大自己的势力。就这样，诸侯的权力慢慢落入其他实力雄厚的贵族中，典型的案例就是"三家分晋""田氏代齐"。这严重地冲击了宗法制，许多诸侯或者士大夫已经不是天子的本家了。

西周立国后，曾分封过许多诸侯国。《左传·昭公二十八年》记载，"昔武王克商，光有天下。其兄弟之国者十有五人，姬姓之国者四十人"。《荀子·儒效》说："周公……兼制天下，立七十一国，姬姓独居五十三人焉。"成王在位时，也曾分封自己的弟弟叔虞于唐。西周分封的诸侯大部分都是文王、武王及周公的后裔，《左传·僖公二十四年》记载，文王的后裔共分封了16国，分别是管、蔡、郕、霍、鲁、卫、毛、聃、郜、雍、曹、滕、毕、原、酆、郇；武王的后裔共分封了4个国，分别是邘、晋、应、韩；周公的后裔共有6国，分别是凡、蒋、邢、茅、胙、祭。然而春秋战国时期，随着社会变迁的深入，一些诸侯国不再像原先那样把土地分封给卿大夫，而是采用新的管理办法——设置县和郡，并委派官员进行管理，县和郡的管理职位不能世袭。这种办法虽然可以加强诸侯对地方的控制，但也逐渐瓦解了分封制。

　　西周礼乐制度的原则是"亲亲"和"尊尊"。"亲亲"就是亲其所亲，反映社会成员之间的血缘关系，表现出浓厚的宗族色彩。在周人的生命礼仪中，无论是出生礼、冠礼、婚礼，还是丧礼、祭礼等都是由族群成员共同参加的宗族活动。在这些活动中，亲族关系得到了充分的尊重与体现。"尊尊"就是尊其所尊，反映社会成员之间的政治关系，表现出强烈的等级意识。《左传·庄公十八年》记载，"名位不同，礼亦异数"。就是说要根据政治地位的高低分别制定规格不同的礼仪。例如，丧礼中，对王朝三公及诸侯一级贵族的赐谥读诔工作由太史负责，对卿大夫一级贵族的赐谥读诔工作则由级别低于太史的小史负责。即使是在亲族内部的礼仪活动中，也按照亲疏关系的不同而划分出不同的等级，如在丧制中，关系最近的丧服最重，关系最远的丧服最轻。到了春秋时期，社会上不断出现僭越礼仪的现象，诸侯僭用天子之礼，大夫僭用诸侯之礼的现象不断发生。按照《周礼》的规定，周天子行乐舞，可以列"八佾"，即由64人组成的乐舞行列；诸侯"六佾"，可用48人；卿大夫"四佾"，可用32人。但是鲁国的大夫季氏在家中举行乐舞时用了"八佾"，即周天子才能用的规格。这事还是发生"周礼尽在鲁"的鲁国，所以引起孔子的极大愤慨，《论语·八佾》："八佾舞于庭，是可忍也，孰不可忍也？"《周礼》同时规定：只有天子及诸侯才能祭祀其境内的名山大川。但季氏在鲁国境内的泰山举行祭祀，这无疑是僭越，孔子对此也无能为力："季氏旅于泰山。子谓冉有曰：'女弗能救与？'对曰：'不能。'子曰：'呜呼！曾谓泰山不如林放乎？'"

西周时期，周天子是号令全国的最高统治者，即所谓的"礼乐征伐自天子出"。到了春秋早期，周天子就失去了号令天下的能力，最典型的事件便是郑庄公不仅不听从周天子的号令，竟然还在繻葛与周天子兵刃相见，甚至将周天子射伤。从此以后，周天子在诸侯面前不复有往日的威风，历史进入了"礼乐征伐自诸侯出"的新时代，贯穿春秋时期的主要历史现象便是诸侯的霸业。从齐桓公、晋文公到秦穆公、楚庄王，这些新时代的霸主不仅在国内建立了稳定而强大的统治，而且可以号令诸侯，大有取代周天子的趋势。但是诸侯们的权力很快被日益壮大起来的卿大夫阶层所篡取，如晋六卿、鲁三桓、郑七穆等，这些在春秋中晚期崛起的卿大夫集团逐渐控制了诸侯国国内的政权，甚至能够代表诸侯开展外交活动，历史又进入了"礼乐征伐自大夫出"的时代。春秋晚期，卿大夫集团内部又兴起了一个新的实权阶层。他们在旧有的政治体系中连与诸侯们直接交往的权利也没有，只能称作是"陪臣"，此时这些陪臣开始掌握国家权力，这就是"陪臣执国命"。鲁国的公山弗扰、阳虎等都是显赫一时的实权人物，甚至以恢复周礼为终身志向的孔子也想暂时与公山弗扰等联合，达到攻灭卿大夫在诸侯国内专政的目的。

2. 晚清时期的社会问题

在第二次社会转型期，传统社会的经济结构、行政体制和思想观念受到极大冲击，美国历史学家罗威廉在《最后的中华帝国：大清》中提到，19世纪与20世纪之交，清政府的危机源于三个同时发生的困境所造成的"完美风暴"，即西方扩张带给清朝的冲击、清朝的经济社会问题积累的长期危机和在中国历史上常见的严重的政府失能。用一个词来形容晚清的局势，就是内忧外患。

鸦片战争前后，在经济上，清政府坚持重农抑商和闭关锁国政策，压制资本主义萌芽的发展，自然经济占统治地位；在政治上，沿袭传统的封建专制主义中央集权制度，皇权专制发展到顶峰，从而导致政治上的日益腐朽，因此中国在政治经济上全面落后于世界资本主义潮流。随着第一次工业革命的开展，中国成为西方国家开拓殖民市场的焦点，成为被侵略对象。第一次鸦片战争是英国对中国进行殖民扩张的侵略战争，战后殖民者强迫清政府签订的《南京条约》《黄埔条约》《望厦条约》等不平等条约，将中国拉入半殖民地半封建社会。第二次鸦片战争由英、法挑起，俄、美两国趁火打劫，战争的结果是清政府被迫签订《天津条约》《北京条约》等不平等条约，新的不平等条约的签订，给中国造成了更为严重的危害。洋务运动期间，西方国家分别借机和蓄意在中国边疆制造危机，扩大在中国的侵略权益：美国、日本侵略台湾，制造东南边疆危机，日本迫使清政府签订《台事专条》，并乘机吞并了琉球；英国侵略云南和西藏，与清政府签订了《烟台条约》《入藏探路专条》《藏印条约》《藏印续约》，扩大了自己的特权；俄、英支持利用阿古柏分裂新疆，沙俄与清政府签订中俄《伊犁条约》，割占了中国7万多平方千米土地，并非法抢占了萨雷阔勒岭（位于今新疆维吾尔自治区西南部）以西2万多平方千米的土地；法国发动了旨在夺取越南和打开中国西南大门的战争，与清政府签订《中法新约》；日本又发动了甲午战争，与清政府签订《马关条约》，加深了中国半殖民地化的程度。此后，西方国家争先恐后地掠夺在华权益，强租海港，划分"势力范围"，大量输出资本，致使中国陷入被帝国主义列强"瓜分豆剖"的危局之中。外患的冲击加剧了内部固有的矛盾和危机，晚清政府深陷严重的内忧外患危机中，加速走向衰亡。

三、社会问题的应对与改革精神

对于历史是什么,不同的学者有自己的感触和理解。曾有学者用"三段式"界定历史的含义:历史是一个过程,是一个不断产生问题的过程,也是一个不断解决问题的过程。这种界定十分有趣。说它有趣,不仅因为它同样适用于人生,更重要的是它揭示了一种历史的常见现象——不断出现问题。回顾历史可以发现,不论朝代是长还是短,是稳还是乱,都会面临不同的问题,这是无法逃避的。问题会不断出现,是否能正视问题,正视问题之后采取什么态度,以什么方式应对问题,这些才是至关重要的。

1. 打破桎梏的改革精神

面对社会问题,不仅要正视,不去回避,还要进行有效的应对。什么是有效的应对?有效的应对是要有打破时代发展桎梏的精神。桎梏束缚人与社会的发展,按照直观性程度,包括有形和无形两类,前者如典章制度等,后者如思想观念等,都可能成为人类进步和社会发展的阻碍。打破桎梏,就是要以打破桎梏的改革精神,革新已经过时的制度,破除已经陈旧的观念。

根据美国人类学家摩尔根的观点,人类社会的进步得益于两点:一是技术,二是制度。技术方面如火的使用被认为具有极其重要的意义。人类利用火,不但可以猎取大型动物,变生食为熟食,还可以照明和抵御寒冷,扩大活动范围。制度方面如族外婚不仅排除了异辈间的近亲通婚,也排除了同辈间的近亲通婚,对于人类体质的进化同样具有重大意义。技术的进步能被直观地感受到,其作用容易得到认可,制度的进步虽不能被直观地感受到,但同样能推动社会发展。一个时代有一个时代的制度,在新制度刚刚确立的时候,它能够规范人们的行为,营造稳定有序的社会。时代发展了而制度不变,制度又会压制社会的活力,成为发展的束缚,世卿世禄制度就是如此。

世卿世禄制度起源于何时，学界还存在争议，有的说是西周，有的说是春秋中期，但对世卿世禄制度内容的争议较小：卿是指官吏，禄是指俸禄；世卿是指世代为官，父死子继；世禄是世代享有作为官吏和封君应得的俸禄和爵位。如何成为卿而获得禄？依据的是分封制和宗法制。由此可见世卿世禄制度具有封闭性，排除了人们凭借才能、德行等踏入仕途并获得俸禄的可能性。从春秋到战国，世卿世禄制度逐渐被打破，社会阶层之间的流动频繁而迅速，个体的社会地位出现分化：有从贵族沦落为平民的，也有从平民上升为贵族的；有从贫穷变成富裕的，也有从富裕变为贫穷的。然而在世卿世禄制度下，社会流动从制度上受到限制，这就压抑了社会的活力，毕竟从个人的愿望来说，谁都愿意从一个较低的社会阶层升迁到较高的阶层，从贫困状态转变为富裕。社会变迁呼吁新制度的来临，为不同阶层的人施展才华提供保障。

战国时期，魏国是变法最早，也是最先尝试突破世卿世禄制度的国家。李悝在与魏文侯的对话中，提出"食有劳而禄有功"的原则，即以"功劳"而不是"亲故"作为赏赐的标准。魏文侯问李悝："如何才能治理好国家？"李悝回答道："我听说，治理国家的方法是让劳动者得到食物，让立功者得到俸禄，让贤能者得到任用，还要赏罚得当。"魏文侯疑惑道："我已经做到了赏罚得当，为什么百姓还是不肯来投奔我？"李悝道："这大概是魏国内还有放纵游乐之人的缘故吧。我听说，应该取消这些人的俸禄，以招揽对国家有用的人。放纵游乐之人因为他们的父辈建立过功勋，所以国家给予他们俸禄；他们本人无德无能，却得到父辈般的待遇，出门时乘着车马，穿着华美的衣服，尽显荣华富贵；在家里他们则纵情于音乐，沉湎于竽琴钟石。正是这些人破坏了乡里的教化，应该取消他们俸禄，用以招揽人才。这就是我说的剥夺放纵游乐者俸禄的原因。"公元前396年魏文侯去世后，魏国的变法活动基本终止，曾在变法期间担任将领的吴起因遭陷害而投奔楚国，并在楚悼王的支持下进行变法。与李悝变法相似，吴起的变法同样试图限制和取消贵族的特权："不如使封君之子孙三世而收爵禄；绝灭百吏之禄秩，损不急之枝官，以奉选练之士。"[1]其中收回传世三代的旧贵族的爵位和俸禄的做法正是对世卿世禄制度的瓦解。如果说李悝变法为旧贵族提供通过垦荒以保持地位的出路，吴起变法则为旧贵族提供了三年的缓冲期，两者虽然冲击了世卿世禄制度，但见效较慢。与他们相比，商鞅变法则更为彻底和直接："宗室非有军功论，不得为属籍。"这就非常明确地告诉那些贵族：如果没有军功，你们就会被从宗室谱籍中除名，成为平民，以后爵位的高低就根据军功大小确定，"有军功者，各以率受上爵，为私斗争，各以轻重被刑"。这剥夺了很多贵族的特权，所以史载"商君相秦十年，宗室贵戚多怨望者"，可见恨他的贵族实在太多了。

　　制度规定与时代发展脱节容易被人们察觉，为打破这一桎梏，需要修订旧制度或制定新的制度。陈旧的思想观念不是说改就能改的，然而不改变思想观念，再好的改革措施也无法得到有效的贯彻。在春秋战国和晚清两次主要的社会转型期中，存在两种涉及改革的争论：一是法先王与法后王之辩，即遵循祖宗之制还是应时而变之间的辩论；二是华夷之辩，即维持华夏族传统还是可以借鉴其他族群传统之间的辩论。所谓其他族群，在春秋战国期间是指少数民族，在晚清则是指西方列强。

　　商鞅本来在魏国相国公叔痤家中当家臣，公叔痤死后，商鞅感到难以被重用，于是在秦国求贤令的感召下，通过老朋友景监的引荐拜见秦孝公。他三次见秦孝公，推销自己的国家富强之术，最后一次秦孝公听得入了迷，不知不觉中移动垫席靠近商鞅，君臣达成变法的共识。共识是达成了，但作为一国之君的秦孝公还是担心秦

---

[1] 王先慎：《韩非子集解》，中华书局，2013，第103页。

国人议论自己，在改革一事上变得犹豫不决，商鞅就给他讲了一段颇为鼓舞人心的话：

> 行动上犹豫成就不了名声，事业上犹豫成就不了功绩。超出常人行迹的人本来就会受到世俗的非难，具有独到见解的人必定受到一般人的诋毁。愚笨的人对既成事实还不甚了解，聪明的人却能料事于先。对于老百姓，不能在事情刚开始的时候跟他们商讨，却可以在事情成功之后跟他们分享。谈论高深道理的人不会去迎合习俗，成大业的人也不跟一般人商量。因此，只要能够使国家强盛就不必效法陈规，只要对百姓有利就不必遵循古制。

这段话运用对比方式，把世界上的人分成两类：做大事的人和不能做大事的人。做大事的人自己决断，行为不被世人理解；不能做大事的人只会乐享其成。秦孝公不是昏君，他还有着"及其身显名天下"的志向，于是答应变法。但他手下大臣的脑筋还没转过来，商鞅又逐个做他们的工作。甘龙首先指出商鞅说的不对："圣人不易民而教，知者不变法而治。因民而教，不劳而成功；缘法而治者，吏习而民安之。"对此，商鞅一句话予以否决，"龙之所言，世俗之言也"，并延续他对比的思维模式，讲了一通高深道理："常人安于故俗，学者溺于所闻。以此两者居官守法可也，非所与论于法之外也。三代不同礼而王，五伯不同法而霸，智者作法，愚者制焉；贤者更礼，不肖者拘焉。"接着发难的是杜挚，他也固执地认为不能变法，称："利不百，不变法；功不十，不易器。法古无过，循礼无邪。"商鞅直面回击说："治世不一道，便国不法古。故汤武不循古而王，夏殷不易礼而亡。反古者不可非，而循礼者不足多。"商鞅的话表面上是回击大臣们的质疑，其实也是说给秦孝公听的，无可辩驳的历史事实和颇具气势的人物对比再次打动秦孝公，商鞅更得秦孝公的认可。商鞅与甘龙、杜挚辩论的焦点，就是"法古""循礼"与"不法其故""不循其礼"两种思想的选择。选择前者，秦国便安于现状；选择后者，秦国则顿生波澜。不解决秦孝公和一帮大臣的思想选择问题，商鞅的变法措施就无法推行。

秦国的变法是要解决思想上变与不变的问题，而变与不变的焦点都围绕着传统，具体来说就是当时华夏族的传统。近半个世纪后，赵国的变法在此基础上又增加了华夏与夷狄间的辩论，转变思想观念的难度更大。

春秋战国时期，中原国家与周边少数民族间形成了一条界限，把"华夏"与"异族"区别开来。这条界限至少包括三个方面：一是生产方式，华夏族以定居的农耕为主，异族则以迁徙的畜牧为主，王明珂提到，"为了维护南方资源，由西周到春秋战国时期，一个以'农业'与'定居'为本群体文化标记的'夏'或'华夏'认同逐渐形成，将住在黄河中下游平原上的邦国贵族凝聚在一起。相应地，北方那些畜养动物的、经常迁徙的武装化人群，则被他们视为野蛮的异族"[①]。二是文化与礼仪方面，《左传·定公十年》："中国有礼仪之大，故称夏；有服章之美，谓之华。"三是血统，《国语·郑语》："是非王之支子母弟甥舅也，则皆蛮、荆、戎、狄之人也。"这三方面的区别使得中原诸国在充满自豪感的同时，深深地鄙视夷狄的生活和文化，《论语·八佾》："子曰：'夷狄之有君，不如诸夏之亡也。'"《孟子·滕文公上》也强调："吾闻用夏变夷者，未闻变于夷者也。"

重本族而轻异族的观念不仅出现在中国，在其他国家也有。在古代印度，雅利安人称异族为"蔑戾车"（又译"弥离车""蜜梨车"等）；在古希腊，古希腊人称异族为"蛮族"。与他们相

[①] 王明珂：《华夏边缘：历史记忆与族群认同》（增订本），浙江人民出版社，2013，第95页。

比，古代中国对夷夏的区分形成了自己的特点，这就是重文化区分而不是重种族区分。孔子一生游历过许多中原诸侯国，都没得到重用，甚至一度想到"九夷"去居住。有人说那些地方太落后，孔子却说："君子居之，何陋之有？"可见孔子没有把九夷当作异类，甚至认为只要君子居住在那里，就能改变他们的落后状态。《孟子·离娄下》称舜是"东夷之人"，周文王是"西夷之人"，但舜和周文王都在"中国"实行仁政，成为一代圣人，可见夷狄之人不仅可以成为华夏之人，还可能成为代表华夏文明最高品位的圣人。这种观念的形成与中国古代夷夏关系史的两个特点密不可分。一是夷变夏和夏变夷。相传周人的先祖后稷是黄帝和帝喾的后裔，原本属于华夏；后来他们的子孙迁居戎狄之中，变为夷狄；到公刘时期，他们又逐渐向文明社会过渡，变回华夏。周族中的一支在商朝末年迁徙到吴越地区，变为夷狄；到春秋后期，吴国又变回华夏。二是夷夏之间的交往和通婚很多。"春秋五霸"之一的晋文公原本是犬戎族狐姬之子，按母系来算，他是夷狄之人，可这不妨碍他成为尊王攘夷的华夏首领。另一方面，晋文公的母亲是夷狄，可她又属于姬姓，与周天子和晋国君主是同姓，因此可能与周有血缘关系。由于这两种情况，人们很难从种族或血统断定谁是夷狄谁是华夏，因此，文化上的先进与落后自然地就成为区分夷夏的标准了。

　　孟子"未闻变于夷者"，意在强调华夷之辨，事实上在他去世之前很久，赵国已经开始"变于夷"了，因为赵武灵王欲进行胡服骑射改革。胡服骑射要求举国穿着夷狄服装，像夷狄那样骑马，不仅"群臣皆不欲"，即使改革的倡导者赵武灵王也心存疑虑，害怕被天下人耻笑，"夫有高世之名，必有遗俗之累""今吾将胡服骑射以教百姓，而世必议寡人""吾不疑胡服也，吾恐天下笑我也"。这个时候，从小时候起就辅佐他的大臣肥义站了出来，鼓励赵武灵王说："我听说做事情有疑虑就不会成功，行为上有疑虑就不会成名。大王既然决定承受背弃世俗的责难，那就无须顾虑天下人的非议。讲论最高德行就不要附和世俗之见，成就大功业就不必与众人商量。从前虞舜用舞蹈感化有苗，夏禹袒露身体使裸国悦服，他们这样做不是为了满足个人的欲望，而是以德服人有利于成就功业。愚蠢的人在事情办成后还在莫名其妙，而聪明的人在事情未有迹象时就看得一清二楚了。大王还疑虑什么呢？"如果把肥义的话与商鞅劝说秦孝公的话对比，可以发现最大的共同点是：要想成就大事，就不必顾忌世俗的议论，历史上哪个成就大事的人没被议论过？赵武灵王这才坚定了改革的决心。

赵武灵王需要丢掉的是被世人讥笑的思想包袱，而他的叔父公子成则需要思想上的转变。虽然已经听说了胡服的命令，公子成却以身体不适为由不去上朝，还派使者转告说："听说中原国家是聪明睿智的人居住的地方，是万物财用集聚的场所，贤圣在这里推行教化，仁义在这里推行，《诗》《书》《礼》《乐》在这里应用，奇异技能在这里试验，远方的人前来观赏，蛮夷的人把这里作为仁义举动的楷模。如今君王放弃这些而袭用远方之人的衣服，改变古人的教导，更换古时的常道，违背隶人的心愿，不顾学者的劝告，远离中原国家传统，希望君王好好考虑这件事吧！"无奈之下，赵武灵王亲自到公子成的府邸，告诉他三点：第一，圣人会同意这样做。衣服和礼仪都是为了人的便利而制定的，即使圣人在制定礼仪的时候也应从实际情况出发。第二，现实需要这么做。不建立强大的骑兵，赵国就无法防御燕、齐、秦、韩等国的侵扰，"寡人无舟楫之用，夹水居之民，将何以守河、薄洛之水；变服骑射，以备燕、三胡、秦、韩之边"。第三，不这么做无法报仇。如果不进行胡服骑射，就无法一雪赵国先祖赵简子、赵襄子遭受的耻辱，"先时中山负齐之强兵，侵暴吾地，系累吾民，引水围鄗，微社稷之神灵，则鄗几于不守也。先王丑之，而怨未能报也"。最后赵武灵王以质问的口气说道："叔顺中国之俗以逆简、襄之意，恶变服之名以忘鄙事之丑，非寡人之所望也。"①最终"公子成再拜稽首"，第二天就穿着赵武灵王赐给他的胡服上朝。搞定了主要人物，其他的赵文、赵造、赵俊等人就好办了，赵武灵王对他们更不客气："先王习俗都各有不同，我们应该效仿哪种？历代帝王都不因袭前人，我们应该遵循哪种礼制？遵循旧法不足以建立奇功伟业，因袭古代学说不足以治理当今世界，你们不懂这些！"至此，胡服骑射改革正式展开。

自春秋时期之后，华夷之辨成为中国历史的主题之一，尤其在少数民族冲击中原王朝较为激烈，甚至入主中原的时候，华夷之辨更加凸显。到清朝建立后，中国再次确立了少数民族政权，但在清朝疆域内，不同族群相互交流，至晚清时期，华夷之辨再度甚嚣尘上，但其中的"夷"已发生转折性变化，从原先的少数民族变为西方列强。

晚清统治阶层中的保守派笃信中国传统价值观和知识，抱残守缺，抗拒改革与新知。清同治六年（1867年）初，恭亲王奕䜣奏请在京师同文馆设立天文算学馆，延聘夷人教授科甲正途官员天文算学，遭到倭仁、李慈铭、杨廷熙、李鸿藻、叶名琛、张盛藻等士大夫强烈反对。大学士倭仁鼓吹"以忠信为甲胄，礼仪为干橹"，称"立国之道，尚礼义不尚权谋；根本之图，在人心不在技艺。今求之一艺之末，而又奉夷人为师，无论夷人诡谲未必传其精巧，即使教者诚教，学者诚学，所成就者不过术数之士，古今来未闻有恃术数而能起衰弱者也"②。保守派认为，夷人未必诚心传授学问精华，且其所授不过机巧，实效甚微，国力强盛的根本在于统治者人格的完美，他们坚称克敌之气不在器械而在人心，必须依靠贤君名

---

① 司马迁：《史记》，中华书局，1959，第1809页。
② 朱有瓛主编：《中国近代学制史料》第一辑上册，华东师范大学出版社，1983，第552页。

臣以孔孟之道和程朱理学振作臣民气节，以固邦本。以名利诱惑科甲正途士人学习格致、制器等"机巧"，所习未必能精且拜异类为师者难免误入歧途，最终学生会沦为异类，其心性已变，不可指望他们能报国。由于守旧派的坚决反对，总理衙门迫于强大的社会舆论压力放弃了原有计划，以至于报考的士子寥寥无几，有的报考者甚至遭到同乡讥讽。与倭仁一样，另一位保守派徐桐是帝师和理学大师，在传统文化研究方面造诣很高。徐桐越钻研传统文化，越觉得中国传统文化先进优越，博大精深，也越觉得西学是垃圾，是毒草，渐渐地，徐桐将对西学的蔑视和仇恨，融入了日常生活中，一切与"洋"相关的东西，都是徐桐讥讽的对象。徐桐讨厌见洋人，每次看到洋人都用扇子遮住脸。他也从来不用洋货，不仅自己不用，连家人也不准用。一次，徐桐的儿子徐承煜含着菲律宾雪茄，从庭院飘然而过，徐桐见了大怒："我在你就敢这样，我死了，你要'胡服骑射'做鬼奴吗？"说完，罚其跪在院中暴晒。生活中如此，工作上亦然。徐桐出任翰林院掌院学士时，每天都要告诫翰林和庶吉士们不要用洋货、吃洋药，严厉禁止他们学习西方"奇技淫巧"。门人弟子如果有敢谈论新政的，徐桐见都不见。清光绪十四年（1888年），康有为在顺天府参加乡试时，很不幸遇到了徐桐，徐桐阅完康有为的卷子，大呼："如此狂生，不可中！"没考中的康有为放弃了科举，回广东当起了老师，继续鼓吹维新变法。戊戌变法时两人再次遭遇，针对维新派的变法，徐桐声称"宁可亡国，不可变法"，还"欲尽杀诸言时务者"。徐桐不遗余力地反对变法，甚至连光绪皇帝都不放在眼里，他多次斥责光绪皇帝的变法是"多行不义，必自毙"。对于维新派裁撤冗员，改革官制的提议，徐桐扬言："先把老夫革职，你们再讨论也不晚。"①

---

① 苏艳：《从文化自恋到文化自省：晚清中国翻译界的心路历程》，华中师范大学出版社，2018，第55～56页。

由此可见，在社会转型期，思想观念的交锋非常激烈。有了新的思想观念，才会把这种思想观念运用到现实，形成改革措施。不转变思想观念，一味固守祖宗或本族群的传统，不懂得应时而变，拒绝学习其他族群的长处，改革就无法启动。所以，进行改革，理念先行。

2. 助推进步潮流的精神

在社会转型期，社会上会出现很多暗流，这些暗流泥沙俱下，冲击着原有的社会秩序。有的暗流预示着社会进步的方向，有的则反之，会加剧社会的无序状态。面对前者，统治阶层需要有助推潮流的精神，顺势而为，冲破旧制度的堤防，回应社会进步的要求。

以赋役制度改革为例，赋税是人类社会发展到一定阶段即产品出现剩余的产物。根据历史记载，夏朝时，中国已经开始由国家征税。《通典·食货上》："禹定九州，量远近，制五服，任土作贡，分田定税，十一而赋。"意思是说，大禹把天下分为九州，根据各州距离京畿的远近和土地的贫瘠等状况，确定土地登记，征收十分之一的赋税。关于征收的内容，《史记·殷本纪》说主要是两方面，一是农产品，二是土特产。但这样的征收比率和内容究竟是夏朝的实际情况还是后世的想象，现在很难解释清楚。《孟子·滕文公上》就有另外的说法："夏后氏五十而贡，殷人七十而助，周人百亩而彻，其实皆什一也。"关于西周的税制，《孟子》的描述也透露出一个信息：土地制度与税制是直接关联的，即西周实行井田制，一井之内的所有人家通力协作耕种，他们均分收成，把其中100亩的收成作为赋税上缴，税率约为"什一"，这就是彻法。进入春秋之后，情况发生了改变。随着生产技术的提高和农具的改进，越来越多的荒地得到开垦，这就使得井田制走向瓦解，同时对原先的征税方式提出挑战：一方面，人们耕种公田的积极性下降，《春秋公羊传·宣公十五年》说"民不肯尽力于公田"，《诗经·齐风·甫田》说"无田甫田，维莠骄骄……无田甫田，维莠桀桀"

（不要耕种大田，任凭大田中长满野草……不要耕种大田，任凭野草长得高高密密），导致税收总量下降。另一方面，如果不对新开垦的土地征税，政权将失去很大税源。可以说，正视新开垦的土地而扩大征税的土地面积，就是春秋时期的暗流。春秋时期很多诸侯国的改革举措也顺应并助推了这个暗流。最早对赋税征收办法进行改革的是齐国。公元前685年，管仲相齐，率先在齐国推行"相地而衰征"，即不管是公田还是私田，一律按土地的优劣征收不等的赋税，这是打破西周时期只收取公田产出的税收制度的开始。公元前645年，晋国推行"作爰田"，废除西周以来土地定期分授的做法，事实上承认了土地私有；获得赏田的人既包括居住在都城内的"国人"，也包括居住在"国""野"之间身份卑微的"州人"。郑国的子产为政，在经济上推行"为田洫"，即划分田界，也说明原本划分得十分清楚、便于定期分配的村社土地形式遭到了严重的破坏。公元前594年，鲁国实行初税亩，即无论是公田还是私田，一律按田亩收税。公元前548年，楚国"书土田"，对全国土地进行丈量，并按照肥瘠分为九等，依据田地的收入规定征收军赋的数额。公元前543年，郑国"作丘赋"，按百姓的居住单位"丘"来征收军赋。这些都是各诸侯国为适应村社土地制度的破坏而对赋税制度所进行的改革。改革的起因虽是为了增加国家的财政收入，但客观上承认并促进了土地私有制度的发展。

在社会关系领域，社会转型期的社会规范同样会发生变动。从理论分析上看，社会规范有道德性规范、契约性规范和行政性规范三种形式[1]，前两种规范主要靠自觉——道德性规范靠个体自觉，契约性规范靠当事方自觉，行政性规范则带有强制性。此外，行政性规范还具有成文性，包括礼仪、法律、教规等形态。在春秋战国

---

[1] 童星、罗军：《社会规范的三种形式及其相互关系》，《江海学刊》2001年第3期。

时期，调整社会关系的规范逐渐由此前的礼乐转变为法律。西周的礼乐制度以个人身份为等级基础，详细规定不同等级的人应采取的礼仪，但到了春秋时期，社会上不断出现僭越礼仪的现象，规范人们行为的礼仪出现了松动，意味着社会需要新的规范，新规范倡导确立的秩序不同于礼仪，或者说，新规范不是以人的身份等级为基础，这种新规范就是法律。

据《左传·昭公六年》记载：子产将法律条文铸刻在鼎上，公之于众，使法律由秘密状态走向公开，这是中国法制史上第一次公布成文法。子产铸刑书的内容已不可考，有人推测它应当是适应春秋末期社会转型的现实，以保护私有财产为中心内容，大致是鼓励开垦荒地，新垦地为开垦者私有财产，不准他人任意侵占，同时国家的军赋按丘、按亩向土地私有者征收等。为此，晋国大臣叔向专门写了一封信给子产，他称，百姓如果不知道法律条文，就会怀有恐惧之心，不敢胡作非为；现在把条文公布了，百姓就会琢磨如何逃脱法律的制裁，如何钻法律的空子，也就不再害怕官吏，最终导致违法犯罪的人越来越多，郑国也会日益衰弱。子产回了一封信，称自己这么做是为了救世，因此不敢遵从叔向的教诲，但也不会忘记他的大恩。这就委婉地拒绝叔向的建议，表示要坚定不移公布法律。结果，子产公布法律后的效果还不错，不仅没有导致犯罪率的上升，反而因法律的透明化受到百姓的欢迎。同时，法律条文公布之后，其中有限制贵族特权的规定，这就使贵族无法利用百姓不知晓的刑罚任意处置和压榨商人及新兴土地所有者，有利于郑国商业的发展。

在晋国，执政权完全被六家垄断，因此也称这六家为六卿。当时，晋国公室无力约束六卿家族，形成"政出家门"的政治格局。卿与卿之间为了相互约束，一方面是相互盟誓，另一方面是公布成文法，并铸于铜鼎。公元前513年，赵简子和荀寅把"范宣子刑书"铸在铜鼎上，公之于众。这部刑书是公元前550年由当时执政的范宣子制定的，其核心是倡导"法治"，以法作为社会的行为规范，具有明显的进步意义。这部刑书可谓晋国法制史上第一部专门的刑事法规，打破了西周以来"礼不下庶人，刑不上大夫"的传统。一开始这部刑书被藏于秘府，但是40年后，随着六卿火并局面日益明朗，赵简子和荀寅才把它公布出来。赵简子作刑鼎，将罪与非罪的标准明确公示，等于否定了以前秘密法的形式，体现了社会进步的要求，有利于法律在全社会范围内得到贯彻，直接影响了法家学派思想的形成。此外，六卿不断地通过相互盟誓的形式缓和矛盾，但六卿之间的利益冲突日益明显，兼并战争不可避免。晋国铸刑鼎的行为也受到孔子的批评："晋国大概要亡国了吧，它丢掉了先王传承下来的制度！"

四、社会转型期的主动改革精神与被动改革意识

改革是生产关系和上层建筑的调整，更是利益关系的调整。既然是调整，就会有得到的，也会有失去的。失去利益的集团往往心有不甘，通过各种途径，明的暗的，阴谋阳谋，挑战改革举措。面对这些挑战，改革者必须具有坚定的决心，排除阻力，以保证举措的贯彻。

商鞅变法之初，虽然得到秦孝公的支持，但他奖励军功、重新制定爵制的措施无疑触犯了贵族的利益，原先贵族们凭借世袭地位可以自动获得爵位，现在变为了"战斩一首，赐爵一级""有功者显荣，无功者虽富无所芬华"，因此贵族普遍反对新法。不过他们很聪明，没有直接与商鞅对抗，而是教唆太子为难商鞅。商鞅也不示弱，认为法令之所以得不到执行，是由于上层人员不遵守乃至违反法令。太子是未来君位的继承者，不能对他施刑，但可以处罚其他人，遂以太子的老师没有教好为由，对公子虔施以劓刑——割掉鼻子，对公孙贾施以黥刑——在脸上刺字。两种处罚虽然不足以致命，但侮辱性极大。太子反对变法，商鞅还处罚了太子老师，日后

太子继承君位必然不会善待商鞅，商鞅的做法可谓自绝后路。事实也果真如此，商鞅后被太子即秦惠文王车裂。

在楚国，贵族也不欢迎变法。吴起来到楚国后，对楚国大而不强的症结进行分析后告诉楚悼王，楚国积弱的原因是"大臣太重，封君太众"[①]。"重"是指大臣的权力太大，无形中削弱了楚君的权力；"众"是指楚国分封的贵族过多，耗费了国家的财力。据现有文献及考古资料可知，楚国封君共62名，而六国中封君多的如赵国也才26名，少的如齐国才5名。找到症结后，吴起开出了有针对性的处方：第一，封君的子孙如果没有功劳，三世之后由国家收回爵禄，取消封国和封君称号；与王族血缘关系远的贵族不再享受公族待遇；楚国地广，把住在都城的部分贵族迁到人口稀少的区域。第二，精简国家机构，淘汰碌碌无为的官员，把节省下来的开支用来奖励真正为国出力的人；重用有才能的人，提高对官吏的要求，使他们不因私废公，不让谗言遮蔽忠言，不说苟且附和别人的话，不做苟且讨好别人的事。这两条措施在楚悼王的支持下推行开来，使得楚国政治局面为之一振，当然这也引起贵族的嫉恨，贵族们在楚悼王去世后射杀了吴起。

因此，利益既是检验人性的试金石，也是主动改革与被动改革的区分点。一个政权能否突破眼前利益的限制，认识到历史发展的大势，进而采取合乎时宜的举措，从根本上决定了它的发展态势。比较春秋战国时期各诸侯国的改革与晚清的三大改革可以发现，凡具备主动改革精神的改革者，事业往往都有所成功；相反，改革中持被动改革态度者，往往功亏一篑。

1. 主动改革精神的成功

春秋战国时期，面临变化的局势，各国基本能秉持主动改革精神，积极主动采取改革措施。

[①] 王先慎：《韩非子集解》，中华书局，2013，第103页。

楚国：进入战国后的楚国地广人众，能够调集百万大军，但由于政治腐败，经济落后，国力一直萎靡不振。公元前391年左右，吴起来到楚国，为楚悼王分析楚国的弊端，指出要扭转这种局面，只有"明法审令"，尽快变法革新。对吴起分析的种种弊端，楚悼王深有感触，于是先任命吴起为宛守，防御韩、魏。一年以后，晋升其为令尹，主持变法。

齐国：齐威王即位之初，政事由卿大夫掌管，内政混乱，9年之中，诸侯不断来攻打齐国，致使齐国百姓不得安宁。一个叫邹忌的人带着琴见齐威王，用鼓琴节奏快慢来劝说齐威王。齐威王任命邹忌为相，进行改革。

燕国：战国中期，燕王哙在位期间，任用子之为相，后把王位让给子之，造成国中大乱，齐国乘机攻燕，子之战败被杀。后来，公子职在赵国的帮助下回国即位，是为燕昭王。昭王即位后，礼贤下士，乐毅从魏国前来，邹衍从齐国前来，剧辛从赵国前来，众多士人争先奔赴燕国，燕昭王吊祭死者，慰问孤儿，与百姓同甘共苦，后来又重用乐毅并推行改革。

从效果上看，各国变法都取得了一定的效果。关于吴起变法的主要目的，《史记》《资治通鉴》等资料都记载为"要在强兵"。确实，变法促进了楚国的富强，变法后的楚国向南平定了百越，向北吞并了陈国和蔡国，打退了韩、赵、魏三国的进攻，向西讨伐秦国，成为诸侯中的强国，一时之间，各国对楚国的强大感到忧虑。齐威王改革使齐国内部稳定，并派兵击败了赵、魏等国，收复了被侵占的土地，迫使赵国归还了从齐国夺走的长城，在战国中期一度代替魏国成为东方各国的霸主。燕国经过昭王二十多年的励精图治，走上了富国强兵之路，国家富强，民气高涨。公元前284年，乐毅率领秦、韩、赵、魏、燕五国之师讨伐齐国，攻破其都城临淄。

2. 被动改革意识的代价

而到了晚清时期，清政府往往在还有回转希望和掌握一定变革主动权的时候，拒绝主动改革；直到改革的时机已经失去，才进行被动改革，完全放弃了改革的主动权，这就是在下一个阶段做原本是上一个阶段应做的事情，始终被形势推着走，致使改革的空间丧失殆尽。

清道光二十年（1840年）鸦片战争失败后，清政府被外部力量强行撞开了国门。面对率先工业化、现代化的西方列强，失败的结果是必然的。对于西方列强的欺凌，清政府最初、最直接与最本能的反应就是仿造坚船利炮，产生了以洋务运动为代表的改革。在清光绪二十年（1894年）的甲午战争中，清政府被日本打败，这对当时的知识界来说无异于晴天霹雳，是一个前所未有的巨大刺激，因为在历史上，中国一直是日本学习的对象。面对失败，维新派中的康有为、梁启超、谭嗣同和严复等人认识到经济、军事和科技不能脱离政治制度而独立存在，必须有政治体制的背景与之相配套，因此大力倡导政治改革；他们认识到教育和文化是社会生活的组成部分，因此极力提倡文教改革。这些认识都超越了三十年前的洋务派，那时清朝社会的主流仍然认为中国传统文化优于西方文明，现在则认识到只有改革才是挽救中国的唯一出路。在付出了惨重代价以后，代之而起的是社会上层改革形成的共识。[1]

五、改革精神与少数民族政权封建化进程

在中国历史上，各民族相互交流、相互影响，在中华大地上繁衍生息，形成了中华民族多元一体的格局。所谓改革是中国传统社会发展的动力，不仅是对中原王朝而言，对少数民族来说也是如此。通过改革，少数民族先后经历了不同的发展阶段，在经济结构、政治制度、社会生活和思想文化等各个方面呈现出明显变化。

---

[1] 王福生、陈小丽：《大变法：中国改革的历史思考》，金城出版社，2010，第55～56页。

少数民族的改革同样属于中国传统社会改革中社会转型期改革的有机组成部分，但由于社会发展程度的差异，它们所具有的改革精神也存在明显差异，使得改革历程和得失成败各不相同。

1. 少数民族政权的改革精神与社会变迁

在春秋战国和晚清的两次社会转型中，中原区域无论是处于诸侯国林立状态还是统一王朝时代，在面临社会转型引发的社会问题时，都主动或被迫进行改革以解决社会转型引发的问题，改革的结果反过来又推动了社会转型的持续深入。从因果关系角度看，社会转型是因，改革是果。少数民族的情况略有不同，往往是改革引发社会转型，社会转型带来的问题需要进一步改革去解决，改革是因，社会转型是果。在这一历史进程中，具备持续改革精神者，往往可以实现社会转型与历史进步；反之，则难以成功。

中国位于亚洲东部和太平洋西岸，从东部到南部拥有漫长的海岸线。自然环境使得历史上的少数民族政权主要出现在西南、西北、北部和东北部。中国历史上少数民族政权出现较多的时期主要有两个，一个是魏晋南北朝时期，另一个是宋朝。在这两段时期，地处西北、北方和东北部的少数民族纷纷建立政权，如匈奴族建立的前赵、北凉和夏，氐族建立的前秦、后凉、仇池等，鲜卑族建立的前燕、后燕、南凉、南燕和北魏、东魏、西魏、北周等，沙陀族建立的后唐、后晋、后汉和北汉，契丹族建立的辽，党项族建立的西夏，女真族建立的金。此后，蒙古族建立了元，满族建立了清。

这些政权或者割据一方，或者统一全国，或者昙花一现，或者长期存续。无论如何，任何政权都经历过一个曲折的过程。在这个过程中，出现了一些标志性的人物，如氐族的苻坚、鲜卑族的拓跋珪、吐蕃族的松赞干布、党项族的李元昊、契丹族的耶律阿保机、女真族的完颜阿骨打、蒙古族的成吉思汗及满族的努尔哈赤等。他们不仅建立政权，而且以持续改革的精神，开启和推动少数民族的封建化过程，实现从部落到国家的转变。

据文献记载，少数民族在建立政权之际，大多处于氏族社会阶段。在行政方面，实行军事民主制，尚未确立官僚制；在经济方面，主要以狩猎、采集和游牧为生产方式；在社会组织方面，按照血缘关系划分社会群体。建立政权后，统治者积极采取措施，如创制文字、模仿汉制和重组群体等，改革社会各个领域，促进了社会转型与封建化的进展。

创制文字。文明是人类社会发展到一定阶段的产物，而文字的出现是文明的标志之一，具有惊天动地的神奇力量。史载仓颉造字，引发自然界的震动。《淮南子·本经训》说："昔者苍颉作书，而天雨粟，鬼夜哭。"《春秋元命苞》称："天为雨粟，鬼为夜哭，龙为潜藏。"但文字的发明需要长期的积累。两河流域的苏美尔文字是把芦苇秆（或骨棒、木棒）削成三角形尖头在泥版上刻成的，落笔之后自然而然状似楔形，因此称楔形文字。但在楔形文字诞生之前，两河流域已经出现了图画文字，图画文字经过发展，成为苏美尔语的表意文字，最后才产生了楔形文字。对于没有文字的民族而言，他们则具有后发优势，即借鉴已有的文字以形成本族的文字。在世界史上，楔形文字对西亚许多民族语言文字的形成和发展产生了重要影响，阿卡德人、阿摩利人、亚述人、埃兰人、赫梯人、胡里特人、米坦尼人和乌拉尔图人等都以此为基础，对其进行加工改造后使其变为自己的语言文字，甚至腓尼基文字也含有楔形文字的因素。中国的少数民族在早期阶段一般没有文字，文字是他们的统治者在建立政权后参考汉文或其他少数民族文字创制的。

916年，耶律阿保机建元神册，国号契丹，契丹建国前并无文字。辽太祖神册五年（920年），阿保机任命汉化程度颇深的契丹族学者突吕不等人增损汉字偏旁部首，创制了契丹大字。其后数年，阿保机之弟迭剌又参考回鹘文和汉文，创造了属于拼音文字性质的契丹小字，数量虽少，却能把契丹语全部贯通起来。契丹文字的创立标志着契丹族从此进入了一个更高的文明发展阶段。契丹大字和小字创立后，便同汉文一起在契丹社会中并行使用。此后在金朝建立后的相当长一段时间内，契丹文一直沿用通行，直到金章宗明昌二年（1191年），金章宗才"诏罢契丹字"，从此以后，契丹文因无人使用渐渐失传了。

西夏文的创立是西夏文化中最具党项民族特色的事项。西夏立国后，"元昊自制蕃书，命野利仁荣演绎之，成十二卷，字形体方整类八分，而画颇重复"①。西夏文字是一种表意方块字，在文字结构、形体、笔画、书写规则等方面都受到汉字的影响，是西夏统治时期的通用文字，与汉文、藏文并用。西夏文除了用来书写官私文书、编写各类书籍外，还用来翻译儒家著作、史书、子书和汉藏佛经等。

金朝建国前，女真族没有文字，传递信息时或靠刻箭，或凭记忆。金朝创立之初，以汉字和契丹字为通用文字。后来，阿骨打命完颜希尹等人参照契丹字和汉字制成女真文字，于金太祖天辅三年（1119年）颁行，称为"大字"。金熙宗天眷元年（1138年），制成女真小字，金熙宗皇统五年（1145年）正式使用。女真文是金朝通用文字之一，金朝曾经把多种汉文书籍翻译成女真文。

1206年，成吉思汗统一了草原各部落，建立大蒙古国。此前两年，成吉思汗在攻破乃蛮部后，俘虏乃蛮部的掌印官畏兀儿人塔塔统阿。塔塔统阿通晓畏兀儿文字，被乃蛮部聘请为师傅。成吉思汗俘获他后，让塔塔统阿教授太子和诸王用畏兀儿字母书写蒙古语，从而创制了畏兀儿蒙古文。最初的字母有十余个，13世纪中期或稍晚增衍至20个左右。元末畏兀儿语言学家却吉敖斯尔又进一步衍绎成120余个音节，并首次指出元音和谐律。元世祖至元六年（1269年），忽必烈命国师八思巴采用藏文字母创制了"蒙古新字"作为官定蒙古文，但元亡后就基本不用了，而畏兀儿蒙古字则沿用至

---

① 脱脱等：《宋史》，中华书局，1977，第13995页。

今。文字的创制促进了蒙古族和蒙古国文化、政治的发展。

模仿汉制。民族发展的历史表明，民族发展除依赖本自身的演进外，向先进民族学习也是一条途径，而且是一条实现快速发展的途径。在两河流域，乌尔第三王朝末期受到东面的埃兰人和西面的阿摩利人不断侵袭，最终被埃兰人灭亡。此后，埃兰人退回东方山地，阿摩利人定居下来。定居后的阿摩利人接受了此前先后兴起的苏美尔和阿卡德文化，很快进入了阶级社会。在爱琴海区域，公元前8世纪时的罗马居民普遍使用铁器经营农牧业，他们的生活大抵以地理环境为区分界线：村落散布于诸山冈之巅，由墓地和自然屏障为界线相互隔离，各自组成较为原始的公社（当时还称不上城市）。大约从公元前7世纪末开始，罗马社会的发展呈现加速趋势，主要原因是伊达拉里亚人的迁入。虽然伊达拉里亚人的起源尚有争议，但他们吸收了古代东方国家和希腊的文化，文明程度很高。迁入罗马之后，他们建立了塔克文王朝，并在意大利传播自己的文化，使罗马社会的经济变得繁荣，尤其是罗马的手工业和商业发展迅速，进而以此为基础产生了城市。到了公元前6世纪，随着挖水道、辟广场、铺街道、建神庙、筑城墙和造住房等工程的推进，罗马的景象焕然一新，发展为真正的城市。罗马城兴起以后，以其为核心的统一运动广泛开展，为罗马城市国家的诞生奠定了基础。[①]

中国的少数民族在建立政权之前虽然已经过长期的发展，但与已经完成封建化的中原汉族政权相比，发展程度相对落后，因而在走向封建化的道路上，模仿汉族制度不失为一条捷径。

386年，鲜卑族的拓跋珪称魏王，建立北魏。拓跋珪在政治上建立了比较完备的封建政权，加强了中央集权，加速了拓跋部的汉化进程。因倾慕汉文化，拓跋珪仿照长安、洛阳等中原名城的规制，

[①] 吴于廑、齐世荣主编：《世界史：古代史编》（上卷），高等教育出版社，2011，第206页。

营修宫室，建立宗庙。399年，他又置五经博士，并命郡县大索书籍，汇集于平城。

契丹建立后，模仿中原王朝体制，正式建立了世袭皇权统治，耶律阿保机尊号为大圣大明天皇帝，其妻述律平称应天大明地皇后，长子耶律倍为皇太子。辽太祖神册四年（919年），阿保机仿照中原汉制，在横河沿岸建造城市，称为皇都。

党项族的李元昊嗣位后，自称"兀卒"，汉语为"青天子"之意，与宋朝的"黄天子"相对。又以宋仁宗的明道年号触犯其父名讳（李德明）为由，下令以显道为年号行于境内，自此以后，西夏一直使用自己的年号。1038年10月，李元昊在兴庆府南郊筑坛，正式登基称帝，建国改元，追尊祖宗谥号、庙号、墓号，册立皇后、皇太子，为群臣封官晋爵，举行祭天仪式。李元昊的登基仪式与中原王朝新皇帝即位大典的内容几乎没有区别。西夏建国后，作为皇帝制度重要内容的都城、陵寝、宫廷、后妃等制度也日益完备起来。李元昊模仿宋朝制度，设官分职。在中央设中书省、枢密院、三司和御史台，分掌行政、军事、财政、监察等，另设开封府管理都城事务，翊卫司掌宿卫，官计司掌任免官吏，受纳司掌仓储收支，农田司掌农田水利，飞龙院掌御厩，磨勘司掌官吏考核，文思院掌御用器物制作等。

重组群体。在建立政权之前，少数民族基本过着狩猎、采集或游牧的生活。由于需要不断迁徙，那时的少数民族社会群体主要以血缘关系为纽带。建立政权之后，统治者往往要打破血缘关系，以地缘关系为纽带，重新组织社会群体，使得民众成为统一政权下的编户。从人类历史发展的趋势来看，这是社会转型的体现之一。春秋时期，管仲在改革期间推行"叁其国而伍其鄙"的制度，即在"国"中设置21个乡，即3个工乡、3个商乡和15个士乡。将士乡再分成三部分，叫作"叁其国"。国都以外的地方分成五个区，叫作"伍其鄙"。严格实行士、农、工、商分区定居制，不许杂处和迁徙，使其各有所务，以利于老少传习，安心生产。在西方历史上，古罗马的塞尔维乌斯重新组合了罗马的城市居民和乡村居民，把城市分为4个城区部落，把乡村分为15个（一说16个）乡村部落。无论城区还是乡村部落都设置管理机构，负责行政（登记公民）、军事（征兵）和经济（征收赋税）等工作。只要是登记在册的自由民就能获得公民权，享受罗马居民的权利，由此吸引了大量的平民、外来移民和获得自由的奴隶加入罗马公社，从根本上拆散了此前以血缘和人种为纽带的社会组织，摧毁了氏族制度存在的基础，不仅凝集了自由民，而且壮大了集体的力量。

拓跋珪建立北魏后，励精图治，听从汉族名臣崔宏的建议，解散了以血缘关系组成的各部落组织，重新按居住地组织编制，使拓跋部的经济形态由游牧经济向农业经济转化，社会性质由奴隶制向封建制过渡。

成吉思汗建立蒙古后，着手整顿了各项制度，其中之一是推广千户制，将全体属民按十户、百户、千户编制起来。千户的总数最后增至95个。千户按其属民间的关系可分为两类：一类是同族千户。这类千户的那颜（首领）由成吉思汗的堂兄弟、姻亲，以及尼鲁温氏族的首领和功臣等组成。他们可以继续统率原来的部众，或者经成吉思汗的恩准将已离散的本族人民收集起来组成千户。这类千户在众千户中占少数。另一类是由不同部族人民组成的千户。成吉思汗征服各部落后，将其属民分给了他的那可儿（亲兵和伴当）们。那些在战争中虏获人口众多的功臣，可在此基础上编组千户进行管辖。那些未虏获人口的亲信那可儿，可以通过收集无籍的百姓，或从各那颜属下的百姓中调配组成千户。千户有固定的驻牧地。各千户由大汗委任贵戚和功臣担任那颜世袭管理。若千户的管理者不称职或不忠，大汗可将其治罪，褫夺其职位，另授他人。各千户的封地内，那颜掌管分配牧场，征发赋役，统率军队。高级那颜还可参与推举大汗、商议国策、管理国政。那些对成吉思汗父子有救命之恩的那颜,则被封为"答剌罕"(自由自在),享有免除贡纳、自由处置战利品和猎物、自由放牧、随时觐见大汗、九次犯罪免罚、宴享时与宗王同等待遇、封号和特权世袭等特权。①

通过初期改革,少数民族在地方行政、政治制度和思想文化等方面均发生了深刻的变化,总的趋势是氏族社会和奴隶社会成分受到压制或不断缩小,封建因素迅速增多,占据的比重越来越大,预示着他们进入社会转型期,而文字和国家的出现,更是少数民族发展史上划时代的大事,标志着新的历史时期的到来。

2. 因俗而治的改革精神与少数民族政权封建化的完成

少数民族在经历初期的改革之后,大多走上了"汉化"之路。"汉化"就是因汉文化之俗而推进改革的具体体现。相应地,他们在发展过程中会出现一些类似中原王朝出现的问题。对于这些问题,少数民族政权中成功的改革者也往往借鉴中原王朝成功的制度设计,"因俗而治",继续推进文化改革。对于政权发展中出现的类似中原王朝的问题,少数民族政权多采取以下改革思路和措施。一是整顿吏治。北魏前期,吏治较为混乱,地方官吏由于没有固定的俸禄,到任后任意搜刮。北魏孝文帝太和八年(484年),执政者参照魏晋官制把北魏职官分为九品十八级三十阶,并根据官阶确定俸禄,使俸禄的高低与官品高低对应起来。同时,北魏加强考核官吏的力度,严厉惩处那些贪污受贿和剥削百姓的官吏。辽圣宗在位时,严明赏罚,任贤去邪,以做官好坏作为评判官吏的标准。辽圣宗于太平七年(1027年)12月,诏令南北各部都要强化对官员的监督考察,罢免不称职的官员,使贪污残暴和祸害百姓的官员终身不得录用,替换不能保持廉洁正直的官员,破格提拔清廉勤政和自我克制的官员;诏令还规定,即使皇族之人受贿,也得与普通人一样

---

① 赵毅、赵轶峰主编:《中国古代史》(下册),高等教育出版社,2010,第228~229页。

论处。过去的弊政有了大的改变，形成"法度修明，朝无异议"的局面。

二是改革中央机构以加强中央集权。金熙宗即位后，在太宗朝加强集权的基础上，废除勃极烈制度，模仿唐宋制度在中央设三省，以尚书省为中心，置三师并领三省事，尚书省置尚书令，下置左丞相兼门下省长官侍中，右丞相兼中书省长官中书令，下有左丞、右丞、参知政事为执政官。完颜亮时又罢中书、门下二省，只保留尚书省，统领朝廷政务，尚书令以下有左右丞相、平章政事、左右丞、参知政事诸官，君主专制的集权政治制度进一步加强。熙宗的各项改革，基本仿照唐宋制度，所以熙宗的改革是一次汉化改革，是一次封建化改革。皇太极即位后，深感"八旗共治"体制对汗权的制约，开始着手对八旗的整顿与中央集权体制的建设。称汗伊始，他便通过设立总管旗务八大臣总理一切事务，与诸贝勒借座共议，以及设立十六大臣佐理国政、审断狱讼的方式削弱八旗贝勒的权力，扩大了汗权的统治基础。后金天聪五年（1631年），皇太极仿照明朝的政治体制，设立了吏、户、礼、兵、刑、工六部，分掌国家行政事务，将国家行政权牢牢地控制在自己的手中。1636年，他又设立"内三院"，即内国史院、内秘书院、内弘文院，各院由大学士一人主管，职掌记注诏令、文移往来、讲解经史等职，并参与国家政策的制定。1636年至1643年间，皇太极又先后设立了主管监察工作的"都察院"及处理对外事务的"理藩院"，与"六部""内三院"合称为"三院八衙门"。这种对国家机构的调整，极大削弱了八旗之权，使汗权得以进一步强化。国家权力开始逐渐向以"汗"为首的"三院八衙门"倾斜，这也是后金政治向集权体制发展的一个重要环节。经过改革，后金八旗制度虽还存在，但实权已转到三院八衙门，汗的权力得到进一步的巩固和加强。也标志着后金已完成向封建制的过渡。①

　　同时改革地方机构以推进封建化。北魏孝文帝太和十年（486年），北魏接受汉族地主李冲的建议，废除宗主督护制，实行三长制。百姓根据三长制，五家组成一邻，设邻长；五邻组成一里，设里长；五里组成一党，设党长。邻长、里长和党长负责清查户口和田亩数额，依次作为征收赋税和调发徭役的依据，加强了北魏对地方的控制和管理，可谓北魏政权的基层组织。辽圣宗把原来属于宫帐的俘户奴隶改编为部族，又将旧部分置出新的部族，使其分别统于北、南二府，成为部民，分镇于边疆。对新征服的各族人口，不再编为官户奴隶，而是让他们继续居住在原地，设置节度使统领他们，大大削弱了奴隶制成分。

　　三是确定法律以替代原先的习惯法。蒙古建立前，社会上存在许多习惯法。1203年，成吉思汗消灭克烈部王罕后，大猎于帖麦该川，大会来归各部，订立了完善和严峻的札撒。当时蒙古尚无文字，所谓札撒，大概只是"号令"。1219年，在亲征花剌子模之前，成吉思汗又一次召集忽里台，"重新确定了训言、札撒和古来的体例"。他下令将它们加以缮写编纂，大概在1225年西征归来后颁行。这就是著名的成吉思汗《大札撒》。《大札撒》现已失传，但从中外史籍记载的部分条款来看，其内容大概有这样几个方面：一是维护大汗至高无上的地位；二是保护游牧经济和社会秩序；三是收录了蒙古的一些习惯和禁忌；四是规定了刑法的种类。金朝初期，在司法实践中沿用女真族固有的刑、赎并用的习惯法的同时，又引用辽、宋的法律作为量刑定罪的依据。金熙宗时"诏诸臣以本朝旧制，兼采隋唐之制，参辽宋之法，类以成书，名曰皇统制，颁行中外"，这是金朝最早的成文法。清朝是一个具有民族统

---

① 赵毅、赵轶峰主编：《中国古代史》（下册），高等教育出版社，2010，第328～329页。

治特色的王朝，因此在法律与司法制度上，既继承了明朝，又有鲜明特点。入关不久，清朝以《明律》为基础，纂成《大清律集解附例》，经反复省益，于乾隆初年定名为《大清律例》。清朝司法，以"例"为准，"有例不用律"是突出特点。

四是借鉴汉族政权的赋税制度。北魏推行均田制和租调制。北魏孝文帝太和九年（485年），北魏政府采纳汉族地主李安世的建议，颁行均田令，规定了丁男、妇女和奴婢的授田数量，以及各级官僚授田的限额，为征收赋税打下了基础。486年北魏政府又颁行租调制，规定一夫一妇每年缴纳租粟2石、调帛1匹，另外，15岁以上的未婚男女、每8个从事耕织的奴婢、每20头耕牛缴纳的租调相当于一夫一妇的租调。辽朝因袭唐朝的两税法，"计亩出粟"。统治者令奴隶属籍州县，使原来的奴隶由奴隶主完全占有的奴隶，变为向朝廷纳税的编民。这些改革措施促使辽完成了封建化过程，使辽朝的发展达到鼎盛，对历史的发展起到了积极意义。

五是开始设立学校，进而开科取士。北魏孝文帝太和十八年（494年），以南征为名，把都城从平城迁至洛阳，并颁布一系列改革措施。在他颁布的一系列汉化措施中，就有关于教育方面的改革，即尊孔崇儒，兴立学校，从制度和思想上全面接受汉族文化。辽圣宗统和六年（988年）正式开科取士，目的是为笼络士人参政，以巩固统治，此后进士及第者每年都有，但数量较少。从1002年开始，进士及第者名额开始增加。辽朝科举有乡、府、省三次考试，考试的科目在圣宗时只以词赋为正科，法律为杂科，后来又增明经、茂才等科。科举制的恢复提高了汉族地主的社会地位，吸收了众多士人到辽朝的统治机构中。辽朝的科举原规定不准契丹人应试，目的在于保持契丹人作为游牧部落的尚武风气，以延续他们的统治地位，但随着契丹统治的封建化，辽朝末年在契丹族中也设有科举考试了。辽朝学校规格模仿中原，分为太学和郡县学两类。南京立太学，黄龙府、兴中府设有府学，其他五京诸道都设有州学。

金朝为了培养官僚预备队，逐步发展出了较为完备的学校教育制度。海陵王天德三年（1151年），始设国家教育主管机构国子监，下设国子学，收亲室、外服、功臣及三品以上官员的子孙入学学习。金世宗大定十六年（1176年）始置太学，招收五品以上官员的子孙入学。为了提高女真族族人的学识，州、府等地方的学校教育也在金世宗以后发展起来。

值得注意的是，少数民族在走向封建化道路上，一般会选择迁都，这既是它们推动改革的手段和适应变化的举措，又是异于汉族政权改革的体现。

北魏曾迁都洛阳，实行各项汉化措施。北魏自拓跋珪建立政权时起，一直定都平城，到孝文帝时已将近100年。随着北魏统治区域的扩大和政治、经济的发展，旧都已无法适应发展的需要。为了完成由"用武"到"文治"的历史性转变，孝文帝决定将都城迁到洛阳。由于迁都的阻力极大，孝文帝于太和十七年（493年）八月以征伐南齐为名，亲自率领文武百官和30万大军离开平城向南进发，行至洛阳后，利用群臣不愿南伐的心理，宣布迁都的决定。次年，孝文帝正式把都城迁到洛阳。迁都之后，孝文帝推行了一系列汉化措施。

辽朝曾迁都汴京。耶律阿保机死后，他的次子耶律德光继位，史称辽太宗。他登基后在947年率兵南下，攻占了宋朝的汴京，就是今天的河南开封市。耶律德光占领了汴京后，决定把辽国都城迁到汴京，并把国号由"契丹"改为"辽"。辽在汴京定都后，经历了七朝皇帝，直到萧太后的儿子辽圣宗时期，辽国才把国都迁回了中都大定府。

金朝曾迁都燕京。海陵王天德三年，完颜亮正式下诏，向天下宣布燕京将成为大金帝国的新国都。辽朝时的燕京因只是陪都，规模并不大，无法满足第一国都的需要，必须扩建。就在这一年，完颜亮命尚书右丞张浩和工部尚书苏保衡负责新都城的营建。

后金更是多次迁都。明万历四十四年（1616年），明朝建州左卫首领努尔哈赤在赫图阿拉称汗登基，建国号金，史称后金，建元天命。明万历四十六年（1618年），努尔哈赤利用女真民族与明朝政权之间的矛盾，以"七大恨"告天，攻打并烧毁了抚顺城，开始了同明朝争夺东北的战争。1621年，努尔哈赤乘明朝统治集团内部因辽东战局而矛盾重重的时机，发动了辽、沈之战，攻克辽阳、沈阳等地，并迁都辽阳。1625年，努尔哈赤出于战略考虑，正式迁都沈阳。

少数民族的中期改革，基本是通过模仿不同时期中原王朝的各项制度，逐渐过渡到封建时代。从这个角度上说，少数民族政权中期的封建化改革也可称为汉化改革。经过改革，各个少数民族政权实现了社会转型，由氏族社会或奴隶社会转变为封建社会。

3. 改革的特色

中国历史上少数民族发展的历程表明，少数民族在建立政权之前，往往与汉族有过频繁的接触，他们的政治制度、经济机构和社会生活等领域随着接触发生了不同程度的变化，预示着新的发展阶段的到来，也为少数民族政权建立后的改革作了铺垫。这与中原王朝基于社会问题而进行改革的动因截然不同。

首先，改革是少数民族与汉族长期交流的结果。建立北魏的拓跋部是鲜卑族的分支，最初在大兴安岭北端东麓一带活动，过着以狩猎和采集为主的游牧生活。258年，拓跋力微任首领时，拓跋部已迁至盛乐，开始与中原政权建立联系。其子拓跋沙漠汗以太子的身份滞留在洛阳，成为曹魏的首席贵宾，太子的住所前常常门庭若市，来访的人络绎不绝。在汉族文化的影响下，拓跋部呈现加速发展的态势。拓跋什翼犍任代王时，恢复任用汉人的做法，并且借助汉人的力量建立了一套类似晋朝的官僚制度，大大提高了拓跋族的汉化程度。

建立辽的契丹族早在唐初就与中原建立了密切的政治、经济联系。在长期的相互交往中，契丹族不断地受到唐风的熏习，在其建国前便已出现了汉化趋向。唐太宗贞观二年（628年），契丹族大贺氏君长摩会率领契丹各部依附唐朝，唐太宗遵照契丹传统习俗，颁赐旗鼓，要摩会代表唐朝统领契丹部众。648年，唐朝在契丹驻地设立松漠都督府，以大贺氏君长窟哥为左领军将军兼松漠都督，赐姓李氏，并析契丹八部设为九州，各部首领称诸州刺史，加上松漠都督府，合为十州，一并属松漠都督府统辖。唐朝后期，契丹族在确立世选君长的固定仪式柴册仪后，产生了相当于中原王朝郊天大礼的祭山仪，标志着其走上礼制化道路。与此同时，契丹族的农业和各类手工业发展起来，成为畜牧业之外的重要社会经济部门。

　　建立西夏的党项族是羌人的一支，原先散居在青海和四川西北部，分成许多部落，过着逐水草而居的游牧生活。唐太宗时，许多部落已经归附唐朝；唐肃宗时，党项族迁居至银州以北、夏州以东，自然环境比原先优越得多，社会发展进入快速阶段，与内地的政治、经济交往更为频繁，其酋长受到唐朝的加官晋爵，逐渐增大经济生活中农耕的比重，形成农业与牧业并举的格局。

　　其次，改革的发动者主要是君王。汉族政权的改革主要由大臣发动，并得到君王的支持，如管仲与齐桓公、李悝与魏文侯、吴起与楚悼王、商鞅与秦孝公、申不害与韩昭侯、邹忌与齐威王、乐毅与燕昭王、杨炎与唐德宗、范仲淹与宋仁宗、王安石与宋神宗、张居正与明神宗等。由君王发动的著名改革虽有但不多，一是战国时期的赵武灵王，二是新朝的王莽。君王在改革中大多扮演改革的支持者。如果改革对他们有利，他们就会支持；如果改革进行得不顺利，他们可能变得犹豫不决，甚至改变态度，给改革带来阻力，使改革过程更加艰难和曲折。例如北宋中期，作为最高统治者的宋仁宗听信反对派之言而将范仲淹和富弼等改革派调离、罢免，致使庆历新政夭折。后来的宋神宗态度动摇不定，先是支持王安石，使变法顺利进行；然后是动摇，致使王安石于宋神宗熙宁七年（1074年）辞职；次年宋神宗又恢复了王安石的职务，继续变法；再次年，因与王安石意见不一，宋神宗陆续废止法令，王安石再次辞职，退居江宁直至去世。

相反，少数民族的改革者，无论是在建立政权之前还是政权建立之后，几乎都是握有权力的君王，有推进改革的能力，在面临反对派的质疑与破坏时，能够进行有力的回击。更重要的是，他们拥有改革的意愿，其中的原因，与他们较早接触汉族文化有一定关系。北魏的孝文帝自幼接受汉文化教育，能讲"五经之义"，对诸子百家涉猎颇多；西夏的李元昊是党项族杰出的政治家和军事家，精通汉文，熟读宋朝律法、兵法以及佛经等，对蕃、汉各族情况都很熟悉。他注意吸取汉族地主阶级的统治经验，极力网罗汉族知识分子并发挥他们的作用；元朝的忽必烈在漠北做藩王时就注意搜罗汉族儒生，研究前代王朝的治乱兴衰，他特别赞赏唐太宗李世民统一天下治国兴邦的业绩，在他身边围绕着以刘秉忠、姚枢等为首的汉人幕僚集团。

再次，改革面临着双重阻力。世界各民族改革的历史反复证明，新的社会制度代替旧制度的过程总要伴随着改革派与守旧派间的激烈斗争，守旧派不会轻易放弃已经获得的利益，自甘消亡，因此会百般阻挠。改革派只有经过斗争才能确保改革的顺利实施。

魏晋南北朝时期，前秦大臣王猛建议苻坚加强王权，抑制氏族贵族势力，引起氏族贵族中长期把持朝政的宗室亲戚的嫉恨。358年，氏族豪强樊世为苻氏立了大功，仗恃有功为人傲慢，当众侮辱王猛说："我们这些人与先帝共创事业而不干预朝政，你没有汗马之劳，怎么敢专揽大任？这是我们耕种而你来吃白食吗！"王猛说："不光是你种我收，我还要让你去当屠夫呢。"樊世大怒说："我一定要把你的头挂在长安的城门上，不这样，我就枉活于世上。"王猛将此事告诉了苻坚，苻坚大怒："必须杀掉他，才能整肃朝纲。"不久后樊世入内议事，苻坚对王猛说："我想让杨璧娶公主为妻，杨璧这人怎么样？"樊世发怒说："杨璧是臣的女婿，早就订婚了，陛下怎么能让他娶公主！"王猛斥责樊世说："陛下统治海内，而你胆敢争婚，这是想要变成两个天子，哪里还有上下！"樊世发怒起身，要打王猛，被左右的人劝阻。于是樊世恶言大骂王猛，苻坚因此发怒，下令把樊世斩了。对于其他反对者，苻坚也毫不留情，"诸氐纷纭，竞陈猛短，坚恚甚，慢骂，或有鞭挞于殿庭者"①，这一系列动作打压了反对派的气焰，保证了改革的顺利进行。

  孝文帝的改革同样遭到部分守旧的拓跋贵族的抵制，宗室元丕"雅爱本风，不达新式，至于变俗迁洛，改官制服，禁绝旧言，皆所不愿"②。有人甚至打算以暴力形式破坏改革。北魏孝文帝太和二十年（496年）太子拓跋恂企图逃回平城发动叛乱，孝文帝采取了最严厉的镇压手段，处死太子。同年冬，又发生了鲜卑族穆泰等人勾结镇北大将元思誉发动叛乱的事件。此前，文明太后（即冯太后，孝文帝祖母）曾打算废除孝文帝，经穆泰苦苦劝阻，孝文帝得以保全地位，因此孝文帝十分宠信穆泰。北魏太和十八年（494年），孝文帝迁都洛阳，他把亲近大臣换成来自中原的儒生，在皇族内部和旧都平城中引发不满，穆泰就是其中之一。当时，穆泰出任定州刺史，称病不去，请求改任恒州。孝文帝念其功高，于是把另一位重臣、恒州刺史陆睿与穆泰对调。然而穆泰到达恒州后，陆睿并没去定州。两位重臣都不满孝文帝改革和用人，密谋作乱。他们定下了方案，又秘密勾结镇北大将军元思誉和抚冥守将元业等人，推选朔州刺史、北魏宗室元颐为盟主准备造反。不过陆睿尚存犹豫，认为孝文帝是位好皇帝，就劝穆泰推迟叛乱时间，穆泰也没有仓促行动。元颐虽许诺参与叛乱，但暗中把实情上报给孝文帝。孝文帝得到情报后，首先想到向支持他南迁洛阳的功臣、北魏宗室

---

① 房玄龄等：《晋书》，中华书局，1974，第2886页。
② 魏收：《魏书》，中华书局，1974，第360页。

元澄求援。此时掌管吏部的元澄由于身体不好,孝文帝不得不在"凝闲堂"召见他,孝文帝说:"穆泰策划叛乱,还诱惑宗室参与其中。如今我们刚刚迁都,朝廷里还存在南派与北派的矛盾,这些问题处理得如何关系到我们能否在新都站稳脚。现在事态紧急,非您出面不可。我知道您身体不好,还是请您强打精神北行一趟。如果穆泰的叛乱还没发动,请您抓起他来;如果他势力强大,请您传我的命令调集并州和肆州的兵马进行讨伐。"元澄回答说:"穆泰等人之所以谋划叛乱,是因为留恋故土,他们没有长远考虑。我虽然没什么本领,但足以制服他们,请陛下不要忧虑。我虽然患有小病,也不敢推辞!"孝文帝高兴地说道:"您同意此行,我就没什么忧虑的了!"二人达成共识后,孝文帝把符节授予元澄,并派他的警卫随元澄北行,授权元澄行使恒州事务。元澄到达雁门后,雁门太守夜里前去汇报:"穆泰已经带兵向西投奔元颐。"元澄见军情紧急,命令随行人员即刻出发。右丞孟斌反对出兵,他认为事情还没查清楚,应该等并州和肆州援军到达后再说,元澄坚持出兵,认为穆泰既然决定谋反,就应该坚守平城;现在穆泰却迎立元颐,说明他自身实力不足,不敢与朝廷大军对抗。他建议迅速出兵进行镇压,以安抚民心。经此分析,没有人提出反对意见,于是众人日夜兼程赶往平城。快到平城时,元澄先派孝文帝的侍卫李焕单骑入城,通告穆泰的同党,晓以大义,使这些同党弃暗投明,穆泰无奈带着数百人攻打李焕,反被击溃,穆泰逃往城西,被李焕擒获。元澄随后赶来肃清乱党,囚禁了陆睿等100多人。

除了守旧派施加的压力,少数民族改革还面临另一重压力:对汉化的质疑。中国历代少数民族的改革,往往是模仿汉族制度的过程。在汉族政权相对强大的时候,配以汉族较为先进的文化,模仿的阻力要小些;当汉族政权相对衰弱,甚至少数民族入主中原之后,这种模仿就会受到质疑:我们本来打败了他们,为什么还要向手下败将学习?忽必烈即位以后,蒙古的行政机构仍然较为混乱，他决定改变这种局面。他大力推行的改革，吸纳了许多汉族的制度，可这引起了部分蒙古贵族的非议，甚至有宗室质问忽必烈："我们不同于汉族，现在你在汉地居住时间长了，建都立城，采用汉族制度，究竟是何居心？"

最后，改革不仅仅是汉化。通过改革，少数民族社会逐渐转型，从氏族社会转变为奴隶社会再转变为封建社会。在社会转型过程中，学习和模仿汉族制度是引人注目的现象，这就带来了一个问题：少数民族的改革到底是封建化还是汉化，用哪个词来界定更确切？

其实，汉化与封建化既有联系又有区别。从含义上看，两者的侧重点不同：汉化是指接受汉族的生产方式、社会制度和思想文化，使得本民族与汉族高度相似，呈现被同化的现象；封建化是指由原始社会经奴隶社会再转变为封建社会，转变的主要体现同样是生产方式、社会制度和思想文化。但由于当时的汉族政权已经处于封建社会阶段，少数民族汉化的最终归宿也是封建化，这就使得两者容易被混淆。从范围上看，封建化要大于汉化，在封建化的道路上，汉化可谓一种方式，即少数民族的封建化可以通过模仿汉族而实现，也可通过其他方式实现。

从氏族社会到封建社会，权力呈现从分散到集中的态势。而要实现权力集中，不一定非要学习和模仿汉族的制度，少数民族自身的一些制度也可以，例如金朝的勃极烈制度。在女真族氏族社会中，氏族议事会是氏族的最高权力机构，由全体成年男女参加，参加者享有平等的权利。金朝建立之初，由于受到辽、宋制度的影响，国家制度逐渐摆脱了简单质朴形态而不断完善。中央的最高决策机构的组成和运作实行勃极烈制度。这种制度保留了女真族贵族议事会的形式，但参加议事人员的范围缩小，皇帝称都勃极烈，下面设有谙版勃极烈、国论忽鲁勃极烈、国论阿买勃极烈、国论昃勃极烈、国论乙室勃极烈、迭勃极烈等。谙版勃极烈是勃极烈之长，是都勃极烈的继承人，其他勃极烈的职掌和地位互有差异。勃极烈制度具有决策和行政合一特点，从辽太祖、太宗时期出任勃极烈的人选来看，勃极烈制度明显表现出完颜皇族和宗室权贵家族联合执政的特点，军政大事须经勃极烈共同讨论决定，形成对君王权力的约束。

在地方行政体制中，汉族政权长期实行的以地缘关系为纽带的郡县制，打破了以血缘关系为纽带的部族制。少数民族通过有本族特色的制度，同样可以冲破血缘关系的束缚，如蒙古的千户制。千户是蒙古国家统治体制中的基本军事和地方行政单位。在这种制度下，百姓都被编入千户组织中，而且只能留在制定的百户、千户或十户内，不能转移，也不能迁移别处。若违反规定，避匿者和接受者都会受到严惩。隶属于千户的百姓，不论贵贱都要为国家提供差役，15岁至70岁的男子都要自备马匹、武器、粮草服兵役。

在社会组织中也是如此。女真族的部落是由若干以血缘为纽带的氏族组成的。在氏族社会末期的狩猎与军事活动中，出现了"牛录"这一组织形式：凡行军出猎，每10人编成一组，称作"牛录"（汉意为"箭"），其首领称牛录额真（汉意为"主"）。随着女真社会农业生产的发展与社会分化的扩大，氏族社会渐趋解体，但"牛录"作为一种军事组织形式却被保留下来。随着建州女真的崛起，努尔哈赤在整顿社会组织的过程中，以"牛录"作为基层社会组织单位创建了八旗制度。明万历二十九年（1601年）之后，努尔哈赤开始把本部与其他部落的壮丁组织起来，以300人为一个牛录，五牛录为一个甲喇，五甲喇为一个固山（汉意为"旗"）。到明万历四十三年（1615年）共形成了八个固山，并以不同颜色的旗帜相区别，又称"八旗"。八旗兵丁"出则备战，入则务农"，八旗制度也就成为一种"以旗统人，即以旗统兵"的兵民一体、军政合一的社会组织制度。八旗旗主既是各部之军事统帅，又是政治首领，皆由努尔哈赤的族人担任，称为"固山贝勒"。努尔哈赤既是八旗的家长，又是最高统帅，并于此基础上建立了具有军事民主联合体性质的八旗共治的政治体制。八旗贝勒，各置官署，朝会燕享，皆异其礼，赐赉均及，是为八分。八旗制度将相对分散的女真各部有目的地组织起来，为后金的建立及军事斗争的胜利奠定了基础。八旗共治体制在一定历史时期内对后金政局的稳定也起到了积极作用。[①]

建立于八旗制度基础上的女真社会主要由奴隶主、平民、奴仆三大阶层组成。贵族、功臣及额真等八旗将领构成了女真社会中的奴隶主阶层，他们拥有大片的田庄、众多的奴隶与牲畜，在社会中占据了支配地位。身为自由民的普通八旗兵卒、旧氏族中的一般成员及一部分归降部落的民众组成了女真社会中被称为"诸申"或"伊尔根"的平民阶层。他们是贵族的"管下人"，拥有少量牲畜或奴仆等私有财产，对贵族有着很强的人身依附关系，并承担为贝勒、额真等当兵以及纳税等多种差役。处于社会最底层的是被称为"包衣阿哈"或"阿哈"的奴仆阶层，他们毫无人身自由。

勃极烈制度、千户制和八旗制度的作用表明，少数民族及其政权在从氏族社会走向阶级社会过程中可以借鉴汉族政权的制度以实现封建化，也可以根据本民族的传统而形成具有民族特色的制度以促进社会转型。模仿固然是改革的快捷途径，但模仿并不意味着全然放弃自己的民族特色。

[①] 赵毅、赵轶峰主编：《中国古代史》（下册），高等教育出版社，2010，第328～329页。

第三章 立国定制时的改革

在经历了春秋战国时期的第一次社会转型后，中国进入了天下统一的时代。从那时起到民国成立，几十个王朝在这片土地上兴起和衰落。每个王朝从建立到衰亡，都或多或少地进行过不同程度、不同范围的改革。对这些改革，我们可以从不同的视角进行分类：从程度上看，有量变型和质变型；从形态上看，有挽救政权危机的改革、改朝换代后的改革和社会转型时的改革。[①]如果以时间为序的话，不同王朝的改革主要发生在三个时段，即王朝建立时的政策调整、王朝中期面临危机和压力时的改革以及王朝末年的挽救措施。在改革程度上，王朝建立时的改革虽然不如社会转型期那样激烈，但数量繁多，形态各异，是中国传统改革精神的重要体现。

一、政权建立时的局势

中国古代王朝更替的途径主要有两种：一种是通过斗争方式建立新的王朝，如西汉代替秦朝、唐朝代替隋朝、明朝代替元朝、清

[①] 王福生、陈小丽：《大变法：中国改革的历史思考》，金城出版社，2010，第7页。

朝代替明朝等；一种是通过和平方式实现权力交接，如曹丕接受东汉献帝禅位建立魏、杨坚接受北周静帝禅位建立隋、徐知诰（即李昇）十国之南吴杨溥禅位建立南唐、赵匡胤接受五代后周恭帝禅位建立北宋等。比较而言，前者的次数远远多于后者，这就意味着新王朝建立之前大多经历过战乱，是在战争废墟上建立的，在建立后面临着大同小异的问题。

1. 社会经济

社会经济方面，新王朝往往面临民力疲敝的局面。历史上的王朝，尤其是统一的王朝在建立之前，往往会经过一系列战争：先是农民起义，然后是割据势力之间的相互攻占，最后是有潜力的一股势力开始统一全国的战争。可以说，这种王朝兴替的方式决定了战争的常态化，而长年累月的战争会使经济遭到破坏，人口大量减少。

西汉建立时，刚经历了秦末农民起义和楚汉战争，社会上还延续着秦朝时的弊病，各诸侯国一并兴起，百姓无法进行耕种，从而导致饥荒，物价飞涨，一石粮食甚至可值5000钱。由于粮价昂贵，社会上出现了人吃人的现象，死亡人口超过一半，民力疲敝的程度可见一斑。当时的皇帝出行都找不到毛色相同的四匹马来拉马车，高级将领与文官只能坐牛车，这就是《汉书·食货志》说的"自天子不能具醇驷，而将相或乘牛车"狼狈情形。

隋朝结束了魏晋南北朝300多年分裂的局面，中原再次实现统一，但仅仅到了第二任皇帝——隋炀帝杨广在位期间，由于修建宫殿、疏通运河等内部事务，以及三次攻打高句丽，百姓不堪重负，隋末农民起义和割据战争使社会形势进一步恶化。《通典》卷七《食货典》记载：隋朝人口最多时的隋炀帝大业五年（609年），全国有890万余户、4600多万人；而唐朝建立后，唐初唐高祖武德年间（618—626年）仅剩200余万户，减少了将近600万户。史载："自伊、洛之东，暨乎海、岱，萑莽巨泽，茫茫千里，人烟断绝，鸡犬不闻,道路萧条,进退艰阻。"①虽然户数锐减可能是战乱初平,户籍统计还不完全所致,不过这透露出唐初社会经济的严重萧条。唐朝的赋税是按户征收,户数的大量减少必然影响朝廷收入,导致财政危机。

元朝末年,先是有红巾军起义,后来又形成了割据局面。朱元璋击败陈友谅、张士诚、方国珍等人,又清除元朝在南方的势力,再通过北伐,才建立明朝。明朝建立后,由于元朝末年统治者残酷的压迫和剥削,加上农民起义和军事集团的混战,社会经济遭到了严重的破坏,明将缪大亨攻破扬州后,城中十室九空,居民仅剩18家。在战争破坏最严重的山东和河南等地,史载"多是无人之地","土地荒芜""居民鲜少"成为普遍现象。

明末清初,受到近半个世纪的农民起义、抗清斗争以及清初的海禁、迁地等影响,原有的生产和生活秩序遭到毁灭性打击,农民大量逃脱或死亡,耕地荒芜。《清世祖实录》中记载了真定巡按卫周允上疏朝廷的一段相关批文:"巡行各处,极目荒凉,旧额钱粮,尚难敷数。况地亩荒芜,百姓流亡,十居六七。"山东河道总督杨方兴上疏道:"山东地土荒芜,有一户之中,止存一二人,十亩之田,止种一二亩者。"②清朝建立后面临的是千疮百孔的烂摊子,经济极度萧条。

2. 外部局势

外部局势方面,统一王朝会面临少数民族崛起的压力。很多人在回顾中国历史时经常会提到王朝循环论,这个理论存在很多问题,其中最大的一个问题是它把中国古代历史视为停滞的,忽视了王朝更替后中国社会内在的变迁。事实上,历史上中国周边的少数民族也经历类似模式,即一个少数民族崛起,随后建立政权,后

---

① 吴兢:《贞观政要》,上海古籍出版社,1987,第70页。
② 陈登原:《陈登原全集》第10册,浙江古籍出版社,2014,第206页。

来衰落，最终被另外一个少数民族政权代替。这两个循环之间的相互影响颇为复杂，美国学者拉铁摩尔在其名著《中国的亚洲内陆边疆》中有详细的研究，他发现中原王朝处于鼎盛时，少数民族政权相对衰落；反之，中原王朝更替之际，少数民族则迅速强大，成为中原新兴王朝的威胁，如汉初的匈奴、唐初的突厥、北宋的契丹、南宋的金和明初的蒙古等。

统一王朝首次感受到少数民族施加的压力应该是汉初面临的匈奴。秦末汉初，在中原陷入战乱时，匈奴单于冒顿统一各个部落，向东消灭了东胡，向西驱走了大月氏，向南兼并了娄烦和白羊，向北臣服了丁零等部族，势力急剧扩张，并与西汉直接发生冲突。这时汉朝刚刚平定中原，韩王韩信迁到代国，建都马邑。匈奴大举围攻马邑，韩王韩信投降了匈奴。汉高祖七年（前200年），匈奴引兵南下，越过句注山（又名雁门山），攻到晋阳城下。汉高祖亲自率军前往迎击，当时正值冬天大寒下雪，士卒中冻掉手指的十有二三。冒顿佯装败逃，引诱汉军追击。对这样的诱敌深入之计，汉高祖不是没有警觉，先后派了10名使者去观察匈奴的动静，但冒顿老谋深算，故意把勇猛善战的兵士和健壮的马匹隐藏起来，把老弱士兵和瘦弱牲畜暴露在外。使者回报都说匈奴没那么强大。为了慎重起见，汉高祖又派建信侯刘敬去查探，刘敬回来报告说："两国相争的时候一般都夸张兵力，以求在心理上威慑对方。我这次出使却只看到匈奴的老弱羸弱，其中必定有诈，现在不宜发兵。"汉高祖没有听取刘敬的意见，汉朝大军全部出动，共32万人，向北追击。汉高祖先到达平城，但步兵还没有全部赶到，冒顿便发动精兵40万人马把汉高祖包围在了白登山，围了七天。汉军内外不能相互救济，而匈奴的骑兵在西面的全都骑白马，东面的全都骑青骢马，北面的全都骑乌骊马，南方的全都骑赤黄马，将汉高祖团团围住。汉高祖派使者暗中厚赠礼物给匈奴阏氏，阏氏对冒顿说："两国君主不能互相逼困。如今虽得到了汉朝土地，可单于终究不能居住在这里。况且汉王也有神仙佑护，请单于明察。"冒顿本来和韩王韩信的将官王黄、赵利约好日期攻打汉高祖，但王黄、赵利的军队没来，冒顿就疑心二人和汉朝订有计谋，便听了阏氏的话，打开包围圈的一角。汉高祖命令士兵们全都拉满弓，搭上箭，面向外，径直冲出，与大军会合，冒顿也领兵离去。这次战役史称白登之围。解围后，汉朝采纳娄敬的建议，与匈奴和亲，挑选一位没有名号的宫女作为公主嫁给单于做王后，每年馈赠絮缯酒食等礼物给匈奴。

突厥是中国北方一个古老的民族。隋朝初年，突厥统治集团因内讧和斗争分裂成东西两部。隋末天下大乱，东西突厥趁机统一，势力迅速发展，雄居漠北，力控西域，对中原地区造成严重威胁。李渊迫于东突厥在后方的威胁，主动示弱，以臣子的姿态送去大量金银，许以重利，请求始毕可汗出兵相助。唐高祖武德九年（626年），颉利可汗率军到达渭水便桥的北岸，派遣其亲信执失思力前往长安晋见唐太宗，顺便探听唐朝的虚实。见到唐太宗后，执失思力大肆鼓吹，声称颉利可汗与突利可汗率领百万大军已经来到。唐太宗对此予以斥责，称自己已经与颉利可汗有过约定，并赠送给对方无数的金银财宝，现在可汗却背弃约定，率军侵入唐朝境界，完全忘记唐朝的恩惠，并表示要将执失思力处斩。执失思力心生怯意，不断求饶，大臣萧瑀和封德彝也认为应该按礼节把使节放回去。唐太宗却说："如果我现在放他回去，无异于是向突厥示弱，突厥认为我害怕他们，会变本加厉地侵略我们。"于是将执失思力囚禁在门下省。唐太宗来到玄武门，带着高士廉和房玄龄等6人骑马来到渭水边上，隔着河谴责颉利可汗背信弃义。突厥人大吃一惊，纷纷下马拜见唐太宗。不久，唐朝的各路援军陆续赶来，旌旗蔽野。颉利可汗见执失思力没有回来，唐军阵容强大，露出害怕的神色。唐太宗让士兵腾出空地，打算与颉利可汗单独交谈，萧瑀等人以为过于冒险，进行劝阻。唐太宗告诉他们："唐朝历经战乱才建立起来，我又是刚刚即位，这才给他们乘虚而入的机会。这时如果向他们示弱，一味地防守，突厥肯定会大举进攻，那时我们就无法控制形势了。现在再单独前往，就是要告诉我们已经有所准备。"最终，颉利可汗当天请求讲和，得到唐太宗的许可，双方宰白马歃血，在便桥订立盟约，突厥率军撤退。

二、立国的权时之变

王朝更替的方式主要通过斗争，而斗争不可能是一朝一夕完成的，在旧王朝的灭亡与新王朝的成立之间，一般存在一段混战时期。混战使得新王朝成立时所面对的几乎是千疮百孔的"烂摊子"，这对新王朝建立者而言是个严峻的考验。新王朝能否继续存在，取决于它对内能否一改旧王朝的弊端，重建社会秩序；对外能否抵御少数民族的侵扰，稳定边疆局势。

1. 恢复内部秩序

在重建社会秩序方面，恢复经济是当务之举。我国多数朝代的初期大都经历过大的战乱，民生凋敝，出现大量荒地，此时新王朝会通过开明的土地政策试图恢复社会的稳定。统治者一般会鼓励开垦，老百姓的垦荒行为不会受到阻挠。例如元末战乱之后，人口迁徙频繁，朱元璋即位后，下令各地流亡人口还乡生产，返回家乡的生产者免除三年的赋税。朱元璋晚年还曾下令，凡是山东、河南、河北和陕西各处的新垦荒地都"永不起科"。明末战乱之后，清朝面临的形势和采取的措施与明朝类似。顺治年间，朝廷一再下令允许流亡各地的百姓开垦那些无法确定归属的荒田，开垦的土地由州官和县官颁发"印信执照"作为百姓的永久财产，而且免征三年税收，个别的地区甚至可以免征五六年的税收。

在赋税方面，旧王朝末年的赋税大多较为沉重，新王朝的建立者往往对此有着切身感受，因此在立国后，新统治者大都能够轻徭薄赋，减轻百姓负担。刘邦刚刚平定天下，就下令"轻田租，十五而税一"。后来，汉景帝又下令将田租减掉一半，这是中国历史上是绝无仅有的事。开皇九年（589年）隋文帝消灭陈朝统一天下后，便宣布免除原陈朝境内十年赋税，其余隋朝已经控制区域内的百姓免除当年的赋税。唐朝立国之初，唐太宗鉴于隋炀帝大量征发徭役以至于农民走投无路而暴动的教训，认为："人君之患，不自外来，常由身出。夫欲盛则费广，费广则赋重，赋重则民愁，民愁则国危，国危则君丧矣。"[①]唐太宗尽量减轻农民负担：贞观元年（627年），山东因大旱，被免除当年租赋。贞观二年（628年），关中旱灾，有卖子为生者，唐太宗下令从自己的府库里出钱赎回被卖的孩子，还给其父母。贞观三年（629年），免除关中两年租税，免除关东徭役一年。明朝建立后，来自民间的朱元璋深知灾荒给农民造成的负担，因此常常减免受灾地区和受战争影响的地区农民的赋税：明洪武三年（1370年）、洪武四年（1371年）、洪武九年（1376年）曾在应天、河南、北平、山东、江西、两浙等地蠲免赋税。经过洪武时期的努力，社会生产逐渐恢复和发展，到洪武二十四年（1391年）统计时，天下田土已达到370多万顷。

行政机构是王朝贯彻指令的基石，经过战乱，原有的行政机构受到冲击和毁灭，新王朝建立后，还面临如何建设行政机构的问题。从历史上看，新的王朝通常会在前朝的基础上，建立起相对稳定的行政机构，以保证王朝的稳定性。这意味着无论朝代如何更替，新王朝大都会承袭旧王朝行政机构的框架，如汉承袭秦，唐承袭隋，宋承袭唐，明承袭元，清承袭明等。

不过这种承袭并非一成不变地照搬。新王朝建立后，会根据各种因素对行政机构进行调整，这也体现出中国行政机构演变的一个规律：承袭与调整并存。秦统一天下后，发生过分封制与郡县制之间的争论。丞相王绾等人基于战国以来的制度与经验，力主分

[①] 司马光：《资治通鉴》，上海古籍出版社，2017，第2118页。

封制:"诸侯初破,燕、齐、荆地远,不为置王,毋以填之。请立诸子,唯上幸许。"廷尉李斯的看法正好相反,认为战国时期的历史恰恰说明分封制已经失去作用,应该实行郡县制:"周文武所封子弟同姓甚众,然后属疏远,相攻击如仇雠,诸侯更相诛伐,周天子弗能禁止。今海内赖陛下神灵一统,皆为郡县,诸子功臣以公赋税重赏赐之,甚足易制。天下无异意,则安宁之术也。置诸侯不便。"最终,秦始皇采纳了李斯的建议,将天下分为三十六个郡,并在新征服的一些区域设置郡县。[1]秦朝全面确立的郡县制不仅是对西周以来分封制的改革,更奠定了此后郡县制的主流地位。

然而实行郡县制的秦朝仅仅过了15年就灭亡了,这给汉初的统治者以极大警醒。他们反思秦朝历史,发现秦朝在存亡之际,竟然没有可以依赖的力量,汉朝如果不实行分封制,将会出现一旦发生叛乱而没有人出来拱卫皇室的局面。这成为汉初分封制复兴的直接原因。同时,汉初统治者接受西周分封制所带来的诸侯混战的教训,没有废除郡县制,致使汉初呈现郡国并行的局面,这无疑是对秦朝郡县制的一定改革。

汉初的封国不仅权力大,所占面积也大,全国四十多个郡中的大部分属诸侯国所有,朝廷直接管辖的只有15个,这有悖于战国以来中央集权的趋势,因此到前元三年(前154年)汉景帝平定七国之乱后,朝廷就想方设法削弱王国权力,降低王国地位,削减王国领土。到了武帝时,通过左官律、推恩令等措施彻底解决了王国的问题,诸侯王只能得到衣食租税,不参与政事,分封制名存实亡。可以说,经过汉初的反复,郡县制才成为地方行政机构的常态,此后的朝代大多以此为基础进行调整。隋唐改变了东汉末年以来的州、郡、县三级制,合并州、郡,变为州、县两级制。宋朝鉴于唐藩镇割据的惨痛教训,取消了节度使,将唐朝的"道"改为"路",实

---

[1] 司马迁:《史记》,中华书局,1959,第238~239页。

行路、府（州）、县三级建制。元朝创建了行省制度，现在的京、津、冀和鲁、晋、内蒙古的部分地区由中央的中书省直接治理，其他区域设置行省，行省之下，设有路、府、州、县四级。这次改革是中国地方行政史上意义深远的一次改革。明朝时，朱元璋废除中央的中书省和地方的行中书省，改设承宣布政使司，简称布政使司，共计在全国设置十三个布政使司，但习惯上仍称之为省，形成省，府（州）、县三级建制。清朝也设置省，但实行省、道、府（州、厅）、县（厅）四级建制，呈现出多重控制的发展趋势。

在这两千余年的历史中，分封制曾有过两次回潮，一次出现在西晋，一次出现在明初。西晋建立后，晋武帝认为曹魏政权缺乏宗室藩屏的保障是其灭亡的原因，因此分封二十七个同姓王，以郡为国。分封的方法是：皇室同姓宗族范围内可以封王，其他功臣最高只能封公侯。因此西晋的分封不同于汉初，没有异姓诸侯王，但与汉初相似的是，西晋的封王通过接纳封国内的士族，权力逐渐增大，形成一个个与中央政权相背离的政治集团，最终引发了八王之乱，严重消耗了西晋的国力。朱元璋鉴于宋元时期外无分封，皇帝孤立受制于权臣的弊端，希望分封王子以拱卫皇权，屏障边陲。他不止一次说："天下之大，必建藩屏，上卫国家，下安生民。今诸子既长，宜各有爵封，分镇诸国。朕非私其亲，乃遵古先哲王之制，为久安长治之计。"①明洪武三年（1370年），朱元璋确定名城大都为驻地，陆续封二十四个儿子和一名从孙为王，其中尤以秦、晋、燕等"塞王"权势为重。但朱元璋晚年又意识到分封制弊端很大，在遗诏中要求"诸王临国中，毋至京师。诸不在令中者，推此令从事"②，将各地藩王的部分军政大权收归朝廷。此后，经过建文、永乐两朝的削夺，朝廷收回了王府的全部军政权力。

---

① 姚广孝：《姚广孝集》，商务印书馆，2016，第971页。
② 张廷玉等：《明史》，中华书局，1974，第55页。

回顾中国古代行政机构调整的历程可以发现，任何王朝在其立国时，确立怎样的行政体制必然要受制于历史。这里说的受制于历史包括两层含义：一是如果不承袭传统，就得开创全新的体制，虽然当时经过战乱，现实为他们发挥聪明才智提供了舞台，但他们还是在郡县制和分封制中选择或搭配，没能跳出传统设定的范围。二是无论是分封制还是郡县制，都有成功的经验和失败的教训，要说分封制有弊端，西周实行了能延续数百年；要说郡县制有缺陷，汉朝实行了也延续数百年。如何看待两者的利弊以及做出有针对性的取舍，决定了新王朝在郡县制和分封制中的选择或搭配。于是我们看到，中国古代行政机构既有延续，又有改革，延续和改革的对象主要是郡县制，其中伴随分封制的回潮。

2. 稳定外部局面

美国华裔历史学家黄仁宇曾提出过一个观点：在清康熙三十五年（1696年）之前，中原王朝不具备对少数民族骑兵的长期优势，"公元1696年康熙亲率兵八万出塞，与蒙古领袖喀尔丹周旋，军中有西方式的炮车，为前所未有。昭莫多一战公认为历史上结束中国边疆游牧民族以骑兵占优势的转捩点，战后喀尔丹可能服毒自尽"[1]。虽然历史上的中原王朝在强盛时期能够举全国之力，在承受巨大耗费之后，一时驱逐或打败少数民族，但从长期来看，在技术，尤其是武器方面没有取得突破性进展之前，汉族政权始终无法彻底解决边疆不断受到侵犯的问题，妥协在所难免。

公元前200年的平城之战表明，汉初政府还不具备打败匈奴的实力。匈奴虽然撤兵，却不断侵扰汉朝边境。汉高祖对此非常忧虑，问建信侯刘敬有什么对策。刘敬说："天下刚刚平定，士兵们疲于征战，不能用武力使匈奴屈服。冒顿杀死父亲自立为单于，把父亲

---

[1] 黄仁宇：《中国大历史》，生活·读书·新知三联书店，1997，第225页。

的妻妾收作自己的妻妾，凭借暴力行施威权，不能用仁义来说动他。只可以作长远打算使他的子孙向朝廷称臣，但我怕陛下不能这么做。"高祖说："如果确实行，为什么我不能去做！只是你要我怎样做呢？"刘敬回答说："陛下如果真能把嫡长公主嫁给冒顿为妻，再多陪送些财物给他，匈奴知道是汉朝皇帝的嫡女，陪嫁财物又丰厚，就会因为爱慕公主而立公主为阏氏，公主生了儿子一定就是太子，能继承成为单于。为什么一定会这样呢？因为匈奴贪图汉朝大量的财物。陛下逢年过节把我们这边多余而他们那边正缺少的物品多送给他们几次，顺便派遣能言善辩的人去用礼节开导他们。冒顿活着的时候，本就是陛下的女婿；冒顿死了，陛下的外孙就会当单于。哪里听说过外孙敢和外祖父分庭抗礼的？这样即使不打仗也能慢慢地使匈奴臣服。如果陛下舍不得派长公主去，让宗室之女或后宫的美人冒充公主嫁过去，冒顿就会知道，会不肯亲近尊贵假公主，那这个方法就失灵了。"

高祖采纳了这个计策。不过，由于鲁元公主早已许嫁，和亲人选遭到吕后的强烈反对，高祖最终选择宗室之女为公主嫁到匈奴，并派刘敬前去和亲。和亲内容主要有三：第一，汉朝把一位公主嫁给单于，是否真的是皇帝之女暂且不论；第二，每年送给匈奴大量丝织品、酒和米等；第三，双方以兄弟相称。因此汉文帝在前元三年（前177年）六月的诏书中说："汉与匈奴约为昆弟，毋使害边境，所以输遗匈奴甚厚。"[1]又在3年后给匈奴的信中说："汉与匈奴约为兄弟，所以遗单于甚厚。"[2]虽然此后的历史证明匈奴并没有完全履行和亲中的条款，但是拟血缘的兄（昆）弟之国关系还是为此后近七十年的汉匈关系定下了基调，直至汉武帝元光六年（前129年）西汉大规模反击匈奴而被中断。

---

[1] 司马迁：《史记》，中华书局，1959，第425页。
[2] 司马迁：《史记》，中华书局，1959，第2897页。

唐朝初期在与突厥交往时同样处于下风。唐高祖武德九年（626年），刚刚即位的唐太宗使用疑兵之计，与围攻长安的东突厥结盟，使其退兵，唐朝获得喘息机会，抓住时机恢复生机，休养生息，并在4年后消灭东突厥。从结果来看，唐太宗的抉择是正确的，避免了唐朝在不利形势下与强大东突厥作战，为社会经济的发展赢得了时间。不过唐太宗也付出了一定的代价。史载"贞观初，（张俭）以军功累迁朔州刺史。时颉利可汗自势强盛，每有所求，辄遣书称敕，缘边诸州，递相承禀"①。"敕"是皇帝对下级的命令形式，突厥以"敕"的形式索得的财物应该是得到皇帝认可的，这间接透露出唐太宗与颉利可汗签署的和约对唐朝而言是不平等的，北宋笔记小说《唐语林》称唐太宗"空府库"以求突厥退军，未必是空穴来风。

到了宋朝，尤其是南宋，积贫积弱的局势更是给了少数民族以可乘之机。宋高宗绍兴十年（1140年），金兵像往常一样，又一次大举南侵，可这一次，他们不仅没有掳掠成功，反而各路军队连遭失败，因为这次他们遇到的对手是岳飞。在顺昌之战中，宋军以少胜多，大败金军。接着，岳飞在郾城打败完颜宗弼率领的15万精锐之师，获得郾城大捷，完颜宗弼由此感慨："撼山易，撼岳家军难！"岳飞曾上书宋高宗，请求各路宋军全线出击，收复失地，宋高宗与宰相秦桧主张议和，恐战场上的胜利不利于议和，就下令停止进兵，解除了韩世忠和岳飞等人的兵权，后又制造冤狱陷害岳飞。1141年，南宋以魏良臣为议和代表出使金朝，金朝派大臣萧毅和邢具瞻跟随魏良臣来到临安，双方签订了《绍兴和议》，内容包括：第一，确立双方的关系是君臣关系，宋向金称臣，并且世代为臣；第二，划分双方的边界，双方在东面以淮河中流为界，在西面以大散关为界，界线以南属于南宋，以北属于金朝；第三，交换部

---

① 刘昫等：《旧唐书》，中华书局，1975，第2775页。

分土地，金朝以"赐予"的名义给予南宋一些土地，归还被刘豫伪齐政府控制下的河南和陕西一部分地区，南宋则割让唐州、邓州，以及商州、秦州的大半土地给金朝。此外，南宋每年向金朝进奉贡银25万两、绢25万匹，金朝归还去世的徽宗灵柩和被掳去的高宗生母韦太后。

宋高宗绍兴十二年（1142年）三月，金派刘筈为江南册封使，九月到达南宋京城临安，册文称："皇帝若曰：咨尔宋康王赵构。不吊，天降丧于尔邦，亟渎齐盟，自贻颠覆，俾尔越在江表。用勤我师旅，盖十有八年于兹。朕用震悼，斯民其何罪。今天其悔祸，诞诱尔衷，封奏狎至，愿身列于藩辅。今遣光禄大夫、左宣徽使刘筈等持节册命尔为帝，国号宋，世服臣职，永为屏翰。呜呼钦哉，其恭听朕命。"①不过论及此时双方的实力，南宋尚在金朝之上，因此议和遭到了不少诟病，正如南宋理宗时学者吕中在《大事记》中所说："向者战败而求和，今则战胜而求和矣！向者战败而弃地，今则战胜而弃地矣！"②对于南宋来讲，这完全是一份投降的和约，但高宗极为高兴，对此次议和的功臣秦桧大大赞赏，加封他为太师，魏国公。宋高宗绍兴十二年（1142年）八月，高宗生母韦太后及徽宗灵柩等到达临安，宋金划分陕西边界也已完成，宋金南北对峙的局面最终确立下来，高宗以称臣、割地、纳贡等巨大的代价实现了偏安一隅的梦想，迎回了其生母韦太后和徽宗灵柩。

妥协有真有假，真的妥协是实力确实不如对方，不得不做出的让步；假的妥协是囿于目前的局势而不得不暂时做出让步。判断真假要看以后双方的发展态势，汉初与匈奴和亲而在武帝时进行大规模反击、唐初与东突厥结盟而在太宗时擒获颉利可汗，这些妥协就是假的妥协；南宋初与金朝签订《绍兴和议》，此后虽然在宋孝宗

---

① 脱脱等：《金史》，中华书局，1975，第1756页。
② 李心传：《建炎以来系年要录》，上海古籍出版社，1992，第46页。

和金章宗时北伐，却最终又分别签订和议，这就是真的妥协。

三、巩固政权的改革

《礼记·杂记下》记载，孔子的学生子贡跟着孔子去看祭礼，孔子问子贡说："赐（子贡的名字）啊，你看出祭礼给人们带来的欢乐了吗？"子贡答道："举国上下都像发狂一样，我实在看不出来。"孔子说："让民众一味紧张而没有放松，就算是周文王和周武王也不能把天下治理好；让民众一味放松而没有紧张，周文王和周武王也不会这么做。该紧张的时候紧张，该放松的时候放松，这才是周文王和周武王治理天下的方法。""一张一弛，文武之道"透露出治国方略在文与武之间的转换。对一个王朝而言，如果说在立国时囿于紧张形势不得不采用"文"的话，那么在政权稳定之后，随着社会经济的恢复，应该转向"武"，即要进行改革。

1. 处置功臣的不同方法

一个人仅凭自己的力量是无法建立一个王朝的，他必须有一定数量的大臣辅佐。这些辅佐大臣在王朝建立的过程中为君主攻城拔寨，出生入死。他们如此拼命，往往是有诉求的。汉光武帝刘秀在征战河北途中，将领们请求他称帝，被他拒绝。将领们再次恳请，他又拒绝了。这时耿纯对他说："天下的士大夫舍弃亲属，背井离乡，在弹雨之中跟随大王，他们一心向往的是攀龙附凤，以成就志向。现在您拖延时间，违背众意，不确定尊号，我怕士大夫会失去希望，从而产生退归故里的想法。众人一散，就很难再聚合到一处。"

王朝建立后，辅佐大臣们自然会被授以高官厚禄，他们及其亲族会逐渐形成一个利益集团，学者李开元称之为"军功受益阶层"，并指出从西汉开始，每个朝代都存在这样一个阶层：

> 继秦和西汉以后，中国之统一帝国是东汉帝国，东汉帝国创建于刘秀之光武集团之手。光武集团，乃是一个

以南阳豪族为核心的政治军事集团,该集团通过长期战争建立东汉帝国以后,也转化为了东汉帝国的统治阶层。汉末三国并立,三国之魏、吴、蜀,无一不是出于各个政治军事集团长期战争的结果,魏国创建于以中原世族为核心之曹魏集团,吴国创建于以江东世族为核心之孙吴集团,蜀汉创建于以寒门下士为核心的刘备集团,皆是军功受益阶层所创建的政权。西晋直接继承曹魏,只是将宫廷皇权由曹氏转入司马氏,统治阶层没有发生变化。南北朝时代,东晋承继西晋,其他各个政权,无不出于各个胡汉政治军事集团之手,也是军功受益阶层政权。其后,南北共同归于隋唐。唐末有五代十国,无不是一个个短期之军功受益阶层政权。北宋创建于赵匡胤集团,该集团就是后周政治军事集团,同魏晋交替一样,只是将军功受益阶层政权之顶点——皇室由柴姓换了赵氏,作为帝国创建者之军功受益阶层没有改变。蒙古骑马军团创建了元朝,以蒙古军人为核心,形成了新的军功受益阶层。起源于红巾军的朱元璋集团建立了明帝国,其军功受益阶层问题,具有另一种典型性。清朝创建于八旗军团,为以满族骑兵为核心的政治军事集团,他们在帝国建立以后,转换为新的统治阶层,作为军功受益阶层持续的时间之长,甚至超过汉唐。①

---

① 李开元:《汉帝国的建立与刘邦集团:军功受益阶层研究》,生活·读书·新知三联书店,2000,第245~246页。

简单地说就是：

三国时的魏国的军功受益阶层是以中原世族为核心的曹魏集团；

吴国是以江东世族为核心的孙吴集团；

蜀国是以寒门下士为核心的刘备集团；

北宋是后周政治军事集团；

元朝是以蒙古军人为核心的蒙古骑马军团；

明朝是起源于红巾军的朱元璋集团；

清朝是以满族骑兵为核心的政治军事集团。

至于唐朝，李开元承袭的是陈寅恪的观点，认为唐朝的军功受益阶层是关陇士族集团。

很多时候，人与人共患难容易，共富贵难。患难时众人能够勠力同心，为共同的目标努力；一旦实现目标，人与人之间容易产生猜疑，进而变为争斗。早在春秋时期，大夫文种和范蠡就是很好的例子，二人辅佐越王勾践消灭吴国，使越王成为春秋末年的霸主。成就霸业后，范蠡功成身退，并告诫文种："蜚鸟尽，良弓藏；狡兔死，走狗烹。越王为人长颈鸟喙，可与共患难，不可与共乐。子何不去？"[①]文种没听，最终被勾践赐死。

文种的死显示出历史上军功受益阶层的一种结局——被诛杀。在统一王朝时代，皇权至上，皇权掌握在皇帝手里，这就使得在军功受益阶层的争斗中，功臣只能是被动的一方，被诛杀也属平常。汉初刘邦一共分封了八个异姓诸侯王，分别是燕王臧荼、韩王韩信、楚王韩信、梁王彭越、淮南王英布、燕王卢绾、赵王张敖和长沙王吴芮。在称帝以后，刘邦用了7年的时间，寻找各种借口，消灭了除地处南方、力量较小的长沙王吴芮外的其他异姓诸侯王，其中臧荼、楚王韩信、彭越、英布，皆因谋反被杀。彭越被刘邦剁成

[①] 司马迁：《史记》，中华书局，1959，第1746页。

了肉酱，分发给各诸侯；韩王韩信投降了匈奴，此后诱导了陈豨之乱，并在此次叛乱中被杀；卢绾害怕吕后，被逼谋反，后逃到了匈奴，死在那里；张敖被刘邦认定为意图谋反，被捕入狱，后因确实找不到证据而被释放，但还是难逃被贬的命运。

与刘邦杀诸侯王不同，曹操杀的大臣几乎都是名士，比较重要的有荀彧、边让、孔融、祢衡、许攸、周不疑、娄圭、崔琰、杨修等。曹操认为名士居功自傲，难以管理。

同样，与朱元璋一同打天下的功臣几乎无一幸免，牵连到不同的案件中，这些案件中比较有名的有四起：一是胡惟庸案。该案耗时十几年，诛杀3万多人，导致宰相职被废。李善长为六公之首，手握丹书铁券，受胡惟庸案牵连，被朱元璋定为谋反罪，满门抄斩。连坐至死的还有吉安侯陆仲亨、延安侯唐胜宗、平凉侯费聚。二是蓝玉案。大将军凉国公蓝玉被诬陷谋反之罪遭到诛杀，遭株连被杀者1.5万余人，开国大将冯胜被赐死。三是空印案。朱元璋将本就算不得贪赃枉法之事做成大案，诛杀数百人，其中不乏清廉好官。四是郭桓案。户部侍郎郭桓被告发私吞赋税，经朱元璋追查，六部大多数官员全是郭之同党，尽数被杀，最后六部每部只剩尚书一人、侍郎两人，同时，地方经办、富户、粮长大多被杀，此案共杀掉3万余人。朱元璋诛杀大臣的波及面十分广，可谓前无古人后无来者。

与诛杀相反，也有部分帝王能够优待那些顺从的开国功臣。汉光武帝刘秀统一天下之后，在对待功臣方面较为"厚道"，命人绘28位功臣的画像于洛阳南宫的云台，给他们丰厚的待遇，让他们能够安享太平富贵。功臣也识时务，知道刘秀想偃武修文，于是，邓禹、贾复、耿弇等人纷纷交出兵权，潜心研究儒学。王夫之曾赞叹道："光武终不任将帅以宰辅，诸将亦各安于鞿鞲而不欲与于鼎铉。呜呼，意深远矣！故三代以下，君臣交尽其美，惟东汉为盛焉。"①

宋太祖采用兵变的方式废掉了后周的皇帝,自己做了天子,改国号为宋。他担心自己的部下也采用自己曾经用过的办法对付他,就千方百计削掉重臣武将的兵权。乾德年初,宋太祖趁着与大将石守信等人喝酒,喝得正畅快时说:"我没有你们的辅佐就不会有今天,但是我做了天子感觉还不如担任节度使快乐,整夜不能睡安稳觉。"石守信等人磕头说:"如今天命已经确定,谁还敢有二心,陛下为什么说这样的话呢?"宋太祖说:"有谁不图求富贵呢,一旦有人把黄袍加在你们身上,你们即使不想做天子,也不是自己能决定的了。"石守信等人谢罪说:"我们太愚笨想不到这些,恳请陛下哀怜我们,给我们指一条出路。"宋太祖说:"人生如白驹过隙而已,你们不如多积聚些金银、购置田宅来留给子孙,多养些歌儿舞女来终享天年。我们君臣之间没有什么猜忌嫌怨,不是很好吗?"石守信等人感激地说:"陛下为我们想到了这些,真是所说的能使死人复生,能使白骨长肉啊!"第二天,石守信等人都托言有病,请求宋太祖解除他们的兵权,宋太祖准许了他们,让他们以散官的身份回家养老,给他们的赏赐非常优厚。

处置功臣的第三条途径是继续任用。唐朝的绝大多数开国功臣不仅没有遭到杀害,还在唐高祖、太宗和高宗三朝继续担任重要的职位。唐太宗贞观十七年(643年),唐太宗选出了24个功臣,命阎立本在凌烟阁内描绘其图像,这些功臣被称为"凌烟阁二十四功臣",即长孙无忌、李孝恭、杜如晦、魏徵、房玄龄、高士廉、尉迟敬德、李靖、萧瑀、段志玄、长孙顺德、刘弘基、屈突通、殷开山、柴绍、张亮、侯君集、张公谨、程知节(程咬金)、虞世南、刘政会、唐俭、李勣、秦叔宝。同样,元朝建立之初的功臣耶律楚材、张弘范、伯颜、塔海、刘秉忠等人也没有被忽必烈杀死,在

---

① 王夫之:《船山全书》第十册,岳麓书社,1986,第236页。

政权建立后还继续担任重要的官职。清朝的开国皇帝同样没有大规模杀害功臣。努尔哈赤时代的五大功臣何和礼、额亦都、费英东、安费扬古和扈尔汉均为病逝，清朝统一全国时期的主要功臣也多为病逝。

2. 对外策略的改变

通过处置功臣，各政权消除了潜在的分裂力量，有利于巩固新生的政权，然而新生政权仍然面临一个很大威胁，那就是虎视眈眈的少数民族。

汉初与匈奴和亲，对西汉而言是不得已的举措，即使如此"委曲求全"，这种和亲关系在汉武帝时期还是受到了挑战。一方面，高后、文帝和景帝时期，西汉努力维持和亲关系，给予匈奴大量馈赠，但这没有使匈奴遵守双方互不侵犯的约定，他们继续侵犯边塞，抢掠庄稼和人口。表面看来，既然已经有了约定，就应当遵守，匈奴不断违背约定，属于过错一方。其实，匈奴的劫掠有他们不得已的苦衷，这就是游牧经济的不自足性，即"游牧"本身是一种无法自足的经济活动，必须依赖包括劫掠在内的其他生计活动作为补充，这一点，人类学者王明珂曾予以揭示，"从历史与人类生态观点，'游牧'为人类利用边缘性资源环境的一种适应手段；在这种边缘环境中，人们尽可能以各种手段得到资源，甚至对外掠夺与贸易以突破本地资源边界也是他们的生存策略之一"[①]。另一方面，西汉经过七十多年的发展，社会经济有了巨大进步，下面一段话在《史记》和《汉书》中都有记载：

> 至今上即位数岁，汉兴七十余年之间，国家无事，非遇水旱之灾，民则人给家足，都鄙廪庾皆满，而府库余

[①] 王明珂：《游牧者的抉择：面对汉帝国的北亚游牧部族》，上海人民出版社，2018，第61页。

货财。京师之钱累巨万，贯朽而不可校。太仓之粟陈陈相因，充溢露积于外，至腐败不可食。众庶街巷有马，阡陌之间成群，而乘字牝者傧而不得聚会。守闾阎者食粱肉，为吏者长子孙，居官者以为姓号。①

因此汉武帝即位后，积极准备反击匈奴。自汉武帝元光二年（前133年）的马邑之谋开始，至汉武帝征和三年（前90年）发起的最后一次燕然山远征，四十余年间，汉武帝倾全国之力对匈奴发起了十余次远征，标志着汉匈关系进入了新的阶段。

汉武帝元光二年，汉朝派马邑县的聂翁壹假装违犯关禁规定，私自运送货物出边塞与匈奴进行交易，并以出卖马邑城给匈奴来引诱当时的军臣单于。单于信以为真，他贪图马邑城里的财物，就贸然率领10万骑兵入侵武州边塞。在此之前，汉朝已经在马邑旁边埋伏下30余万军队，时任御史大夫的韩安国为护军将军，率领四位将军伏击匈奴。单于率军越过边塞，在距离马邑城还有100多里地时，发现牲畜遍布四野却无人放牧。他们觉得很奇怪，就派兵攻打哨所，而此时雁门郡尉史见到匈奴入侵，就去保卫那座哨所，不幸被单于抓获。单于本想杀掉他，尉史为保命，把汉朝军队伏击的地点告诉了他，单于吃惊道："我本来就怀疑这件事有诈。"于是率军回去。单于出了边塞后说："抓到尉史是天意，上天又让尉史说出内情。"于是把尉史称作"天王"。汉将王恢率部出兵代郡，准备袭击匈奴的辎重车辆，听说单于回师，又兵强马壮，没敢出击。汉武帝因王恢主张设伏却不出击，就斩杀了他。从此之后，匈奴断绝了和亲之盟，进攻要塞，不断地侵犯和掳掠汉朝边地。从此后汉匈关系演变的角度来看，马邑之谋虽然没有成功，却揭开了汉朝反击匈奴战争的序幕。之后，双方相互攻战，匈奴屡次大规模进攻汉朝

---

① 司马迁：《史记》，中华书局，1959，第1420页。

的边郡，汉军也发动反击和进攻匈奴。在长期的战争中，影响较大的有三次战役。

第一次发生在汉武帝元朔二年（前127年）。这一年，匈奴入侵到上谷、渔阳一带，汉武帝派车骑将军卫青领兵从云中出发，沿黄河北岸迂回至陇西（郡治狄道，今甘肃临洮），夺取河南地，解除了匈奴对长安的直接威胁。随后，汉朝在占领地设置朔方、五原募民10万徙居其地，又重新修复了秦朝时所筑的边塞。

第二次发生在汉武帝元狩二年（前121年）。这一年，汉武帝命骠骑将军霍去病率兵远征。霍去病从陇西出发，越过焉支山1000多里，斩杀匈奴的两个王，俘虏了浑邪王子及相国、都尉等大小首领，缴获了休屠王的祭天金人。同年夏天，他又从北地出兵，越居延泽，南下祁连山，俘获3万多匈奴人。在汉军的频繁打击下，匈奴统治阶层发生内讧，浑邪王在杀死休屠王后，率领4万多部下投降汉朝。汉朝陆续设置武威、张掖、酒泉、敦煌四郡，称为河西四郡。河西四郡的设置具有重要的战略意义，不仅把匈奴与羌人隔绝开来，而且打通了汉朝通往西域的道路，最终迫使单于王庭向北迁徙。

第三次发生在汉武帝元狩四年（前119年）。这一年，卫青和霍去病再次率军出征，共率骑兵24万、步兵和转运者数十万，分成东、西两路直奔漠北，追击匈奴。西路军由卫青率领，从定襄出发，在漠北击溃单于的主力，迫使单于率残部逃向西北，汉朝军队在向北到达寘颜山赵信城后班师回朝；东路军由霍去病率领，从代郡出发，跨过边塞2000多里与匈奴的左屠耆王交战，俘虏7万多人，在到达狼居胥山、临瀚海后班师回朝。这次战役后，匈奴主力被迫向西远遁，漠南无王庭。①

唐初的历史与汉初有很多相似之处，两者都一度囿于实力和形

---

① 赵毅、赵轶峰主编：《中国古代史》（上册），高等教育出版社，2010，第236~237页。

势而不得不与少数民族议和，也都在稳定国内秩序之后展开反击。便桥会盟后不久，东突厥内部出现分裂。反对派不满意颉利可汗的改革措施，与他决裂，另立可汗；这时又发生严重的自然灾害，东突厥的牲畜多被冻死和饿死。在东突厥势力衰弱的同时，唐朝则呈现相反的景象：政局稳定，社会元气恢复，经济得到发展。为了提高军队的战斗力以对付东突厥，唐太宗甚至允许士卒在显德殿内训练，显德殿是太宗当年即位的宫殿，如今用来训练士卒，无疑表达出唐太宗战胜东突厥的决心。与此同时，唐朝还获得恒安和朔方等地，可以作为进攻的基地，这些因素表明唐朝反击东突厥的时机已经成熟了。

唐太宗贞观四年（630年）春，唐太宗派李靖率领3000精锐骑兵，从马邑出发，进驻恶阳岭，并于当天夜里突袭定襄城，大获全胜。突厥的颉利可汗没想到李靖出兵如此迅速，惊讶地说："唐朝并没有派全国兵力来，李靖一个人怎么敢孤军深入到这里？"突厥兵一天之内受到几次惊吓，不得不将牙帐迁移至碛口一带。这时，李靖又使用离间计，派间谍离间颉利可汗的心腹，颉利可汗的亲信康苏密带着隋朝的萧后和隋炀帝的孙子杨政道投降。颉利可汗看到形势不利，偷偷地撤退。李靖攻下定襄，唐太宗十分高兴地说："从前汉朝李陵带兵5000，结果不幸被匈奴所俘虏；现在你以3000轻骑深入敌人后方，克服定襄，威震北方，这是自古以来少有的盛事啊！"

另一边，颉利可汗兵败后逃窜到铁山，残余的兵力尚有数万人。面对困境，他派执失思力谒见唐太宗，请求当面谢罪，举国归顺。唐太宗派鸿胪寺卿唐俭等人进行抚慰，又派李靖率兵迎接。当时颉利可汗虽然外表谦卑，但心里还有疑虑，企图想等到草青马肥的时候逃回到漠北，重整旗鼓，与唐朝决战。李靖率兵与李勣在白道会合，相互谋划："颉利可汗虽然被打败，但还有很强的战斗力，如果走碛北一带，那里有颉利可汗可以依靠旧部族，而且道路阻隔遥远，恐怕一时追不上。现在朝廷的使节已经到了东突厥营地，颉利可汗会感觉宽慰，我们这时挑选1万精兵，带着20天粮草进行袭击，可以不战而胜擒获他。"两人将他们的计谋告诉行军副总管张公瑾，张公瑾说："皇上已下诏接受他们的投降，大唐的使者还在对方营帐，你们不能进攻！"李靖回答说："当年韩信就是靠偷袭打败齐国的！"于是李靖率兵夜间出发，李勣紧随其后。唐军在阴山遭遇了突厥军队并将他们全部俘获。李靖又派武邑人苏定方率领200名骑兵作为前锋，以大雾作掩护秘密行军，在距离突厥牙帐只有7里时才被发现。一番交战后，颉利可汗骑着千里马逃走。李靖率大军赶到后，突厥顿时溃败，唐俭也及时脱身返回。在这次战役中，唐军杀死1万多突厥兵，俘虏十余万男女，获得数十万头牲畜，并斩杀隋朝时嫁给东突厥首领启民可汗的隋义成公主，俘虏她的儿子叠罗施。颉利可汗率领1万多人想要渡过沙漠，但碛口被李勣军队守住，颉利可汗通过不了，于是举众降唐，李勣俘虏5万多人还朝。唐太宗并没有杀死俘虏，而是在东突厥原地设立了都督府，让突厥贵族担任都督，由他们管理突厥各部。

史载唐高祖李渊听说擒获颉利可汗后，感慨地说："昔年汉高祖被围困在白登上不能报仇雪耻，今天我的孩子能消灭东突厥，可见我托付对了人，今后我没什么值得担心的了！"

不仅汉、唐反击过少数民族，中国历史上的大一统王朝都不会长期容忍少数民族带来的威胁，它们之间的区别主要在于有没有反击的实力，北宋没有，偏安一隅的南宋也没有，所以经常与少数民族议和；明朝有，就进行反击。明朝建立之后，元朝并不甘心统治的结束，元顺帝逃回草原后，仍然觊觎着内地，时不时地派兵侵扰边境。明洪武三年（1370年），为了解决蒙古问题，朱元璋开始派兵征伐，历时20多年，前后发动了多次大规模进攻，最重大的一次发生在明洪武二十一年（1388年），这次征伐将元朝的残余势力彻底清除。洪武二十年（1387年）九月底，朱元璋为肃清北元势力，命永昌侯蓝玉为征虏大将军，延安侯唐胜宗、武定侯郭英为左右副将军，都督佥事耿忠、孙恪为左右参将，率领15万大军北征。军队出了大宁来到庆州时，蓝玉通过谍报知道元帝在捕鱼儿海，就率军走小路，进军至百眼井。然而在距离捕鱼儿海还有40里地时，蓝玉没有见到元兵，打算撤回去，定远侯王弼提议道："我们率军10万多进入漠北腹地却一无所得，现在匆忙撤兵，如何向皇上复命？"蓝玉认为他说得有道理，就让将士们在地下挖洞做饭，但不能露出炊烟和火光来。他又趁着夜晚来到捕鱼儿海的南边，发现元兵的军营在距离捕鱼儿海80多里的东北方。蓝玉于是任命王弼为前锋，率精骑直捣其营。北元毫无准备，正欲北行，忽闻明朝大军已至，其太尉仓促率众迎战，被明军击败，数十人战死，余众投降。脱古思帖木儿与太子天保奴、知院捏怯来、丞相失烈门等数十骑遁去。蓝玉率精骑追击千余里，不及而还，后追获吴王朵儿只、代王达里麻及平章以下官属3000人、男女7.7万余人，以及宝玺、符敕、金银印信等物品，马、驼、牛、羊15万余头，并焚毁其蓄积无数，于是凯旋班师。

四、改革取向与王朝性格的塑造

性格是人的个性中的核心成分，是一个人在对现实稳定态度和习惯化的行为方式中所表现出来的心理特征。人与人性格互有差异，在现实中很难找到性格完全相同的两个人，正如《左传·襄公三十一年》记载子产的话说："人心之不同，如其面焉，吾岂敢谓子面如吾面乎？"中国历史上存续时间超过百年的王朝，如汉、唐、宋、明、清等，也都有不同于其他王朝的特点，这种特点被称为王朝性格。王朝性格的形成，与开国君主本人的经历及其具有的改革精神和政策取向密不可分，北宋和明初尤为典型。

1. 宋初改革与北宋的文弱

北宋留给后人的印象是软弱，或者说文弱，在面对辽、金和西夏等少数民族时，不是打败仗，就是签订代价昂贵的"不平等"和议，不仅需付出大量的物质利益，有时在政治地位上也会低对方一等。这种性格的形成与开国君主宋太祖对前朝政治的改革取向有相当大的关系。

北宋的建立是通过相对和平的方式实现的。五代后周显德七年（960年），朝廷接到镇守北方的镇、定守将报告，称契丹与北汉联合入侵，请求朝廷派兵增援。宰相范质等人没有分辨真假，匆忙之下决定派遣殿前都点检赵匡胤率军御敌。赵匡胤率军行至都城开封东北40里的陈桥驿时，其弟赵匡义和幕僚赵普发动兵变，拥立赵匡胤为天子，把事先准备好的黄袍披在他身上，此即陈桥兵变。兵变之后，赵匡胤没有继续北上，而是率军返回开封。翰林学士陶谷拿出事先准备好的诏书，宣布后周恭帝柴宗训禅位给赵匡胤。由于赵匡胤曾经担任节度使的归德军治所为宋州，故改国号为宋。北宋的建立在于赵匡胤控制了兵权，他担任的殿前都点检是禁军的最高长官，这一任职经历既是赵匡胤立国的前提，也使他对武将保持警惕之心，担心有一天他们会重复自己的路子，夺取北宋政权。

北宋虽然不是直接承继唐朝而来的，但唐朝中期之后藩镇割据的局面和五代政权因武力而不断变换的现实，使得北宋立国后大力进行了一系列反其道而行之的政治改革，"兴文教，抑武事"，崇尚文治，提倡读书。赵匡胤即位后自己手不释卷，还经常督促文武大臣们读书。宋太祖乾德三年（965年），宋太祖在宫中看到一面有乾德四年款的铜镜，迷惑不解，文臣窦仪告诉他这是后蜀之物，后蜀也曾经用过乾德年号。宋太祖感慨道："宰相须用读书人。"[①]大臣赵普跟随宋太祖多年，颇受倚重，由于读书不多，在宋太祖的

[①] 李焘：《续资治通鉴长编》，上海古籍出版社，1986，第65页。

劝说下，赵普每天退朝后都读书至深夜，第二天处理起政事来如行云流水般迅速。赵普去世后，他的家人在他的书箱里还发现了《论语》。宋太祖还立下"家法"，要求子孙不得诛杀士大夫和言官，后来宋朝的皇帝确实遵守了这个"家法"，所以后来清代学者王夫之称"终宋之世，文臣无欧刀之辟"[1]。这与唐末和五代时期士大夫斯文扫地有天壤之别。

在宋太祖轻武重文的政策下，北宋社会风气有了极大的转变，一批学有专长和精于治道的文臣致力于社会的稳定和恢复。《宋史》评价说："自古创业垂统之君，即其一时之好尚，而一代之规橅，可以豫知矣。艺祖革命，首用文吏而夺武臣之权，宋之尚文，端本乎此。"此后，文臣的地位在继任君主宋太宗时进一步提高，文臣成为政事堂和枢密院长官的主要人选，太宗先后任命的9名宰相全部是文官，其中科举出身的6名；文臣占据了从枢密使到军队高中级将领的大部分职位，尤其是枢密使一职，只在个别情形下由武官出任。正副枢密使35人，其中文官21人。可以说，宋太祖鉴于唐末五代武将跋扈的教训而采取的"相反"改革措施，有效地牵制和遏抑了武将势力，不过他对文官的重视及倚重，在一定程度上又走向另一个极端，导致北宋的文弱取向。

2. 明初改革与明朝的内敛

美籍华裔学者黄仁宇在他的作品《中国大历史》中，把明朝历史分为两部分叙述，分别是"明朝：一个内向和非竞争性的国家"和"晚明：一个停滞但注重内省的时代"。由于是粗线条叙述和评论，这样的划分自然有争议之处，但用"内向"或者"内敛"来形容明初的历史颇为合适。

中国主要统一朝代的创立者中，朱元璋的出身算是低的。汉高祖刘邦是泗水的亭长，职位虽然不高，但属于基层官吏；光武帝刘

---

[1] 王夫之：《宋论》，中华书局，2002，第6页。

秀是刘邦九世孙，也是汉景帝之子长沙定王刘发的后裔；唐朝的建立者李渊出身北周关陇贵族家庭，袭封唐国公；宋太祖赵匡胤是后周护圣都指挥使赵弘殷次子，登基前任殿前都点检，是禁军最高统帅。与他们相比，朱元璋早期生活可能非常艰苦："公元1344年，旱灾与饥荒降临到他的故乡时，数星期之内父母和长兄相继去世。当时其无资财购置棺椁，朱元璋和他另一位弟兄只好自己动手将父母与长兄草草掩埋，自此各奔前程。这位明朝的始祖，初时在一所庙宇内做徒弟，任杂役，当时尚未满16岁。不久之后，他成为一个行脚僧，在淮河流域中靠乞食为生。"[1]朱元璋早年在民间的经历可能限制了他的视野和格局，使得明初政治改革与政治设计中呈现出较强的内敛取向，内部表现为组织结构简化以便于皇权更为集中，外部表现为封闭国门与世隔绝。

对内方面，明初的行政机构沿袭元朝的制度，又有所改变，总的倾向是强化皇权，保证皇帝的独裁。明初在中央置中书省，中书省设左、右丞相，统率百官，总管天下政事，对政务有决断权，只对皇帝负责；下辖六部，承办具体事宜。在地方上设行中书省，主管一省的军政、民政和财政大权。但朱元璋很快意识到行中书省的权力过大，决心加以改革。明洪武九年（1376年），他把行中书省改为承宣布政使司，设布政使掌管民政和财政，设提刑按察使司掌管刑法，设都指挥使司掌管军事，三者合称三司，互不统属，分别归中央相关部门管辖。废除行中书省后，对地方的控制权集中于中书省，中书省的权力增大。当时左丞相胡惟庸与朱元璋矛盾尖锐。1380年，朱元璋以谋反罪为名，"诛丞相胡惟庸，遂罢中书省"，政归六部。同时提高六部权力，六部尚书直接执行

---

[1] 黄仁宇：《中国大历史》，生活·读书·新知三联书店，1997，第178页。

皇帝的命令，对皇帝负责。1395年他又宣布，"国家罢丞相，设府、部、院、寺以分理庶务，立法至为详善。以后嗣君，其毋得议置丞相。臣下有奏请设立者，论以极刑"①。这样，秦汉以来使用了1000余年的宰相制度从此被废除，皇帝直接管理六部。为强化皇帝对国家的全面控制，朱元璋特设锦衣卫，除负责皇宫侍卫，察访盗贼奸宄之外，还执掌以皇帝之名处理的"诏狱"。各地重罪逮问京师，不由法司而由锦衣卫的北镇抚司审理。这种制度以特务政治强化皇权专制主义，并使常规司法监察系统受到干扰破坏。对外方面，朱元璋似乎下定决心固守中原王朝传统的疆域，没有更大的领土诉求，宣布明朝永不征伐15个国家。这些国家位于明朝的东北、东南、南方和西南，在北方，则修建稳固的长城，把明朝与少数民族隔绝开来。

一切安排就绪后，朱元璋还不放心，于明洪武二十八年（1395年）颁布《皇明祖训》，敕谕礼部臣下说：

> 自古国家建立法制，皆在始受命之君。以后子孙，不过遵守成法以安天下。盖创业之君，起自厕微，备历世故艰难，周知人情善恶。恐后世守成之君，生长深宫，未谙世故；山林初出之士，自矜已长，至有奸贼之臣，徇权利，作聪明，上不能察而信任之，变更祖法，以败乱国家，贻害天下。故日夜精思，立法垂后，永为不刊之典。……即位以来，劳神焦思，定立制法，革胡元弊政，至于开导后世，复为《祖训》一编，立为家法，俾子孙世世守之。尔礼部其以朕祖训颁行天下诸司，使知朕立法垂后之意，永为遵守。后世敢有言改更改祖法者，即以奸臣论，无赦。

---

① 张廷玉等：《明史》，中华书局，1974，第1733页。

从中可见，朱元璋不仅对自己确立的制度信心满满，还严禁后世子孙修改，不惜"以奸臣论"。而他所确立的内外政策，"革胡元弊政"，则属于反改革范畴，就此奠定明初的内敛趋向。

第四章 内部危机时的改革

历史上的王朝在刚刚建立时，以帝王为首的统治阶层大多兢兢业业，采取的改革措施也能切中时弊，社会经济发展较为迅速，有的王朝还出现治世或盛世，例如后世所称赞的汉朝的文景之治，唐朝的贞观之治、开元盛世，明朝的仁宣之治和清朝的康乾盛世等。除了治世或盛世，人们还用"中兴"一词来形容王朝由衰微而复兴，如昭宣中兴、光武中兴、元和中兴、弘治中兴和同光中兴等。"中兴"，南宋王观国在其《学林·中兴》中解释说："中兴者，在一世之间，因王道衰而有能复兴者，斯谓之中兴。"透露出"中兴"之前王朝曾出现问题和危机，这是任何王朝在其政权稳定后的发展过程中无可避免的现象。危机解决的主要途径就是改革，具备充分的改革精神，全力推进改革，王朝会进入新的发展阶段，出现中兴局面；改革精神缺失，改革乏力或不再改革，危机就会积累和蔓延，导致亡国，秦二世而亡、西晋二世"八王之乱"后迅速灭亡，就是例子。

一、王朝赓续中的危机呼唤改革

当代作家柏杨在他的历史作品《中国人史纲》中总结出了王朝

发展中的一个"历史定律",大意是说,王朝政权传承到第二或第三代,普遍会遇到发展瓶颈,或者说瓶颈危机。这时,如果高层统治者具有高超的智慧和能力,就能延续王朝的统治,使其进入较长的稳定期,否则就会前功尽弃,甚至可能导致王朝瓦解。①

这个定律是否适用于所有朝代,读者自然可以根据历史进行验证。柏杨所说的"瓶颈",的确是很多王朝建立后不久就面临过的。或许,用"危机"一词来表述更合适。

新王朝刚刚建立时,总是让人充满期待,当时的君臣也能励精图治,然而到了中期,危机还是"如约而至",表现为土地兼并加剧、政治衰败和农民负担沉重等。

1. 土地兼并加剧要求地权改革

《汉书·食货志》称:"理民之道,地著为本。"土地对于百姓维持生活和国家征收赋税的重要性,无须多言。人人有田可耕是自古以来中国农民的共同理想,也是历代王朝土地政策的出发点,西汉的限田、西晋的占田、北魏和隋唐的均田,目的都是为此;人人有田可耕也是诸多农民起义的口号,李自成的均田免粮、太平天国的有田同耕,目的也是为此。既然朝廷和百姓都想实现这一理想,那为什么在王朝发展过程中,总会出现大批失去土地和占有大批土地的人,即土地兼并现象?

在西汉思想家董仲舒看来,秦朝存在的土地兼并问题被汉朝延续,在汉武帝时不断加剧,致使社会分裂为"富者"和"贫者"两个阶层,他们的生活和地位截然不同:秦朝继续实行商鞅变法时制定的法制,改变了自古以来的制度,废除井田制,让百姓自由买卖土地,致使富有者田地纵横交错,贫困者却连放下锥子的地方都没有。富有者霸占河流大湖的利益,山地森林富饶,恣意放纵,超越制度的限制,相互攀比奢侈;在县邑中的富豪享有君王般的尊贵,

---

① 柏杨:《中国人史纲》(上),时代文艺出版社,1987,第93~94页。

在乡里的则有公侯般的富有，在这种情况下，弱小的百姓怎么能不穷困？他们连年累月轮流服兵役，服完兵役后又为中都官服役一年，驻守边境一年，承受的劳役是古代的三十倍，而缴纳的田租、口赋以及盐铁税是古代的二十倍。没有土地的人被迫为豪族耕种，缴纳的税高达百分之五十，贫困者常常穿着牛马一样的衣服，吃着猪狗一样的食物。再加上贪婪暴虐的官吏随意加重刑戮，导致百姓生活没有指望，只有逃亡山林变成盗贼，因此囚犯占了一半道路。汉朝建立后，这种局面并没有改变。

董仲舒开出的方子也很有针对性，"限民名田，以赡不足，塞并兼之路。盐铁皆归于民。去奴婢，除专杀之威。薄赋敛，省徭役，以宽民力。然后可善治也"①。用一句话来概括就是"反其道而行之"。问题是怎么执行。"民"既包括官员和地主，也包括老百姓，不同阶层的人该占有多少土地、占有土地的标准是什么，这些显然不是董仲舒能够全盘谋划的。

董仲舒看到了汉初延续秦朝土地兼并带来的恶果，此后的王朝如果对这个问题置若罔闻，就会重蹈汉初的覆辙。北宋开国之后，在土地问题上有两个特点：一是"田制不立"，即不确定土地制度，没有明确土地所有权，也没对土地实行严格管理；二是"不抑兼并"，即对土地交易放任不管，只要"符合"法律，缴纳土地税，即可进行买卖，没有规定统治阶层占田的上限，也没有保证百姓占田的下限。这使得土地兼并问题到第二任皇帝宋太宗时已经非常严重，"富者弥望之田，贫者无卓锥之地。有力者无田可种，有田者无力可耕"②。至第四任皇帝宋仁宗时，更是"势官富姓，占田无限，兼并冒伪，习以成俗，重禁莫能止焉"③。再到第五任皇帝宋

---

① 班固：《汉书》，中华书局，1962，第1137页。
② 李焘：《续资治通鉴长编》，上海古籍出版社，1986，第237页。
③ 脱脱等：《宋史》，中华书局，1977，第4164页。

英宗时，全国土地的三分之二已经集中在官户、形势户（官僚、豪绅大地主）和寺观户（僧侣、道士地主）手中，普通百姓纷纷因失去土地而破产，沦为各类地主的佃户，遭受沉重的剥削和压迫。到王安石变法前，全国耕地的七成以上集中在地主手里，土地重新分配已刻不容缓。

不独北宋，明朝发展到中期时的土地兼并问题也很严重。不同于北宋形势户和寺观户同时瓜分土地的现象，明朝较为突出的特点是权势阶层，包括皇帝、功臣、贵戚和太监利用手中的政治特权，以钦赐、投献以及买卖等手段，以庄田为表现，占有和夺取大量土地。明朝庄田种类很多，名目与权势阶层相对应，有皇家庄田、诸王庄田、公主庄田、勋戚庄田、大臣庄田、中官庄田等。皇家庄田方面：早在第四任皇帝洪熙时期，明朝就有了仁寿、清宁、未央等皇家庄田。成化年间，以抄没宦官曹吉祥的土地建立皇家庄田，《明史·食货志》把它视为明朝建立皇家庄田的开始。弘治年间，仅畿内皇家庄田就有五处，占地达1.28万顷。正德皇帝即位后，一个月间就新立皇家庄田七处。诸王庄田方面：天顺时，为诸王建立庄田，占地庞大，如景王朱载圳在今湖南和湖北等地霸占了几万顷山田。勋戚庄田方面：有功勋的皇亲国戚通过向皇帝乞请和占夺小民土地而占有愈来愈多的土地。外戚王源一开始受赐土地27顷，后来让他的家奴树立四至，四至内的土地达2200顷。据统计，仅北京附近的庄田就已经占田20万余顷。大臣庄田方面：严嵩、徐阶和董其昌是其中的代表。权臣严嵩是江西人，他不仅在其家乡大肆"购买"良田，涉及江西好几个郡，又在南京和扬州等地置办了几十处良田美宅。中官庄田方面：宦官凭借皇帝权势巧取豪夺。成化时，宦官汪直占有宝坻县七里海荒地2万多顷；正德时，宦官刘瑾唆使皇帝设立皇家庄田，自己从中牟利，在天津附近强占田地1000余顷，甚至连淳安大长公主在崇文门外的庄田也被他侵占。一些地方豪强多侵凌军民，强夺田亩，河南地区尤为严重，当地的官宦人家以拥有的田屋数量攀比，多的达1000顷，即使少的也有几百顷，河南可谓明朝中后期社会矛盾最为严重的区域之一，在此发生农民起义也在意料之中。

土地兼并确实是诸多王朝发展到中期面临的一大危机，这一问题不仅在中国存在，也存在于其他文明古国。在埃及的古王国时期，国王、神庙和官僚贵族等阶层同样占有大量土地。《帕勒摩石碑》（埃及现存年代最久的石碑）上记载，国王一次就把1700多斯塔特（1斯塔特相当于2375平方米）耕地赠给神庙，大官梅腾至少拥有260斯塔特耕地，诺马尔赫伊比不仅自己占有大量土地，还得到国王赏赐给他的203斯塔特土地。[①]关于出现土地兼并，无论是延续前朝的政策还是执行本朝的政策，都只是表层原因，深层次的原因是土地买卖。

在人类发展史上，土地买卖很早就出现了。早在两河流域的苏美尔早王朝时期，农村公社的土地就是可以买卖的，这已经距今4000多年了。早王朝中、后期许多与经济相关的文献都记载有贵族兼并普通公民土地的情况。其中一件文书记载，拉伽什（两河流域的城邦）王恩赫加尔曾购买了150布耳（合952.5公顷）的土地；而根据苏鲁帕克城邦一件关于土地买卖文书的记载可知，一位公民出售过2甘（约合0.7公顷）土地。这些文献中涉及土地买卖的面积不同，但已经明确表明土地买卖比较普遍。对公社成员而言，失去土地也就相当于失去了公民身份，因此他们中有的人不得不依附神庙或世俗贵族，有的则沦为奴隶，甚至还有的将整个家族（或家庭）交给债权人抵债。在中国，战国之前的土地在名义上属于周天子所有，各级分封者只有使用权；战国中期以后，诸侯国纷纷开始变法，承认土地私有。从那时起到新中国成立，土地在现

[①] 吴于廑、齐世荣主编：《世界史：古代史编》（上卷），高等教育出版社，2011，第27页。

实中可以买卖。现实中的土地买卖存在两种情况：一种是明令禁止但事实上存在，另一种是有条件地允许。

其实，历代王朝不是不知道土地买卖容易导致土地兼并，有时还针对土地兼并采取过严厉措施。西汉后期，社会问题丛生，其中的两大弊端是土地问题和奴婢问题。王莽建立新朝后，针对两者做出规定："今更名天下田曰'王田'，奴婢曰'私属'，皆不得卖买。其男口不盈八，而田过一井者，分余田予九族邻里乡党。故无田，今当受田者，如制度。"[①]规定很严格，但现实中却没有得到贯彻执行：上自诸侯公卿下至平民百姓，买卖土地和奴婢的人太多了，触犯规定的人数不胜数，因此三年后，王莽又下令可以买卖王田和私属，不要按照法律拘捕买卖者。

王莽土地改革的失败表明：以雷厉风行的高压态势禁止所有土地买卖的措施，难以适用于千差万别的社会现实。毕竟，按照规定人人都有地可耕，却不是人人都能耕种，如何在二者之间找到平衡点，才是执行规定的前提。

这个平衡点，北魏想找到。北魏孝文帝太和九年（485年），北魏推行均田制，对授田对象及种类做出如下规定：第一，对庶民而言，年满15岁的男子授田有两部分。一是露田，用来种植谷物，每人40亩，女子减半；由于露田是无主荒地，需要休耕轮作，所以加倍授给，又称倍田。二是桑田，用来种植桑、枣树和榆树等；不适合种桑的地区则授予麻田，男子每人10亩，女子减半。第二，对奴婢而言，授田与良人相同，每头耕牛授田30亩，限4头。第三，对官员而言，各级官吏按官职高低授给多少不等的公田，即职分田，刺史15顷，太守10顷，治中、别驾各8顷，县令、郡丞各6顷。上述种类中，露田不得买卖，受田者去世或年满70岁，必须把所授露田归还官府；桑田归个人所有，无须还给官府，在一定条件下可以买

[①] 班固：《汉书》，中华书局，1962，第4111页。

卖，即超过应授额部分的可以出卖，不足应授额度的可以买足，但公田不允许买卖。可见，均田制既想控制土地买卖，又为土地买卖留下空间。

这个空间，一直保留到唐朝的均田制中，还有所扩大。唐高祖武德七年（624年），颁布田令，继续推行均田制。唐初均田制与北魏相比，有继承，也有变化。第一，对庶民而言，授田同样包括口分田和永业田两部分，百姓中男及丁男每人受口分田80亩，永业田20亩；老男、笃疾、废疾受口分田40亩；寡妻妾受口分田30亩，如为户主另受20亩永业田；杂户受田同于百姓；工商、官户受田减半；僧道给田30亩，尼（尼姑）冠（女道士）20亩；一般妇女、部曲、奴婢不受田。第二，对官吏而言，授田包括永业田和职分田。授予的永业田，亲王达百顷之多，职事官正一品60顷，从五品也达5顷，最低一级的云骑尉、武骑尉授60亩。授予的职分田，京官文武职事，一品12顷，九品2顷，在距离京城百里以内分给。京兆、河南府及京县官员职分田亦按此办理。诸州及都护府、亲王府官员，二品12顷，九品2顷50亩。职分田由所在官府租给百姓，百姓按定额将收获物转送给职官本人，不直接分给职官及其家属。在这些类型的土地中，首先，庶民的永业田和口分田都可以有条件地买卖：允许无力丧葬的百姓卖永业田，允许主动由狭乡迁往宽乡的百姓卖口分田，还允许卖口分田以充住宅等用。其次，贵族官僚的永业田和赐田都以买卖。再次，土地买卖的规定更加严格：买地者，所买数量不得超过应授的定额，出卖者不得再申请授田；凡买卖均须经官府批准，并颁发凭证。

综上而言，土地兼并是历代王朝在发展过程中或多或少、或轻或重面临的一大危机，也是引发次生危机的一大根源。出现土地兼并的原因，有时是王朝政策所致，更多的时候是土地制度本身的漏洞所致——既限制土地买卖，又为土地买卖留下空间，而这反噬了土地制度本身。

2. 政治衰败凸显要求行政改革

观察各朝实施的土地制度可以发现,制度的有效性是有前提条件的,如均田制的前提条件就是国家掌握大量无主荒地可供分配、人口数量维持在较低水准,以及强有力推行制度的政权。前两个条件往往由战乱造成,王朝初期一般是土地制度能够发挥积极作用的时期。随着王朝政权稳定和发展,朝廷所掌握的可供分配的土地越来越少,人口数量反而越来越多,土地制度的废弛在所难免。更重要的是,王朝政治会出现危机,无力确保土地制度的推行。

王朝中期的政治危机首先体现在帝王的倦怠上。中国古代不乏勤勉的帝王,像秦始皇为了充分行使最高权力,每天都在夜以继日地拼命操劳,白天断案,晚上批公文。他还给自己定了量,每天不批完一石公文(一石为120斤)绝不休息。清朝的雍正帝在位13年,每天睡眠时间只有两个时辰,留存下来的奏折上面,有的批示高达上千字。雍正帝在小事上也亲力亲为,御膳房买什么菜、做什么菜,都要了解得明明白白。随着王朝发展进入稳定期,继任的帝王未必像秦始皇和雍正帝那样勤勉。

《老子》第六十四章:"慎终如始,则无败事。"无论做人还是做事,能够在结束的时候依旧保持像开始时那样的心态,没有做不好的。人人都明白道理,做起来却难。李世民当了皇帝后,问身边大臣:"创业与守成哪个更艰难?"大臣房玄龄说:"国家开创的时候,群雄竞起,只有击败他们,才能让他们投降屈服,这样看来,是创业更艰难。"魏徵却说:"帝王兴起的时候,一定是在前朝衰乱的时候,打败昏君的明主,都是上天授予的。但得了天下之后,容易骄奢淫逸。老百姓想过几天安生日子,但是徭役很重,世道很乱。如果让其继续乱下去,过不了多久,国家就会衰败,所以守成难。"唐太宗说:"房玄龄与我出生入死,共同打下江山,所以更体会到创业的艰难。魏徵与我共同安定天下,常常担心富贵而导致骄奢,忘乎所以而产生祸乱,所以懂得守成更难。然而创业的艰难已经过去，现在需要慎重对待守成。"从唐太宗执政前期看，确实能做到从谏如流，他被后世奉为楷模。然而到了晚年，他为自己创下的功绩陶醉，被歌功颂德的阿谀之言包围，导致谏诤销声匿迹。谏臣刘洎位至门下省侍中，经常直言劝谏。唐太宗曾经对大臣说："臣子侍奉君王的时候往往不敢违背君王的旨意，多方说好话取悦君王。我如今让你们进谏，是想知道自己的过失，而不是听你们一味地说好话。"长孙无忌、李勣和杨师道等都说："陛下圣明，天下太平，我们没发现什么过失。"刘洎却回答说："陛下固然圣明，确实如长孙无忌等人所说。可是陛下最近对于上奏的人，不合乎心意就严加斥责，使他们羞愧而下，这不是鼓励进谏的方法。"唐太宗说："你的话很正确，我应当改正。"贞观十九年（645年），唐太宗从辽东返回后，向定州出发，路上病得厉害，刘洎和中书令马周前去觐见。出来后，褚遂良向他们问起唐太宗的生活起居，刘洎悲伤地说："皇上患上严重的痈症，情况很不乐观。"褚遂良却改变刘洎的原意，诬陷他说："刘洎说国家的事情不值得忧虑，我们应当辅佐少主，借鉴商朝的伊尹和汉朝的霍光，诛杀有不同意见的大臣，国家自然就安定了。"唐太宗病好后，就问刘洎缘故，刘洎进行了解释，又转述了马周的话证明自己。唐太宗又询问马周，虽然马周的回答与刘洎所述一模一样，证明褚遂良属于诬陷，但褚遂良一口咬定刘洎有异心，于是唐太宗赐刘洎自杀。对于此事，《新唐书·刘洎传》评论道："呜呼！以太宗之明，蔽于所怨，洎之忠不能自申于上，况其下哉？古人以言为戒，可不慎欤！"刘洎作为谏官而落得如此下场，与唐太宗在位前期"虚己纳下"的胸襟形成鲜明对比。

　　唐玄宗登基后，先后任命姚崇、宋璟、张嘉贞和张九龄等人为宰相，改革弊政，励精图治，使唐朝社会经济有了较大发展，进入全盛时期。但到了天宝年间，唐玄宗已不再像以前那样关心政事，意志逐渐消沉，沉湎于安逸享乐。朝政上，李林甫凭借阿谀逢迎的本领取得玄宗的信任，在开元末年排挤宰相张九龄，独揽朝政，贬斥进谏者，致使群臣不敢进谏。李林甫之后，杨国忠为相，倚仗杨贵妃，气焰熏天，除宰相外还兼有四十余职，随意发号施令，处理政事，排挤朝中干济之才。生活中，天宝四载（745年），唐玄宗纳杨玉环为贵妃，视金钱如粪土，在赏赐宠信之家时毫无节制。①地方吏治日益败坏，官吏们苛剥百姓，以供皇帝奢侈之费。最终爆发了安史之乱，形成藩镇割据局面，使唐朝走向衰落。

中国自秦汉以后，皇帝在法统上唯我独尊，执掌着国家最高权力。但总有例外，许多皇帝无法有效行使皇权，如年龄太小的皇帝。据统计，中国历史上10岁以下登基的皇帝有20多个，年龄最小的是东汉殇帝，刚出生100天就被立为皇帝，7个多月后去世；东汉冲帝、东晋穆帝2岁登基，北魏孝文帝和清宣统帝3岁登基，光绪帝4岁当皇帝，东晋成帝、北魏孝明帝、南宋恭帝、清顺治帝和同治帝6岁为帝，后周恭帝、元宁宗7岁称帝，西汉昭帝、东汉质帝、三国吴废帝、清康熙帝等8岁称帝，西汉平帝等9岁登基，东汉和帝等10岁登基。很难想象这些儿童皇帝能够正确发号施令。

皇帝无法有效行使权力，必然导致皇权的衰落和旁落。衰落与旁落的含义略有不同，皇权是衰落还是旁落，就要看皇帝的指令——无论是他本人发出还是以他本人名义发出，能否贯彻下去，贯彻到什么程度。如果指令无法贯彻，那就是衰落，如在唐朝后期的藩镇割据局面中，皇帝命令很难被地方执行，这属于皇权衰落；而在皇权旁落状态下，不论此指令的发出者为宦官、权臣还是外戚等，只要以皇权名义发出且得到贯彻，则属于旁落。阎步克说过，"宦官、外戚专政并不说明皇权衰落，还是看成皇权的旁落为

---

① 司马光：《资治通鉴》，上海古籍出版社，2017，第2426页。

好"①。皇权旁落在宦官手里，就会形成宦官专权，是为王朝发展到中期时出现政治危机的第二个体现。

唐文宗李昂是唐朝的第十五任皇帝。他在位前期，励精图治，释放宫女和五坊鹰犬，裁撤冗官，颇有一番作为。当时最突出也是最为棘手的问题就是宦官。为此，他与宰相宋申锡谋划诛杀宦官，因泄露而失败；唐文宗大和九年（835年），他又任用李训、郑注等官员，先是毒死大宦官王守澄，后又发动甘露之变，企图一举消灭宦官。事情失败后，唐文宗反被软禁起来，无法亲政，抑郁成症。唐文宗开成四年（839年）十一月二十七日，他病情稍有好转，在思政殿召见翰林院值班学士周墀，赐给他酒，问道："我可以和前代的哪些帝王相比？"周墀回答说："陛下是像尧、舜一样的帝王。"唐文宗说："我怎么敢和尧、舜相比！我的意思是我是否比得上周赧王和汉献帝？"周赧王是周朝的最后一任天子，他去世后，周亡于秦国；汉献帝是东汉最后一任皇帝，在位期间，禅位给曹丕，即后来的魏文帝。周墀吃惊地说："周赧王和汉献帝都是亡国之君，怎么能跟您相比？"唐文宗却说："周赧王和汉献帝不过受制于地方上强大的诸侯，而我却受制于身边的宦官家奴，还不如他们呢！"君臣二人因此哭泣不已。从此以后，唐文宗不再上朝。

清人赵翼说："东汉及唐、明三代，宦官之祸最烈，然亦有不同。唐、明阉寺先害国而及于民，东汉则先害民而及于国。"②赵翼指出了不同朝代宦官为祸的不同表现。汉朝宦官，从汉武帝之后，势力显著提升，但也有士人担任宦官的例子。到了东汉，宦官全部由阉人担任。从汉和帝开始，皇帝依靠身边相对信赖的宦官来夺取权力，如汉桓帝利用宦官剿灭外戚集团，封单超为新

---

① 阎步克：《波峰与波谷：秦汉魏晋南北朝的政治文明》（第二版），北京大学出版社，2017，第25页。

② 赵翼：《廿二史劄记》，上海古籍出版社，2011，第97页。

丰侯，食邑2万户；封徐璜为武原侯，具瑗为东武阳侯，食邑各1.5万户，每人各赏赐1500万钱；封左悺为上蔡侯，唐衡为汝阳侯，食邑各1.3万户，每人赏赐1300万钱。五人在同一天受封，被当世称为"五侯"。宦官势力亦发展到了顶点，极为显赫：头戴高冠、身佩长剑、腰系朱绂、怀藏金印的人，遍布宫廷；包裹白茅封为诸侯、分给虎符、向南而坐统治他人的人，可以用十位数来计算。他们的官署住宅像棋子一样布列在都城乡邑；子孙分支及其附从在州郡超过半数。他们所积蓄的金银、和氏玉那样的珍宝，洁白似冰的丝织品、细薄如雾的轻纱，堆满藏宝的屋子；美人、婢女、歌童、舞女之类的玩物，充斥绮丽的房间。狗、马用花绸子装饰，建筑也披上精美的丝帛。这些人搜刮百姓，竞相纵欲奢侈。他们构陷迫害贤明之士，专门培植党羽。还有些人相互引荐，希望攀附权贵豪强的人，接受腐刑阉割，以求自我显达。坏人党羽众多，互相勾结，共同作恶，有志之士隐居，而寇贼乘隙而起，搅乱了整个华夏。《后汉书·宦者列传》评价说："自是权归宦官，朝廷日乱矣。"

按赵翼所说，东汉宦官害民大于害君，唐朝宦官则恰好相反，害君大于害民。害君不是说宦官杀害皇帝而取代之，是指他们掌握皇帝的命运，"东汉及前明宦官之祸烈矣，然犹窃主权以肆虐天下，至唐则宦官之权反在人主之上，立君，弑君，废君，有同儿戏，实古来未有之变也"[①]。唐朝宦官掌握禁军，反噬皇权。《新唐书·僖宗纪》："唐自穆宗以来八世，而为宦官所立者七君。"即：

穆宗李恒，唐宪宗元和十五年（820年）为宦官梁守谦等所立；
文宗李昂，唐敬宗宝历二年（826年）为宦官王守澄等所立；
武宗李炎，唐文宗开成五年（840年）为宦官仇士良等所立；
宣宗李忱，唐武宗会昌六年（846年）为宦官马元贽等所立；

[①] 赵翼：《廿二史劄记》，上海古籍出版社，2011，第374页。

懿宗李漼，唐宣宗大中十三年（859年）为宦官王宗实等所立；

僖宗李儇，唐懿宗咸通十四年（873年）为宦官刘行深等所立；

昭宗李晔，唐僖宗文德元年（888年）为宦官杨复恭等所立。

而被宦官杀害的有两位：

宪宗李纯，唐宪宗元和十五年（820年）为宦官陈弘志所杀；

敬宗李湛，唐敬宗宝历二年（826年）为宦官刘克明所杀。

此外，顺宗李诵，唐顺宗永贞元年（805年）被宦官俱文珍迫退；文宗李昂，唐文宗大和九年（835年）被宦官仇士良等软禁。

明朝的宦官之祸不一定胜过东汉和唐朝，但形成明显的代际：王振可谓第一代，汪直算第二代，刘瑾属第三代，魏忠贤则是登峰造极的第四代，他们结党以乱政，敛财以害民。由于宦官权力庞大，朝臣无法对抗，反而争相趋附，以求自保。宦官擅权自王振始，当时只有王骥、王祐等几个官员依附他。到汪直专权时，依附他的官员逐渐增多，他奉命出使时，巡按御史在马前跪拜迎接，巡抚也穿着官服在路途恭迎，王越和陈钺等人更成为他的心腹；也有官员跟他对立，内阁大臣商辂、万安等人接连弹劾汪直，尚书项忠、兵部侍郎马文升等也反对汪直，后来被汪直陷害。到刘瑾擅权时，朝中大臣还没有完全依附于他，当时既有焦芳、刘宇、张彩等成为他的心腹，也有不肯屈服的翰林院官员。刘瑾憎恶翰林院官员不肯屈服，就以《通鉴纂要》抄写不够恭谨为理由指责并罢免了纂写的官员。另一方面，王振、汪直喜好拉拢名士，王振听说薛瑄和陈敬宗颇负盛名，特地与他们相见；汪直听说杨继宗品行高尚，亲自前往拜会；刘瑾因看重康海的名声而在他替李东阳求情时，释放李东阳出狱。这透露出宦官还不敢像对待奴仆一样对待朝中大臣。等到魏忠贤专权时，他借"三案"弹劾东林党人，打击被贬谪的官员，依附他的官员骤然增多：文臣有崔呈秀、田吉、吴淳夫、李夔龙、倪文焕，人称"五虎"；武臣有田尔耕、许显纯、孙云鹤、杨寰、崔应元，人称"五彪"；吏部尚书周应秋和太仆少卿曹钦程等，人称"十狗"；又有"十孩儿""四十孙"的说法。明朝从内阁、六部到地方总督、巡抚几乎都成了魏忠贤的党羽，事态照这样发展下去，他们很快就能篡权弑君。因此，《明史·阉党列传》说，明朝宦官带来的祸害固然严酷，但如果没有那些趋炎附势的人为虎作伥，宦官的气焰不至于如此嚣张。

正统朝的王振权倾朝野，百官拜会他，送的礼至少是100金，送到1000金的才可以获得美酒招待。王振死后，从他家里抄出"金银六十余库，玉盘百，珊瑚高六七尺者二十余株，他珍玩无算"①。弘治朝的李广比王振更甚，被抄家时搜出"黄白米各千百石"。明孝宗还不知道"黄白米"是什么意思，就惊讶地问李广一个人能吃多少，为何要收受这么多米？左右告诉他"黄白米"是隐语，黄米指黄金，白米指白银。正德朝的刘瑾擅权不过六七年，积累的财富早已超过王振和李广。天下的承宣布政使司、提刑按察使司和都指挥使司要想拜见他，至少要献上1000金，多者四五千金。刘瑾事败后被抄家，根据明人王鏊的笔记，有"大玉带八十束，黄金二百五十万两，银五千万余两，他珍宝无算"。这些数字还有些保守，按照成书于嘉靖初年的《继世纪闻》记载，刘瑾的家产是"金共一千二百五万七千八百两，银共二万五千九百五十八万三千八百两"，即黄金有1205.78万两，白银有2.59亿两。对于明末的魏忠贤，赵翼可能不知道其家产有多少，只是称"其权胜于瑾，则其富更胜于瑾可知也"，并推测他聚敛的财富不会比刘瑾少。②

《周易·系辞上》，"方以类聚，物以群分"。群体是人类社会的普遍现象，是人类能够战胜其他种类的基础。《荀子·王制》曰："力不若牛，走不若马，而牛马为用，何也？曰：人能群，彼不能群也。"个人离不开群体，被群体所认可和接纳是人类的永恒

---

① 张廷玉等：《明史》，中华书局，1974，第7773页。
② 赵翼：《廿二史劄记》，上海古籍出版社，2011，第727页。

追求。自从有了社会群体，就有了相应的群体利益。无论群体利益是通过合法还是不正当途径获取的，作为群体成员都有维护群体利益的冲动。而当群体与群体之间利益难以协调时，便有了群体冲突，或明或暗，或直接或间接，所以又有了《后汉书·党锢列传》所说的"党同伐异"一词。群体冲突在政治上的表现即为朋党之争，这是历代王朝政治危机的第三个体现。

东汉桓帝时，一度瓦解了外戚梁冀的势力，代之而起的是宦官单超等"五侯"，致使东汉末期形成一种景象：在朝的正直官僚、在野的名士和京师的太学生联合起来，评议世人，抨击时政，以专权的外戚和宦官为批判对象，亦不乏联名请愿，干预朝政，形成东汉末年的"清议"。大学士郭泰、贾彪和大臣陈蕃、李膺等人联合起来批评朝政，揭露宦官集团的罪恶，后被宦官诬陷，以结党为乱的罪名被抓捕斩首。这种情况持续了十余年，史称党锢之祸。

唐朝后期，与宦官专权问题并存的还有朝臣的党派之争，其中影响最大的是"牛李党争"，即以牛僧孺、李宗闵为首的官僚与以李德裕为首的官僚之间的冲突。这场冲突开端于唐宪宗元和三年（808年）的制科考试。应试考生牛僧孺、李宗闵等通过对策，"指陈时政之失，无所避"，主考官杨于陵、韦贯之又借题发挥，发泄不满，得罪了宰相李吉甫，使得及第后的牛僧孺、李宗闵长期未被任用，考官杨于陵等人亦被贬黜。到了唐穆宗长庆元年（821年），翰林学士李德裕（李吉甫之子）攻击时任中书舍人的李宗闵科举舞弊，考官取士不实，李宗闵因此被贬官，从此党争开始表面化。长庆二年（822年），户部侍郎牛僧孺拜相，李德裕出任浙西观察使，由是交恶愈深。唐文宗大和三年（829年），李宗闵拜相。次年，牛僧孺也得相位，李德裕出任剑南西川节度使。唐文宗大和七年（833年），李德裕被召为兵部尚书，以本官领同中书门下平章事，李宗闵被贬为兴元节度使。次年，唐文宗复召李宗闵辅政，又贬李德裕为兴元节度使。"甘露之变"以后，两党斗争达到高潮，"每议政之际，是非蜂起"，凡牛党所是，李党必起而抨击；凡李党所是，牛党亦必大加攻讦。唐文宗曾经感叹地说："去河北贼非难，去此朋党实难！"唐武宗时，李党当政，牛僧孺被贬为循州（今广东惠州）长史，李宗闵被长期流放封州（今广西梧州东）。唐宣宗时，牛党当政，李德裕被贬，死于崖州（今海南琼山），李党势力瓦解，党争方告平息。牛李党争从唐穆宗时起到唐宣宗时止，其间两党此浮彼沉，反复较量，持续斗争近40年之久。

宋神宗和宋哲宗时代，以王安石为代表的新党与以司马光为代表的旧党展开了大规模的党争，新党得势，就将旧党一概驱除出朝廷；旧党得势，就将新党一网打尽，废除新党推进的变法，以致出现了"元祐更化"。宋哲宗即位后，新党得势，又将旧党势力逐出朝廷，连比较中立的蜀党领袖一派也被越贬越远。宋朝在党争中耗尽了帝国的元气，所以清人感叹道："宋人议论未定，兵已渡河。"

明朝末年的"党争"是当时万历皇帝不上朝的产物，官员失去了约束和权力中心，为了自保，便以地域为基础结党营私，最先结党的就是东林党人。明万历三十二年（1604年），无锡人顾宪成等人重新修葺宋朝杨时讲学的东林书院，与高攀龙等讲学其中。讲学之余，他们还评议朝政，臧否人物。一时之间，他们的言论被称为"清议"，由此吸引了大批在朝和在野的政治人物，形成了所谓的东林党。东林党不是当时唯一的党派，当时还有内阁大臣王锡爵、沈一贯和方从哲等人的浙党，以及秦党、齐党、楚党、宣党等。从名称上可以看出来，这些团体大都是以为首者的籍贯命名。党派的成立往往基于政见和利益的不同，而党派成立之后，又围绕政见和利益进行辩论和斗争，形成党争。在嘉靖和万历二朝，党争正式展开；明朝末年，党争达到顶峰。按照争论内容的变化，明末的党争大致包括两个阶段：第一个阶段主要争论立太子的问题。先是浙党官员顺从万历帝的意思，立皇子朱常洵为太子，东林党官员则上书反对，这又引起了其他党派的攻击。围绕这个问题，各派官员相互争斗，长达二十余年。在第二个阶段中，争论的焦点变成内朝与外朝。当时的宦官魏忠贤担任司礼监秉笔太监，凭借职位参与机要，又深受天启帝信任，掌管东厂，罗织罪名陷害官员，在他的身边形成了一个集团，被东林党称为阉党——当然这是个蔑称。对于阉党的专权，东林党进行过激烈的抗争：左副都御史杨涟上书弹劾魏忠贤，称其有二十四大罪状，后来被诬陷下狱，受尽酷刑而死；左光斗和魏大中等人也被下狱折磨致死。阉党也不甘示弱，魏忠贤大兴东林党狱，肆意编造东林党的罪行，指使宦官顾秉谦编定《缙绅便览》、宦官卢承钦编制《东林党人榜》，罗列东林党人名单。被列入榜单的人，无论生死都要受到惩罚，"生者削籍，死者追夺，已经削夺者禁锢"[①]。

东林党人虽自称清流，但他们热衷党争，与齐党、楚党、浙党等斗争不断，常借京察（定期对京官的考核）等名义打压其他党派。在明末积贫积弱的情况下，自称清流的东林党在感情上可能得到人们的同情，但在现实中，他们的言论多于行动，面对当时的棘手问题毫无作为，甚至一筹莫展，这样的清流于朝政无益。明末与东林党对立的浊流，是以魏忠贤为首的太监和大臣集团，崇祯帝即位后把他们全部撤换，受他们恩惠提拔的人轻则免职，重则下狱。

清袭明制，但是明朝灭亡的教训也深刻地警醒了清朝统治者。清初，满汉大臣之间、汉大臣之间、满洲贵族内部各种矛盾纠缠在一起，如鳌拜结党，明珠、索额图之间的不和，太子党及诸皇子的夺嫡之争等，康熙的处置策略是既充分使用这些人的才能，又巧妙地利用他们之间的争斗，最后将其一个个翦除。到了雍正朝，皇帝设立军机处，专制皇权达到顶峰。纵观整个清朝中前期，对党争的防范很严，基本采取零容忍的高压打击态势，让人感觉清朝的党争

[①] 吴骞：《吴骞集》，浙江古籍出版社，2016，第33页。

问题没有汉朝、唐朝、宋朝和明朝那样凸显。

3. 农民负担沉重要求赋役改革

中国传统社会以农业为主要生存方式，农业是社会经济的基础，农民的负担则是农业的核心问题之一。比较历朝历代的农民在不同发展阶段的负担可以发现，每个政权刚刚建立时，为了恢复经济秩序，大多能轻徭薄赋，这时的农民负担相对较轻。随着王朝统治的稳定，农民负担开始加重。其中的原因，有客观需要，如为缓解少数民族威胁而进行的军事行动需要较大开支，更有主观因素，如人为开销过大。农民负担加重，容易导致农民起义，北宋和明朝就是如此。

北宋时，冗官、冗兵和冗费，以及每年向辽和西夏支付的巨额"岁币"，是造成社会危机的重要原因。为了弥补财政收支的严重亏空，北宋政府加紧对人民搜刮，一方面加重旧税税额，另一方面巧立名目，增加新的苛捐杂税。清朝的赵翼在《廿二史札记·宋禄制之厚》中感叹道："恩逮于百官者，惟恐其不足；财取于万民者，不留其有余。"这就势必激化阶级矛盾，迫使人民铤而走险，起义反抗。北宋前期，就曾爆发王小波、李顺起义。宋初四川地区阶级矛盾尖锐，土地集中特别严重。宋太宗淳化四年（993年）二月，王小波领导广大佃农在青城（今四川都江堰南）起义，提出"吾疾贫富不均，今为汝均之"的口号，得到农民的积极响应，起义军很快发展至万余人，一举攻占青城、彭山，声势大振；第二年，占领成都，建立大蜀政权，控制四川部分地区。王小波去世后，其妻弟李顺领导起义军继续战斗。宋太宗淳化五年（994年）正月，李顺攻下成都府，建国号大蜀，年号应运。宋廷震惊，派军队分两路入川，包围成都，李顺阵亡，余部坚持两年而失败。据不完全统计，从太祖到仁宗朝，大小起义上百次，参加者有农民、士兵，还有少数民族。

明朝中期，土地集中日趋严重，一些大地主隐匿土地，不缴赋税，影响了政府财政收入。同时，统治阶层的贪污腐化和挥霍浪费以及巨额的宗藩禄米和军饷开支，加剧了财政支出，致使明朝入不敷出，财政危机加深。嘉靖朝每年的财政亏空多者近400万两，少者也有100余万两。更有甚者，明隆庆元年（1567年）太仓银——朝廷收入只够3个月的开支，明朝财政拮据到了惊人地步。为了满足巨额的开支，明朝不得不加重赋税剥削，大肆掠夺农民。宣德时，对明初"永不起科"的新垦土地开始征税。明正统元年（1436年），明政府将江南诸省田赋折征银两，称为"金花银"。当时规定米麦四石折银一两，到了成化时，折银率大变，每粮一石折银一两，致使农民负担增加了三倍。明嘉靖三十年（1551年），因与蒙古族的俺答汗作战，于南直隶（约相当于今江苏、安徽以及上海）和浙江省增赋银120万两，从此开始了明朝的田赋加派。地方官吏征敛时，指一科十，百姓大受其害。农民租种地主土地，地租通常占收成的一半以上，受到的剥削更为繁重。大批失去土地的农民为了躲避赋税、徭役和地租，不得不背井离乡，转移四方，成为流民。正统朝以后，流民遍及各地，成为严重的社会问题。农民无法忍受统治阶级的剥削和压迫纷纷起来反抗，举行武装起义。山东王堂、山西陈卿与陈绮、河南师尚诏、四川蔡伯贯、广东曾一本与李文彪、江西张茂、福建叶宗留与邓茂七、荆襄山区（湖北、河南、四川、陕西交界处）的刘通与李原、河北杨虎与刘六刘七等领导的起义，此起彼伏，连绵不断，极大地动摇了明朝统治的基础，使其统治摇摇欲坠。

二、改革意识与危机的缓解

《孟子·离娄下》："君子之泽，五世而斩；小人之泽，五世而斩。"无论是能力出众的君子还是默默无闻的百姓，他们辛苦创立的事业经过几代人的时间就会消耗殆尽。这句话同样适用于王朝。创立者披荆斩棘建立的王朝，经过几代君主后就危机不断。

危机是出现问题的征兆，但危机不一定导致王朝的灭亡。危机的"机"也可理解为机会。只要化解危机，王朝就会继续发展下去。化解的前提是要有强烈的改革意识，化解的途径主要是出台精准与有效的改革措施。

1. 改革与问题的缓解

安史之乱后，北方经济遭到严重破坏，人口大量流失，唐朝的财政危机进一步加深。山东、河北和河南诸州之地赋税截留于藩镇，唐朝的实际财税收入主要靠浙东、浙西、宣歙（治宣州，领宣、歙、饶三州）、淮南、江西、鄂岳（治所在鄂州，长期领有鄂、岳、蕲、黄、安、申等州）、福建、湖南等地维持。为了支付浩大的开支，唐政府征收各种苛捐杂税，如增加盐价，征收酒税、青苗钱、间架税、除陌钱、茶税，甚至用"借商""白著"等名目强行勒索。无限度的榨取勒索激起农民的激烈反抗，从唐肃宗到唐德宗统治的40余年间，从江南至京洛到处都有农民的武装暴动发生，特别是江淮一带，仅史籍可查的农民暴动就有十余起，参与人数达几十万。社会危机的日趋严重与财政状况的不断恶化，迫使唐政府进行财赋制度的改革。唐政府设立了度支、盐铁、转运等财政专使，以加强对财政的控制。肃宗采纳盐铁使第五琦的建议，实行榷盐法，在盐产地设盐院，统一收购亭户（盐户）所产的盐，由政府专卖，并把盐价由每斗10文提高到110文，使政府从中获得厚利。唐肃宗后期到唐代宗时期，刘晏出任度支、铸钱、盐铁等使，后来又兼转运、常平等使，前后掌管财政近20年，其间对财赋制度进行了整顿。刘晏进一步改革盐法，取消了非盐产地各州县所设的盐官，规定只在产盐地区设置盐官，统一收购亭户所产之盐，然后加价转卖给商人，任由盐商运销各地。此举改官收官销为官收商销，消除了官府在运输、销售过程中造成的扰民问题和额外损耗，使政府盐利大增。到唐代宗大历末年，盐税收入达到600多万贯，比初行盐法时增加10倍以上，占全国财政收入的一半。刘晏还整顿了漕运。为保证由江南向关中转运粮食的漕运顺畅，他亲自视察运道，疏浚汴水，制造坚固的漕船，以盐利雇用船工挽漕，不再向沿河州县征发丁役。这样，不仅减少了损耗，降低了运费，提高了船运的效率，而且使江南人民摆脱了一项艰巨的劳役。刘晏还施行常平法，在诸道设巡院，各个巡院每旬每月都要把本道各州县的雨雪和丰歉情况及时上报中央，使政府可以及时调整物价、稳定市场。政府则在丰收地区用钱籴入谷物，在歉收地区用平价粜出，或用谷物换取杂货以供官用，这就是常平。常平法的推行，既有利于稳定物价，又可获得一些收益。刘晏理财，既"广军国之用"，又"未尝有搜求苛敛于民"，对于改善朝廷财政状况和舒缓民生压力都有显著功效。

权贵们视刘晏所管辖之事为鱼肉人民的美差，又为了干预和控制刘晏的工作，总想把子弟亲友安排到他们的部门里。刘晏对此类事情的处置很讲究方法，给这些人以丰厚的薪俸，但不让他们处理事情，这样既可以部分地满足权贵们的要求，将压力大大减少，又可使财政工作牢牢掌握在可靠而有才干的人手里。

2. 改革与王朝性格的转变

如果说刘晏改革一时缓解了唐朝自安史之乱后陷入的财政困局，那么汉武帝的"复古更化"则改变了西汉政权的性格。

汉朝建立之初，国力衰落，经济凋敝，如果统治者采取一系列有为的措施，就会对百姓造成深深的灾难。这个时期统治者无为而治，让百姓安居乐业，不耽误百姓的农时，国家才缓慢地发展起来。在治国策略上，汉初统治者奉行静默无为的原则：

孝惠、高后之时，海内得离战国之苦，君臣俱欲无为，故惠帝拱己，高后女主制政，不出房闼，而天下晏然，刑罚罕用，民务稼穑，衣食滋殖。①

及孝文即位，躬修玄默，劝趣农桑，减省租赋。而将相皆旧功臣，少文多质，惩恶亡秦之政，论议务在宽厚，耻言人之过失。化行天下，告讦之俗易。吏安其官，民乐其业，畜积岁增，户口寖息。②

窦太后好黄帝、老子言，帝及太子诸窦不得不读《黄帝》《老子》，尊其术。③

无论是惠帝的"拱己"，吕后的"不出房闼"，文帝的"躬修玄默"，还是景帝的"不得不读《黄帝》《老子》"，都体现出汉初帝王实施静默无为的治国策略。

静默无为政策的推行，在当时起到了稳定政局、安定人心、恢复和发展社会经济、促进学术文化繁荣的积极作用，但也带来了一些消极的后果。在片面强调"无为""安定"思想的指导下，汉中央政府对骄纵跋扈的诸侯王一再容忍，致使王国势力凌驾于朝廷之上；因循"无为"之规而不图振作，使各级官府消极苟安，缺少积极进取精神；统治者对商贾豪民扰乱市场、利用高利贷兼并农民土地等问题态度暧昧，导致经济秩序的混乱和第一次土地兼并高潮的到来；对北方匈奴贵族咄咄逼人的武装侵凌，一味采取消极的防御路线，致使匈奴对西汉的北部郡县无休止地骚扰侵略，"和亲"变成以汉的屈辱、退让为条件的单边获利关系。这都说明，"黄老无为"的思想在对汉朝初年的社会稳定与恢复发挥一定积极作用之

---

① 班固：《汉书》，中华书局，1962，第104页。
② 班固：《汉书》，中华书局，1962，第1097页。
③ 司马迁：《史记》，中华书局，1959，第1975页。

后，无法适应政治、经济形势变化的需要。贾谊在《治安策》中大声疾呼，要求变"无为"为"有为"。而要在统治思想和统治政策上实现转变，需要有一种新的理论体系来取代黄老学说。

汉武帝刘彻是一位具有雄才大略的帝王。他执政之初，西汉经过了六七十年的休养生息，社会经济逐步恢复，国家积累了大量财富，而随着七国之乱的平定，同姓诸侯王的势力大为削弱，按军功受封的功臣侯及公卿大臣也所剩无几。在这种利好的情况下，汉武帝为巩固和发展统一国家，进行了一系列"内兴功利，外事夷狄"的改革：一是设立五经博士；二是为博士设立弟子员，此议始于公孙弘；三是郡国长官察举属吏的制度，其议创于董仲舒；四是禁止官吏兼营商业，并不断裁抑兼并；五是开始打破封侯拜相的惯例，宰相也不被同一阶级所独占。[1]

汉武帝外伐四夷，内兴功利，在完成了辉煌事业的同时加重了农民负担，再加上贵族和商贾豪强的兼并，农民纷纷破产流亡。汉武帝元封年间，关东流民达到200万口，无户籍的还有40万。流亡农民处境悲惨，因冻饿死于道路的不计其数，甚至出现了"人相食"的现象。农民为求生存，被迫铤而走险，不断发动武装暴动。汉武帝天汉二年（前99年）以后，今河南、河北和山东等地不时发生农民暴动，关中也有"暴徒"占据险要之地。汉武帝最初派"直指绣衣使者"分区镇压，但是反叛者散而复聚。汉武帝又颁发《沉命法》，规定太守以下官吏如果不能及时发觉并镇压暴动便处以死罪。官吏畏罪惧祸，多隐瞒不报，民间暴动愈演愈烈，于是有了汉昭帝和汉宣帝在位期间的改革。

从公元前87年到公元前48年的几十年是西汉帝国的又一辉煌时期，这时的辉煌是通过改变汉武帝对内、对外政策实现的。对外，西汉推行安边持重的战略思想，轻易不发动对外战争，对匈奴采取

---

[1] 钱穆：《国史大纲》（上），商务印书馆，1996，第144～146页。

恩威并施的政策,以和平为主,却不放弃使用武力,积极防御军事打击,使匈奴进一步走向了衰弱和分裂,逐渐无力成为汉帝国的大患。同时,这一时期延续了汉武帝时期对西域大的积极经营开发策略,将广袤的西域土地逐渐划入西汉的治下,使西域诸国从西汉的附属国变为汉朝领土的一部分。汉文明跨过丝绸之路,持续远播四方,向西已经到达了今天波斯湾、西亚地区,中国的丝绸更跨过了地中海,远播到了古罗马地区。对内,汉朝统治者在继续汉武帝强化中央集权改革的同时,推行与民休息的政策,重用儒生,尊崇儒术,减轻刑罚,轻徭薄赋,而汉武帝时期建立的高效率税收体系,更保证国家可以积累足够的税收财富。

由此可见,从西汉立国到昭宣中兴,西汉王朝的性格经过两次转变:汉武帝之前倾向于内敛,汉武帝时则倾向于张扬,昭宣二帝时又转向内敛,实现转换的途径就是改革。

三、改革意识与统治王朝的命运

中国传统政治的发展一次又一次地证明,改革是历史发展的主要推动力,改革意识与王朝命运息息相关。在一定意义上可以说,它既能决定王朝兴盛,又能导致王朝衰亡。对此,我们可以从一些反面事例加以证明。

1. 半途而废

改革是手段,目的是富国强兵。一旦达成目的,或者改革已有成效,改革者往往陶醉其中,无法坚守改革的初心,失去继续改革的动力。明朝皇帝中,立国之初的洪武皇帝、永乐皇帝和亡国的崇祯皇帝最引人注目,其他皇帝除了广为人知的万历皇帝,似乎平淡无奇。但在取代明朝的清朝统治者看来,明朝值得称引的皇帝却有仁宗朱高炽、宣宗朱瞻基和孝宗朱祐樘。《明史·孝宗本纪》评价说:

> 明有天下，传世十六，太祖、成祖而外，可称者仁宗、宣宗、孝宗而已。仁、宣之际，国势初张，纲纪修立，淳朴未漓。至成化以来，号为太平无事，而晏安则易耽怠玩，富盛则渐启骄奢。孝宗独能恭俭有制，勤政爱民，兢兢于保泰持盈之道，用使朝序清宁，民物康阜。《易》曰："无平不陂，无往不复，艰贞无咎。"知此道者，其惟孝宗乎。[①]

在明孝宗之前，明朝出现后宫干政、宦官当道和朝臣多不称职等问题，从而陷入颓势。明孝宗即位后做了三件事来缓和国家矛盾：一是吏治方面，罢斥方士李孜省、奸僧继晓和道士赵玉芝，起用徐溥、刘健、王恕和马文升等正直才俊，并改革官员考核机制，使得朝政为之一清。二是经济方面，减少征派，恢复和完善仓储制，对受灾地区及时减免赋税，进行赈济；限制贵族、势力之家的巧夺豪取，禁止与民争利。三是朝政方面，热衷朝政，恢复已经废弛的经筵和午朝制，与朝臣商量政事。由于他的这些努力，明朝不仅暂时止住了颓势，还呈现政治清明、社会稳定的中兴局面，史称弘治中兴。万历年间的内阁首辅朱国桢曾经这样评价说："三代以下，称贤主者，汉文帝、宋仁宗与我明之孝宗皇帝。"然而明孝宗在位后期，陶醉于中兴局面，不复即位之初的改革锐气，疏远政事，还在宦官李广的怂恿下，沉溺于斋醮和求仙活动。《诗经·大雅·荡》："靡不有初，鲜克有终。"这句话用在明孝宗身上颇为合适。

2. 忽视改革

虽然历代王朝中期改革有效性的大小与改革的范围、程度等密切相关，但勇于改革往往要优于维持现状。维持现状意味着无

[①] 张廷玉等：《明史》，中华书局，1974，第196页。

视社会问题，对社会问题采取回避态度，极力忽视改革，不愿采取任何应对措施。这种无视包含两种情况：有的无视不是真的"无视"，而是知道了但不愿正视，如周厉王；有的无视则是根本不知道，如秦二世胡亥。

西周曾有过辉煌的历史，但到了"晚周之际，边患日亟，许多新领主，原为保卫京畿的驻防，其由驻防而变成割据，对于西周王室的实际力量，当然也构成严重的影响"[①]。国防的需要和领主的割据使得周王室的财源减少，国库紧张。在这种局面下，第十任君主周厉王即位。他作为历史上的"暴君"，自然有相应的"暴行"，其中之一是采取了一项增加收入的政策"专利"，即把天下山川林泽的渔猎利益全部收归自己所有。虽然"溥天之下，莫非王土"，但"王土"上的收益未必全归王所有，包括中小贵族在内的天下百姓也要分得一定比例，周厉王的政策无疑直接损害了他们的利益。所以大夫芮良夫告诫周厉王："夫利，百物之所生也，天地之所载也，而有专之，其害多矣。天地百物皆将取焉，何可专也？所怒甚多，而不备大难。"[②]果然，国都里开始有人公开地指责周厉王。大臣召公听说后就把这件事告诉周厉王，并劝周厉王改弦更张，以仁爱治国。可是周厉王根本听不进去劝告，反而派卫国的巫师监视那些公开指责他的人。巫师把那些人的名字都上报给了周厉王，他非常生气，马上下令将这些人全都杀害。从此之后国都里的老百姓都不敢说话了，在路上见面时也都是用眼神交流。周厉王看到这种情况非常高兴，他对召公说："我终于把诽谤的言论杜绝了，现在大家都不敢说话了。"可是召公却深深为此感到忧愁，给周厉王讲了"防民之口甚于防川"的道理，指出老百姓现在不说话不代表他们

[①] 许倬云：《西周史》（增补本），生活·读书·新知三联书店，2001，第312页。

[②] 司马迁：《史记》，中华书局，1959，第141页。

心里不反对，当不满累积到一定程度时老百姓就会群起造反，到时候大灾祸就会出现。因此他劝周厉王要尽快改变以往的政策，要让老百姓敢于说话，这样国家的统治才会稳固。可周厉王根本听不进他的劝告，依然我行我素，从此以后国都里的人再也不敢讲话了。公元前841年，国人（住在都城之内的平民）忍无可忍，举行了一次大规模的暴动，即国人暴动。国人包围了王宫，要杀死周厉王。周厉王得知风声，仓皇地逃过黄河，在彘地停下来。周厉王出走后，朝廷里没有王，大臣们经商议，决定由召公和另一个大臣周公主持政局，历史上称为共和行政[1]。前828年，周厉王在彘地死去。

明明民怨沸腾，周厉王却听而不闻，甚至想堵住民众的嘴，拒绝采取应对措施。与他相比，秦二世胡亥的做法则是"闻所未闻"，不知道天下的形势如何，自然也不会采取应对措施。

3. 昧于调整

秦始皇三十七年（前210年），秦始皇在他的第五次也是最后一次巡游返回咸阳的途中，病逝于沙丘。同年，其子胡亥即位。秦始皇是一个毁誉参半的人物，说他有功，明朝思想家李贽称他为"千古一帝"；说他有错，可以用汉初贾谊《过秦论》中的一段话为例："秦王怀贪鄙之心，行自奋之智，不信功臣，不亲士民，废王道，立私权，禁文书而酷刑法，先诈力而后仁义，以暴虐为天下始。"[2]沉重的赋税、严酷的刑法和频繁的徭役，是胡亥即位后亟须应对的三大问题。按说治国之道，宽猛相济，此前郑国的子产去世后，孔子就曾说过这个道理，《左传·昭公二十年》载，施政宽和百姓就会怠慢，百姓怠慢就要用严厉的措施来纠正；施政严厉百姓就会受到伤害，百姓受到伤害就用宽和的方法来纠正。宽和与

---

[1] 童书业认为"共和行政"有两说。一说大臣召公、周公行政，号为"共和"。一说诸侯中有个唤作"共伯和"的摄行王政，故称"共和行政"。详见童书业：《春秋史》，上海人民出版社，2019，第11页。

[2] 司马迁：《史记》，中华书局，1959，第283页。

严厉相互调节，政事就会和谐。秦始皇的"猛"，需要下任君主的"宽"来调节，这也是天下百姓所期盼的。"今秦二世立，天下莫不引领而观其政。夫寒者利裋褐而饥者甘糟糠，天下之嗷嗷，新主之资也。此言劳民之易为仁也。"①不过胡亥不懂这个道理，反而变本加厉：徭役方面，他继续调集大量人力和物力，修建阿房宫，还征调5万士兵保卫咸阳；赋税方面，他挥霍无度，加征赋税徭役，为安抚外族，需屯兵存粮，于是从各郡县征调大量粮食，民众叫苦不迭；刑法方面，他杀戮更加严酷，官吏办事苛刻狠毒，蒙受罪罚的人太多了，以至于道路上遭到刑戮的人前后相望，连绵不断。各地烽烟四起，纷纷反秦。项羽在巨鹿摧毁秦军主力，刘邦率起义军攻下武关。有人从东方来到咸阳，告知胡亥四处造反的事，胡亥大怒。之后有使者回到咸阳，胡亥询问造反一事，使者便谎报说：一群鸡鸣狗盗的小贼，不足忧虑，郡守卫尉大肆逐捕，今已一网打尽。胡亥万分高兴。但当起义军攻下武关，逼近咸阳时，胡亥大惊失色，慌忙大赦天下，不过为时已晚。赵高的女婿、咸阳令阎乐带兵冲进皇宫，经过一番厮杀，来到胡亥面前，于是有了二人的对话——

阎乐："你骄横纵恣，屠杀吏民，无道至极。现在天下都反对你，你自己作打算吧。"

胡亥："我可以见见丞相吗？"

阎乐："不行！"

胡亥："我希望得到一个郡，降低身份做一郡之王，可以吗？"

阎乐："不行！"

胡亥："我做个万户侯，可以吗？"

阎乐："不行！"

---

① 司马迁：《史记》，中华书局，1959，第283页。

胡亥:"我和妻子儿女做平常百姓,像那些公子一样,可以吗?"

阎乐:"不行!"

这也不行,那也不行,胡亥不知道,在已经注定的死亡结局面前,即使他一次次降低要求,也不会被答应,只有死才可以。阎乐指挥士卒向前进击,胡亥自杀。

自以为能"弭谤"的周厉王客死异乡,而临终前发问"何不蚤告我"的胡亥也被逼自杀。他们两人,一个无视舆论汹汹的局面,一个昧于治国策略的调节,他们都没有正视社会问题,某种程度上他们的结局也算是殊途同归。但正视社会问题而采取措施,就会缓解危机吗?答案是不一定,因为还要看采取的措施是否有针对性,如果只是进行枝节末叶的改革,触及不到根本问题,无助于缓解危机,反而可能带来意料之外的新危机。

第五章 外来压力下的改革

考古学的研究成果表明，人类各文明交流的程度和跨越的距离可能超出我们的想象，例如在公元前2300年两河流域的废墟中发现了古印度河流域的印章，在波斯的巴林岛上也发现了一些古印度河流域的产品。[①]交流除了促进人类文化的相互借鉴和发展外，也给双方带来了压力，在处于不同发展阶段和竞争共同生存资源的文明之间尤为明显。从西周末年犬戎攻破镐京，中原王朝切实感受到了少数民族带来的压力，"自我"意识不断增强，"夏""诸夏"与"华夏"这些周邦贵族的自称词逐渐普遍，[②]由此产生了"非我族类"的意识。汉代佛教传入中国和明后期天主教再度传入中国时，传统社会也感受到了异域文明施加的文化压力，传统社会不得不进行一系列改革以应对。

[①] 周尚意、孔翔、朱竑：《文化地理学》，高等教育出版社，2004，第143页。

[②] 王明珂：《华夏边缘：历史记忆与族群认同》（增订本），浙江人民出版社，2013，第153页。

一、传统社会的外来压力

历史上中原王朝面临的外部压力从出现的时间看主要来自两方面,一是游牧民族及其政权的侵扰活动,二是异域文明。此外,在分裂时代,一个政权还会面临来自周边其他政权的压力。五代后周广顺元年(951年),郭威建立周,史称后周。后周立国时,面临着来自北方契丹、西南后蜀和南方南唐的三面威胁。不过由于我国历史上分裂状态持续的时间相对较短,这方面的压力没有前两方面凸显。

1. 来自游牧民族的压力

游牧是一种生活方式,与正史所言"逐水草而居"的笼统说法相比,游牧民族不是所有的季节、所有的成员都在、都需"移动"。游牧还是一种经济手段,是人类利用边缘性资源环境的一种适应手段,在这种边缘环境中,人们尽可能以各种手段得到资源,甚至对外掠夺与贸易以突破本地资源边界也是他们的生存策略之一。①

从世界范围看,那些文明发展较早,又较早进入定居农业时代的社会,都遭遇过游牧民族的侵扰。古巴比伦(美索不达米亚平原)被亚历山大、波斯等侵略过,古埃及被喜克索斯人、腓尼基人、亚述人、波斯人和亚历山大侵略过,古印度也曾遭受过雅利安人、波斯人、希腊人等多个外来民族的入侵。

中国当然也没能幸免。据史籍记载,中国古代少数民族有150多个,其中对中原王朝形成威胁的主要是从西北到东北的游牧民族,西汉时的匈奴、东汉时的羌族、唐初的东突厥和宋朝时的党项、女真等,都曾与中原王朝进行过多种形式的交往。在特殊的情境下,游牧民族还会在中原建立王朝进行统治,如鲜卑族建立的北魏是五

---

① 王明珂:《游牧者的抉择:面对汉帝国的北亚游牧部族》,上海人民出版社,2018,第61页。

胡十六国的主要成员，蒙古族建立的元朝和满族建立的清朝甚至统一过中原。可以说，不同少数民族及其建立的政权与中原王朝相生相伴，给中原王朝带来各种压力，甚至参与中原王朝的更替，是中国古代史的常见现象。概括起来，他们施加的压力主要有三个方面：侵扰领土、索取财物和确立名分。

汉匈和亲之后，匈奴并未停止侵犯汉朝边境。每次入塞，都会劫掠大量人畜，毁坏庄稼。汉文帝前元十四年（前166年），匈奴单于率领14万骑兵攻入朝那、萧关，杀死北地都尉孙印，抢掠大量人口、牲畜和财物。匈奴又到了彭阳，派骑兵突入回中宫，放火焚烧，匈奴的探马一度到达雍州的甘泉宫。军臣单于继位1年多后，匈奴又断绝与汉朝的和亲关系，大举入侵上郡、云中郡，杀死了很多人，抢夺了许多财物。

宋朝向来被诟病为"积贫积弱"，而恰好在那个时代，北方游牧民族不断兴起，契丹、党项、女真和蒙古不仅先后建立政权，还与宋朝兵戎相见。

北宋初年，宋太祖致力于集中兵力统一南方各割据政权，对北方的辽朝采取守势。辽朝由于辽穆宗在位期间政昏兵弱，无暇南顾，之后的辽景宗专注于稳定内部，所以在很长的一段时期里双方保持着相对稳定的和平关系。宋太宗太平兴国四年（979年），宋太宗统军灭掉辽朝保护的北汉后，不顾随行诸将的反对，挥师东进，直指辽朝的南京幽州，打算一举收复幽云地区。辽圣宗即位后，宋太宗又采纳外戚雄州知州贺令图的建议，乘辽朝皇帝年幼、母后专政和宠幸用事之机攻取幽州、蓟州，于是宋太宗雍熙三年（986年）发动了对辽朝的三路进攻，史称雍熙北伐。北宋两次主动出师北上打破了与辽朝的和平关系，招致辽朝连年发兵南下侵扰。宋真宗景德元年（1004年），辽圣宗和萧太后率20万大军在转战定、瀛诸州后，攻至处于黄河南北交通要冲的澶州城下，最终双方签订澶渊之盟。

宋辽之间的交战给西北党项族提供了可乘之机。起初，西夏不能与北宋相抗衡，以称臣纳贡为条件争取辽朝的支持。西夏首领李继迁乘宋辽交兵之机，连年发兵进攻北宋沿边州县。宋太宗至道三年（997年），刚刚即位的宋真宗为摆脱因辽朝与李继迁东西呼应带来的巨大军事压力，遣使重新任命李继迁为定难军节度使，实际上重新承认了西夏政权的合法性。而李继迁并不满足，仍然进兵不止，于宋真宗咸平五年（1002年）攻占北宋的西北战略要地灵州，改灵州为西平府，将其政治中心迁到这里。随后，他又挥师西进，攻占北宋在河西走廊的战略要地西凉府。

宋徽宗宣和七年（1125年）十月，金朝借口北宋收纳辽朝降将张觉，分兵两路进攻北宋，西路军由粘罕（完颜宗翰）率领，经云中取太原；东路军由斡离不（完颜宗望）率领，经平州取燕京，计划西、东路军会师北宋都城汴京城下。太原军民在王禀的指挥下顽强抵抗，阻击西路军于坚城之下；东路军则长驱南进，渡过黄河直抵汴京。宋徽宗匆忙下令停止"花石纲"之役，颁罪己诏，号召天下军民勤王。在抗战派官员李纲等人的坚持下，宋徽宗不得已传位于儿子赵桓，即宋钦宗。宋钦宗靖康元年（1126年）正月初，宋徽宗带领少数官员、侍从逃离汴京。

据上所述可见，在北宋建立后120余年的时间中，契丹、党项和女真三个少数民族及其政权不仅侵扰北宋边境，进而马踏中原。进入南宋后，宋孝宗在皇子时就对南宋的屈辱地位愤愤不平，向来有收复失地之意。他下诏平反岳飞冤狱，起用抗战派官员张浚等人，积极筹备对金朝的战争。宋孝宗隆兴元年（1163年），在张浚的指挥下，南宋军队北伐，很快攻占淮北重镇宿州。由于前线将领不能协同作战，在受到金军反击时全军溃败。宋宁宗时，外戚韩侂胄为了打击政敌赵汝愚，唆使党羽指斥朱熹的道学是伪学，把以赵、朱为首的许多人列入"伪学逆党"名单，排挤出朝廷。韩侂胄因此大失人心，极为孤立，不得已主动宣布解除党禁，同时为了创立功名以巩固自身，在未做充分准备的情况下，仓促发动了对金朝的战争，史称开禧北伐。战争初期，宋军接连攻占了许多州县，当金朝调动大军完成军事部署，在东起两淮、西至川陕的漫长战线上反击时，南宋因军政腐败而造成的战斗力虚弱本质暴露无遗，在金军的进攻面前连连溃败，开战以来攻占的州县很快得而复失，只有原岳飞部将毕再遇率部多次重创金军，表现出卓越的军事指挥才能。

除侵扰领土之外，游牧民族对宋朝经常提出的一项要求是索取财物。宋真宗景德元年（1004年），宋辽双方经过反复谈判，在当年十二月达成以下协议：宋辽维持旧疆，仍以白沟河为界，双方约为兄弟之国，辽圣宗称宋真宗为兄，宋真宗称辽圣宗为弟，尊萧太后为叔母；北宋每年给辽朝岁币白银10万两、绢20万匹；双方沿边州县各守边界，两方的人口不得交侵，对逃亡越界者，双方互相遣送，两朝沿边的城市不许增筑城堡和开挖河道。

宋仁宗庆历四年（1044年），宋与西夏交战后，李元昊被迫取消帝号，与北宋议和。西夏对北宋称臣，北宋册封李元昊为西夏国主，并每年赐给西夏银7.2万两，绢15万匹，茶3万斤，重开沿边榷场贸易。此后20余年间，双方虽不时冲突，但未发生大的战争。

北宋末年，宋钦宗迫于女真族的紧逼，任命李纲为亲征行营使，全面主持汴京防务。李纲部署军民积极备战，多次打退金军的进攻，各地勤王军队也陆续入援汴京，金东路军只有6万人，而且是孤军深入，黄河以北的许多重要城市仍在宋军之手，形势有利于北宋。但是，金军统帅斡离不利用宋钦宗的懦弱心理，提出异常苛刻的议和条件：经济方面，北宋向金朝支付500万两黄金和5000万两白银的犒军费，交付100万匹绸缎、1万头/匹牛马等。土地方面，北宋割让太原、中山和河间三镇。两国关系方面，宋钦宗称金太宗为伯父，宋朝以亲王、宰相为人质，金军才能撤退。宋钦宗不顾李纲等人的坚决反对，全部接受这些条件，下令在汴京城中搜刮金银，派康王赵构和宰相张邦昌赴金营谈判，又为扫除议和障碍，罢免李纲官职。

女真族的威胁到南宋时更加严重。宋高宗绍兴十年（1140年），宋军在顺昌、郾城大败金军，但宋高宗和秦桧决意屈辱求和。次年，宋与金议和，订立绍兴和议，宋向金称臣，每年贡纳银25万两、绢25万匹，宋、金间东以淮河，西以大散关为界。隆兴元年（1163年）北伐失败后，南宋与金朝达成隆兴和议，更改了绍兴和议中的部分内容，规定两国的关系由君臣之国变为叔侄之国，改岁贡为岁币，银绢各减少5万。从这些内容看，南宋的地位有所改善。宋宁宗开禧二年（1206年）北伐失败后，礼部侍郎史弥远获得杨皇后的支持，杀死韩侂胄并把他的首级送给金朝，与金朝达成嘉定和议，在隆兴和议的基础上，改金宋之间的叔侄关系为伯侄关系，增岁币为银绢各30万两匹，南宋支付金朝犒军费300万两白银，双方边界依旧。此后，史弥远继任宰相，执政达26年之久，继续执行对金朝的妥协求和政策，南宋统治集团更加腐朽和衰弱。

从宋朝与游牧民族达成的议和条件中可以发现，后者还比较看重与宋朝的政治关系，透露出游牧民族对政治地位的诉求，也就是我们常说的正名。处理社会关系需要正名，处理对外关系同样需要，这涉及双方的政治地位问题，是中原王朝重视名分甚于领土和财物的关键所在。

秦汉时期在中国2000多年的政治、经济和文化等方面产生深刻影响，已为世人熟知，相比而言容易忽略的是，秦汉时期也奠定了中原王朝与少数民族关系的两种模式，一种是拟血缘关系，一种是政治性关系。

整个汉朝，汉与匈奴之间的和平与战争交替进行。为了达成和平，双方围绕二者之间关系的性质，实践过不同的模式。而采用哪种模式直接取决于双方力量的对比。汉初，在冒顿的领导下，匈奴各部落实现统一，不仅击溃和征服周边少数民族，而且向南扩张势力，与西汉发生冲突。汉高祖七年（前200年）的平城之战表明，汉初政府还不具备打败匈奴的实力。在此背景下，刘邦接受刘敬的建议，两年后与匈奴建立和亲关系，确认双方是地位平等的兄（昆）弟之国。虽然此后的历史证明匈奴并没有完全履行和亲中的条款，但是拟血缘的兄（昆）弟之国关系还是为此后近70年的汉匈关系树立了样板，直至汉武帝元光六年（前129年）西汉大规模反击匈奴而中断。

西汉中期，随着匈奴贵族权力斗争的持续，在汉朝的军事压力和对外策略（如控制西域）等的影响下，曾经强盛的匈奴帝国开始瓦解。汉宣帝五凤三年（前55年），匈奴各个王纷纷自立，分裂为五个单于。他们互相攻击，致使上万人死亡，牲畜损失十分之八九，百姓饥饿，以至于出现残杀同胞而食的情况，匈奴陷于混乱之中。3年后，五个单于只剩下呼韩邪单于和郅支单于，前者在一场战败之后，从汉宣帝甘露元年（前53年）开始接近汉朝以获得援助。在此形势下，匈奴要求维持和亲关系中的平等地位显然是不可能的，因此左伊秩訾王为呼韩邪出谋划策，劝他向汉朝称臣。这预示着汉匈关系将从汉初的兄（昆）弟关系转为君臣关系，匈奴的政治地位大大降低了，因而遭到大臣的反对：向汉朝称臣，不仅让匈奴先辈蒙羞，还被其他国家耻笑！最终，呼韩邪单于还是听从左伊秩訾王的建议，派遣其子到汉朝作为人质并决定于甘露三年（前51年）朝见汉宣帝，改变了汉匈之间的地位关系。学者余英时就此评价道："匈奴的投降是汉代对外关系史上最重要的大事。一方面，它使汉朝在西域的威望提高到了前所未有的程度，另一方面，它也标志着汉朝与匈奴之间贡纳关系的正式确立。"[①]为迎接呼韩邪单于，汉宣帝给予其特殊礼遇，透露出汉宣帝没有把呼韩邪单于视为

---

① 余英时：《汉代贸易与扩张：汉胡经济关系结构研究》，上海古籍出版社，2005，第46页。

纯粹的臣子，匈奴至少在名义上保持着独立地位和领土完整。这种关系模式被后世称为"呼韩邪故事"或"孝宣故事"。

在汉宣帝后的50余年时间里，西汉与匈奴大体能够维持和平关系，一度中断的和亲也于汉元帝竟宁元年（前33年）恢复。然而在两汉之际的战乱中，匈奴重新强大起来。单于舆认为王莽的灭亡要归功于其在北部的牵制，提出更改"呼韩邪故事"的要求，要求汉朝尊奉自己。由于匈奴始终坚持这点，双方关系趋向紧张，直到因实力对比的变化而形成"南单于故事"。

在确定汉匈关系是君臣关系方面，"南单于故事"与"呼韩邪故事"一样具有不对等性，但更"严格规范"，这从两个方面表现得更为明显。第一，呼韩邪附汉之后，匈奴仍然生活于故土，长城仍然是汉匈的分界线；而汉光武帝建武二十六年（50年）之后，南单于庭不断南迁，越过阴山山脉和长城，最后到达河东郡平阳县。第二，使匈奴中郎将设置的安集掾史除保护和监视单于之外，还"参辞讼，察动静"，即参与南匈奴的司法裁定，这与呼韩邪时代拥有自主权的情形完全不同，因此使匈奴中郎将掌握单于命运也就毫不奇怪。从政治独立性角度看，"南单于故事"是汉匈关系演变的新阶段，标志着汉匈关系中匈奴臣子地位的最终形成，只不过对南匈奴而言，含有其大臣所说的"卑辱"意味。《后汉书·南匈奴列传》载东汉使者册立南单于后，南单于"乃伏称臣。拜讫，令译晓使者曰：'单于新立，诚惭于左右，愿使者众中无相屈折也。'"而西汉并没有强制呼韩邪单于俯首称拜。现在，南单于即使在使者面前也要"伏称臣"。①

汉朝之后，中原王朝与少数民族政权的关系基本围绕秦汉时期确立的两种模式展开，但内容更加丰富。首先是君臣关系得到沿

---

① 李沈阳：《融入华夏：东汉时期汉匈关系中的"南单于故事"探微》，《西南民族大学学报（人文社会科学版）》2020年第2期。

用。宋仁宗庆历四年（1044年），李元昊被迫取消帝号，与北宋议和，西夏对北宋称臣，北宋册封李元昊为西夏国主。宋高宗绍兴十一年（1141年），南宋与金签订的和议中规定：宋向金称臣，并且世代为臣。其次，拟血缘关系中增加了兄弟之外的其他关系。一是父子。五代后唐清泰三年（936年）五月，握有重兵的藩镇军阀石敬瑭在晋阳举兵叛乱，并遣使向辽朝"赍表乞师，愿为臣子"。辽太宗耶律德光率5万骑兵由雁门来援，在晋阳册立石敬瑭为大晋皇帝。石敬瑭穿着契丹服饰受册封，与辽"约为父子之国，割幽州管内及新、武、云、应、朔州之地以赂之，仍每岁许输帛三十万"①。事实上，石敬瑭不是第一个向少数民族君主称子的汉族君主。唐昭宗光化三年（900年），沙州豪族张议潮之孙张承奉嗣立为沙州归义军节度使，五年之后的唐哀帝天祐三年（906年），张承奉自称白衣天子，建号西汉金山国，不再奉唐朝正朔。911年，回鹘可汗之子狄银率兵围攻沙州城，西汉金山国兵败失利，被迫与回鹘求和，双方结为父子之国，"可汗是父，天子是子"。二是爷孙。五代后晋天福七年（942年），石敬瑭去世，其侄子石重贵即皇帝位。鉴于后晋统治集团内反对称臣于辽，石重贵派遣使者到辽朝，称孙而不称臣。宰相景延广回复辽太宗的责难说："先帝则北朝所立，今上则中国自策，为邻为孙则可，无臣之理！"②可见在景延广看来，后晋可以对辽朝称子称孙，但决不能称臣，在他心目中，君臣关系重于拟血缘关系。三是兄弟。宋真宗景德元年（1004年），北宋与辽经过反复谈判，达成澶渊之盟，其中规定：双方约为兄弟国，辽圣宗称宋真宗为兄，宋真宗称辽圣宗为弟，尊萧太后为叔母。四是伯侄。北宋末年，金军大举南下，东路军直指北宋都城汴京。金军统帅斡离不利用宋钦宗的懦弱心理，提出苛刻的议和条件，其中包括

---

① 薛居正等：《旧五代史》，中华书局，1976，第1833页。
② 薛居正等：《旧五代史》，中华书局，1976，第1144页。

钦宗称金太宗为伯父，钦宗答应了。宋宁宗开禧二年（1206年）北伐失败后，南宋与金再次确认了伯侄关系。五是叔侄。宋孝宗隆兴元年（1163年）北伐失败后，南宋同金朝达成隆兴和议，规定双方是叔侄之国。

2. 来自西方文明的压力

在接触汉族政权之前，游牧民族的社会发展程度一般相对较低，他们可以侵占汉族政权的领土，可以索取数量巨大的财物，甚至可以谋求双方的拟血缘关系，但在文化上，汉族政权始终居于领先地位，游牧民族吸收汉族政权的文化始终多于汉族政权对游牧民族的接受，这就是"用夏变夷"，而不是汉族政权最为担心的"以夷变夏"。但这种局面随着基督教的传入逐渐发生转变。

唐朝时，基督教聂斯脱利派（景教）曾经传入中国，但在唐武宗灭佛期间，基督教受到排斥，至宋朝初年，景教在中国基本销声匿迹。元朝时，天主教（也里可温教）再次传入中国，但至明朝建立后，天主教也在中国影响式微。16世纪末，天主教耶稣会士第三次来到中国，此时，西方已经进入近代，科学技术有了长足发展，传入的宗教、哲学、艺术和科学技术给中国带来巨大冲击。进入清朝后，汤若望等人沿用利玛窦的方式传教，得到清政府的信任，汤若望被任命为钦天监监正，负责编修历法。顺治皇帝亲政后，授予汤若望"通玄法师"称号，亲笔为新建的教堂题写"钦崇天道"匾额。当时，朝中的部分官员对天主教的活动保持警惕，一个叫作杨光先的官员先著《辟邪论》《不得已》，指责传教士党羽遍布，煽惑百姓，并把15直省之山川形势、兵马、钱粮尽皆编成图籍，配合西方诸国东侵。清康熙三年（1664年），杨光先又以潜谋造反、邪说惑众、历法荒谬三大罪状向礼部参劾汤若望等传教士，一度将在京和各省传教士拘捕监禁，不准传教。但是杨光先接任钦天监监正后，推算的节令常常出错。在一次御前会议上，康熙让杨光先和比利时人南怀仁各自陈述旧历和新历的好处。南怀仁提出一个验证办法：用两个日晷于第二日测定正午日晷投影的位置，看看谁推算得准确。康熙同意，并派礼部尚书到场验证。第二天的现场实验证明：日晷准确地投影在南怀仁标明的位置上，杨光先推算的却差得很多，遂遭到罢斥。钦天监教案平息后，康熙帝重用比利时人南怀仁、法兰西人白晋等传教士编修历书、制造火炮、绘制地图，天主教也因此得以重振。

然而，东西方文化之间的矛盾与冲突始终不断。清康熙四十三年（1704年），罗马教皇格勒门德十一世下达通谕，不许中国教众以天或上帝称天主，不许礼拜堂悬挂有"敬天"字样的匾额，不许中国教众祀祖、祭孔等。罗马教廷的粗暴干涉引起康熙的不满。在据理交涉无效的情况下，清康熙五十六年（1717年），康熙帝谕令礼部禁止天主教在华传教。三年后又重申，一律禁止西洋人在清朝传教，以免多生事端。[①]至此，清朝与罗马教廷的关系宣告破裂。雍正帝时，规定除留京效力的传教士外，其余各省教士俱安置于澳门，令其附舶回国。后因"西洋人私赴各处传教者日益众"，并在各地绘图测镜，潜通消息，甚至勾结地方官为非作歹，清政府于乾隆五十年（1785年）、嘉庆十六年（1811年），又先后制定西洋人传教治罪条例。至鸦片战争前，天主教在中国的影响日渐衰微。

进入近代后，相比于更加先进的技术和不同的宗教信仰，西方文明给中国传统社会最直接也最痛彻的感触还是坚船利炮。其实在历史上，这不是汉族政权第一次面对技术比自己先进的敌手，自战国时起，游牧民族飘忽不定而又迅疾无比的骑兵曾经使擅长步兵作战的汉族政权头疼不已，但最终的结局要么是汉族政权凭借强盛的国力击溃他们，要么是游牧民族服膺于汉族政权先进的文化。这次的对手，无论是技术还是文化都高于自己，中国

---

① 郑彭年：《西风东渐——中国改革开放史》，人民出版社，2005，第108页。

传统社会切实感受到了差距。清道光二十年（1840年）2月，英国政府任命乔治·懿律和查理·义律作为正副全权代表，负责与清政府交涉事宜，同时任命前者为侵华英军总司令。4月，英国议会以微弱多数通过了一项法案，决定提供军费和派兵侵华。6月，由16艘兵船、4艘武装汽船、28艘运输船、4000余名士兵、540门大炮组成的英国东方远征军相继从印度和南非开普敦等地出发到达中国广东海面。

其实英国侵华调动的兵力不多，初期仅调集了4000人，后期最多时也不过15000人，且其中有些还是从各殖民地搜罗来的，真正用于作战的仅7000余人。他们远离本土作战，军需物资供应困难，兵士不服水土。而中国虽然处在封建社会末期，但疆域广阔，拥有八旗、绿营军队近百万人。清同治元年（1862年），李鸿章率淮军到上海后，目睹了西洋的坚船利炮，慨叹不已。

二、外来压力下的应变精神

文化落后的区域自有其传统和习俗，要让他们抛弃自己的传统而接受新的文化，需要一个契机，促使他们不得不接受和学习先进文化，正如日本汉学家平势隆郎所言："文化"从先进地区传播到落后地区时，并非在所有的落后地区都有期待性的发展。落后地区若没有痛感向先进地区学习的必要性，是绝不会开始学习的。因此，那个先进地区首先必须具备吸引落后地区自发关注及兴趣的优势。①

1. 通过模仿以建立对等优势

平势隆郎所说的"痛感"是由外来压力造成的，这可以成为改革的契机。具体到中国历史上，由外来压力造成的改革主要有两方

---

① 增渊龙夫主编：《中国古代的社会与国家》，上海古籍出版社，2017，序文。

面：一是汉族政权与少数民族间的相互模仿，二是中国传统社对域外文明的模仿。

　　汉族政权进入文明社会的时间虽然早于少数民族，但在与少数民族交往的过程中也意识到少数民族的一技之长，因而产生了模仿的必要性。春秋时期，中原各诸侯国的主要兵种是车兵，作战方式是车战，而北方少数民族采取步战，尚未对中原构成威胁。战国时期，北方少数民族出现骑兵。骑兵与车兵相比，具有反应迅速、机动灵活等优点，符合大规模野战的需要，对中原各诸侯国造成了威胁。与北方少数民族接壤的赵国首先感受到了骑兵带来的压力，赵武灵王认为，要扭转赵国的劣势，依靠原先的兵种和战法是不行的，必须建立骑兵，同时要改中原宽袖长袍的服装为短衣紧袖的胡服。公元前307年，赵武灵王开始实行"胡服骑射"，推行服制改革。在大臣肥义等人的支持下，赵武灵王下令全国改穿胡服，因胡服在日常生活中很方便，所以得到了百姓的拥护。改变服装之后，武灵王接着训练骑兵，改变军事装备，使得赵国国力逐渐强大起来，不但打败了北方少数民族，开辟了大片疆土，还使赵国成为战国七雄之一，超越同时期的魏、韩、楚、燕等国，成为与秦、齐并列的三强。在赵国的带动下，战国诸雄纷纷建立骑兵队伍，使骑兵逐渐取代车兵，成为最有战斗力的兵种，从根本上改变了中国古代战争的形势。

　　传统社会模仿域外文明，最典型的事例就是晚清时期的洋务运动。清朝统治集团中部分官员认为，英国和法国能够在两次鸦片战争中取胜，根本原因在于二者拥有先进的武器，清政府的失败正是由于军事装备比对方差，江苏巡抚李鸿章在写给总理衙门的函件中称："中国文武制度，事事远出西人之上，独火器万不能及。"因此"中国欲自强，则莫如学习外国利器，欲学习外国利器，则莫如觅制器之器，师其法而不必尽用其人。欲觅制器之器与制器之人，则或专设一科取士，士终身悬以为富贵功名之鹄，则业可成，艺可精，而才亦可集"①。正是在这种"中学为体，西学为用"的思想指导下，从19世纪60年代始，洋务派大规模地学习西方军事工业，建立工厂，制造枪炮弹药，以求实现"自强"，巩固国防，揭开了封建中国采用西方资本主义生产方式的序幕。洋务运动从清咸丰十年（1860年）十二月初始，至清光绪二十一年（1895年）中日甲午战争失败止，在中国社会原有的封建经济基础上展开了一系列的仿效西方资本主义生产方式的经济活动。这些经济活动的主要结果是：第一，近代军事工业方面，兴办了大小20个企业，其中一些企业的规模比较大，如江南制造总局、福州船政局和湖北枪炮厂等；第二，近代民用企业方面，兴办了接近30个企业，这些民用企业包括工业和矿业，共计有11个煤矿、12个金属矿、2个炼铁厂和4个纺织厂；第三，近代交通运输企业方面，总部位于上海的轮船招商局拥有30余艘近5万吨的商轮，修筑了台湾铁路和京奉铁路的天津到山海关段，共364公里，此外还有已经动工的京汉铁路和通达全国主要行省份的电报和邮政业。②这些企业，从产生的时间上看虽迟于外国在华资本所办的近代企业，但比民族资本所办的近代企业要早。中国第一个近代纺纱厂和织布厂、第一个近代煤矿、第一个近代钢铁厂等都是在洋务派手中出现的。这些近代企业在生产规模和资本总额等方面，不仅远远超过当时的民族资本企业，也优于当时外国资本的在华企业。

当然，在模仿过程中，必须注意本国国情，毕竟相同的措施在有的国家能够发挥作用，而在其他国家则未必有效。在中日近2000年的交往中，日本在大多数时间里以中国为师，著名的圣德太子改革和大化革新就是师法中国的典型。这种局面到19世纪发生了转折

---

① 顾廷龙、戴逸主编：《李鸿章全集》，安徽教育出版社，2008，第313页。

② 齐涛主编：《中国通史教程》（近代卷），山东大学出版社，2008，第83~84页。

性的变化，尤其是从19世纪后期开始，中国开始向西方的"好学生"——日本学习。在中国近代史上，黄遵宪最先学习和介绍日本的明治维新，先后完成了《日本杂事诗》和《日本国志》，对戊戌变法有着直接影响，在一定程度上为维新变法提供了蓝本和方向。维新派为了把明治维新的成功经验运用于中国，以极大的热情投入翻译和编写有关日本情况的书籍中。其中，从光绪十二年（1886年）起，康有为耗费10年心血编著的《日本变政考》一书，成为实施变法的指南。康有为等人试图移花接木，完全模仿日本明治维新的做法，不过由于在学习中生搬硬套，忽视了中国同日本完全不同的国情，改革效果并不尽如人意。

2. 通过革新以遏制对方特长

在军事上，游牧民族相较于农耕社会的一大优势是骑兵及其带来的机动性和迅捷性，面对这个优势，农耕社会可以模仿游牧民族建立骑兵，但这种模仿需要强大国力的支撑，难以持久；也可以革新军事技术，充分利用和重新组合已有的资源，打破游牧民族的骑兵优势。南宋时期的岳飞阵法就是很好的例证。宋高宗绍兴十年（1140年），金军进攻拱州和亳州，守将刘锜向朝廷告急，朝廷把救援的任务交给岳飞，岳飞派部将张宪和姚政前去协助。不久，岳飞派出去的各路将领纷纷告捷，他本人则率领大军到达颍昌，亲自率领轻骑兵驻扎在郾城。金将金兀术十分害怕，与龙虎大王完颜突合速商议，认为其他将领容易对付，但不能抵挡岳飞的进攻，于是想把岳飞引进包围圈。南宋朝廷听说此事后产生畏惧情绪，下令给岳飞让他谨慎应战，岳飞说："现在金兵已经是强弩之末。"于是岳飞派人白天向金营挑战，进行辱骂。金兀术异常恼怒，就联合龙虎大王等进逼郾城，双方大战一触即发。岳飞命令其子岳云带领骑兵营直捣敌阵，并警告他如果不能取胜，就先斩了他。岳云率军经过数十次冲击，杀得金兵尸横遍野。

在这次战役中，金兀术投入的"拐子马"，给宋军造成重大损失,"初,兀朮有劲军,皆重铠,贯以韦索,三人为联,号'拐子马',官军不能当"①。岳飞年轻时跟随抗金名将宗泽学习兵法,深受宗泽器重,宗泽欲把阵图传授给他,岳飞对此说了自己学习的体会:"阵而后战,兵法之常;运用之妙,存乎一心。"②前一句话肯定了制定军阵的必要性,后一句则在此基础上进一步提出了灵活运用军阵的思想。针对金军的拐子马,岳飞灵活采用了新的阵法:他命令步兵携带麻札刀,闯入敌阵后不能抬头上看,而是俯身攻击马腿。拐子马由三马相连,其中一匹倒下的话,另外两匹也无法行进,进而影响整个骑兵部队。岳家军奋勇杀敌,击溃了拐子马。金兀朮痛惜地说:"我自从起兵以来,每次战斗都能靠着拐子马取胜,今天这种胜利算是到头了。"

岳飞凭借新的阵法战胜女真,明朝的戚继光则凭借新的阵法打败了倭寇。明嘉靖三十八年(1559年),戚继光奉命到浙江金华、义乌等地招募3000名新兵,教以技击法,将这支队伍训练成纪律严明、能征善战的戚家军。倭寇的活动范围多在闽、浙、粤沿海一带,他们惯用重箭、长枪作战。由于闽、浙沿海多山,道路崎岖,不适合大部队作战,而倭寇善于在山地设伏,自恃艺高器利,与明军短兵相接。戚继光在《记效新书》中写道:"此(长刀)自倭寇犯中国始有之。彼以此跳舞,光闪而前,我兵已夺气矣。倭善跃,一进足则丈,刀长五尺,则丈五尺矣。我兵短器难接长器,不捷,遭之者身多两断。"针对这一特点,戚继光创造了一种专门对付倭寇的阵势,名曰"鸳鸯阵"。明人冯梦龙记载说:"戚继光每以'鸳鸯阵'取胜。其法:二牌平列,狼筅各跟一牌;每牌用长枪二枝夹之,短兵居后。遇战,伍长低头执挨牌前进。如已闻鼓声而迟留不进,即以军法斩首。其余紧随牌进。交锋,筅以救牌,长枪救

---

① 脱脱等:《宋史》,中华书局,1977,第11389页。
② 脱脱等:《宋史》,中华书局,1977,第11376页。

筅，短兵救长枪；牌手阵亡，伍下兵通斩。"[1]

这一战斗队形共由11人组成：队长1人在前，其余10人分为两列纵队，前2人为长牌手和藤牌手，次2人为狼筅手，次4人为长枪手，次2人为短兵手。接敌时，牌手在队前，持盾牌低头前进，左牌有左筅防护，右牌有右筅防护。左边的长枪手随左筅前进杀敌，右边的长枪手随右筅杀敌。长枪手后边的短兵手保护长枪手，防止刺杀时，敌人进到他们身边。藤牌手除用藤牌外，还有标枪和腰刀。其右手执标枪，左手执牌，腰刀挽在左手上，横在牌里。接近敌人时，掷出标枪，不管能否击中，敌人必用枪拨标。此时藤牌手将腰刀转入右手，迅速向敌人砍杀。只要进到敌人的身边，敌人的长枪就不能发挥威力。狼筅、长枪手等一齐跟上，将敌歼灭。

明嘉靖四十年（1561年）五月，大批倭寇窜入花街一带骚扰抢掠。戚继光率戚家军，首次排出鸳鸯阵，在鸟铳、弓、弩、火箭的配合下，一举杀敌3万多人。紧接着在保卫台州的战斗中，戚继光又以1500人在山林中伏击倭寇2000多人。待敌人进入伏击圈后，戚家军又列出鸳鸯阵，向敌军勇猛冲杀，倭寇顿时全线崩溃，被斩首或坠崖摔死者不计其数。这一年，戚继光依靠鸳鸯阵大破倭寇于浙江临海，九战九捷，使浙江的倭患得到平息。戚家军从浙江转至福建抗倭时，也大量运用鸳鸯阵破敌，几乎每战必胜。

3. 通过吸收而充实自身传统

无论是模仿少数民族的长处，还是针对异族的特长进行"反向"改革，都是以改革者为主体，较大程度地改变自身组织与结构实现的，还有一种改变较少的改革方法是通过吸收而充实自身传统。

明初以《授时历》为基础编成《大统历》，但不久在推算日月食时就出现了差错。在利玛窦到达中国之前，已有一些人发现《大统历》预测日月食不准，并酝酿进行历法改革。明崇祯二年（1629

---

[1] 冯梦龙：《智囊诠解》，天津古籍出版社，2017，第340页。

年）五月乙酉朔，钦天监预报的日食又发生明显错误，而礼部侍郎徐光启根据欧洲天文学算法所作出的预测却正好符合，崇祯帝严厉批评了钦天监。徐光启在历议中解释为何要学习西方历法时，援引前代的例子，搬出洪武初年借用伊斯兰历的经验，作为明末改历的榜样。在七月十一日的礼部奏折中，徐光启提到明太祖朱元璋"尝命史臣吴伯宗与西域马沙亦黑翻译历法"。在同年七月二十六日的奏折中，他又强调"修历用人三事"，首先要利用李之藻这样的"中外臣僚"；其次要用西法，重提朱元璋命人翻译伊斯兰历法之事。此外，他在担责历法改革的重任之后，在多种场合对如何接受西学进行了宣传。1631年，在所上《历书总目表》中，他重提明初学习西域历法之事，并感叹没有大量翻译西域历法著作，使《大统历》不完备。从明崇祯二年到崇祯六年（1629—1633年）的5年间，徐光启从礼部侍郎、礼部尚书升为大学士，积极投入历法改革。不论是对西方天文学著作的翻译，仪器的制作，还是人事安排，乃至日常的经费开支，他都通盘考虑，为《崇祯历书》的完成打下了基础。

吸收西方历法的情况在康熙时更加明显。康熙初年的钦天监教案后，康熙帝从"历狱"中认识到西方科学技术的先进性，经常利用为政之暇，从南怀仁等西洋传教士处学习天文历算、医学和哲学等，掌握了不少西学知识。他任用南怀仁主持钦天监工作，并根据南怀仁推荐，命多名欧洲人到钦天监和宫中任职，使得"钦天监用西洋人，累进为监正、监副，相继不绝"[①]。康熙帝前后多次通过传教士致信罗马教廷和教皇，希望他们选择精通天文历算及物理学等科学技术人员至清政府效力。清康熙二十七年（1688年），第一批法国耶稣会传教士携带各种天文、数学书籍和仪器到达北京，并

[①] 赵尔巽等：《清史稿》，中华书局，1977，第10025页。

进入皇宫。此后，又有数批通晓科学技术的西方人络绎来到中国。康熙帝对西方传教士及科技人员以优厚的待遇，先后命南怀仁、白晋、张诚等人为其讲授几何、测量、代数、天文、物理及解剖学知识，表现出锐意进取的文化精神及自信、开放的文化心态。

相对而言，这些应变措施都限于"技术"层面，不同于全盘接收外来文化。马克思在《不列颠在印度统治的未来结果》一书中指出："相继征服过印度的阿拉伯人、土耳其人、鞑靼人和莫卧儿人，不久就被当地居民同化了。野蛮的征服者总是被那些他们所征服的民族的较高文明所征服，这是一条永恒的历史规律。"[①]在世界文明古国中，古埃及和古印度都经历过这种情况。在埃及历史上的第二中间期（约前1786—前1567年），以游牧部落为主的喜克索斯人（他们的起源存在争论，有的说来自西亚，有的则说诞生于埃及）侵入埃及，建立了第十五、十六两个王朝，统治过大半个埃及，成为古埃及历史的组成部分。喜克索斯人在埃及建立政权后，他们的国王也自称法老，并称自己是"拉之子"——太阳之子，也像原来的埃及国王一样，把自己的名字写在一个椭圆形的框里，以表明他们要尽可能地适应埃及文化，尽管两者存在巨大差异，如埃及人通常穿白色衣服，喜克索斯人则穿得非常鲜艳。据《萨勒纸草I》记载，喜克索斯人崇拜埃及的塞特神，禁止崇拜其他的神，虽然他们崇拜太阳神拉，《萨勒纸草I》记载的国王的名字中有"拉"的名字，如乌舍拉、苏伦舍拉等，甚至自称"拉之子"。[②]印度历史悠久，古老的传统文化具有强大的同化力，早期入侵印度的希腊人、塞种人和白匈奴人等，可以在军事上取得胜利，但在文化上始终无法征服印度人，大多数情况下还不得不屈服于印度文明。征服过印

[①] 李立纲：《马克思恩格斯人类学编年史》，云南民族出版社，2009，第238页。

[②] 吴于廑、齐世荣主编：《世界史：古代史编》（上卷），高等教育出版社，2011，第37页。

度和埃及的"野蛮的征服者"都被"较高文明"的当地文化征服。

三、外来压力下的守旧与王朝衰亡

中国古代社会基于严格的华夷之分的观念，在接受外来文化方面一向非常严格。虽然从赵武灵王胡服骑射之后，汉族政权的生活方式已经发生变化，日常饮食中的外来食物更是成为不可或缺的必需品，但在涉及礼仪的方面，汉族政权始终不认可和接受外来文化，在他们看来，这是华夏区别于其他族群的根本。唐朝的韩愈说："孔子之作《春秋》也，诸侯用夷礼则夷之，进于中国则中国之。"[1]华夷之分首先是一种礼仪之分，因此在与其他族群交往时，汉族政权始终恪守礼仪，要求对方遵从华夏的礼仪，即使世界形势已经发生转折性的改变，其他族群的文明程度又高于自己时也是如此。

1. 墨守礼仪

清乾隆五十七年（1792年），英王派前印度马德拉斯总督马戛尔尼伯爵为正使，率领700余人的庞大使团访华，他们此行的主要目的是取得以往各国通过计谋或武力无法获得的贸易权益和外交权利。清政府则把这看作是英国派来的第一拨"贡使"，是为补祝乾隆皇帝寿辰而来的，因此对使团十分重视。次年六月，使团到达中国，清政府破例允许英船从天津入港，沿途接待隆重，供给丰盛。乾隆帝特地取消了每年例行的木兰秋狝，在避暑山庄接受英使朝觐。

马戛尔尼等尚未到达避暑山庄，便出现了所谓"礼仪之争"。清政府要求英使觐见时行外藩朝贡天朝的三跪九叩大礼，英使以维护对等之独立国英国国王的荣誉而加以拒绝。使团到达热河后，争执尚未解决。八月十三日万圣寿节，乾隆帝以通融态度在避暑山庄接见英国使团，马戛尔尼也表现出相应的恭敬与礼貌。使团返回北

---

[1] 韩愈：《韩昌黎文集校注》，马其昶校注，马茂元整理，上海古籍出版社，1986，第17页。

京后，清政府认为英使来华朝贡已经结束，即颁赐国书礼品，示意英使回国。而马戛尔尼认为所负外交使命尚未完成，于是向清政府提出一系列要求：通商方面，准许英国派员驻扎北京以便于照管商务，准许他们在北京建立商馆贮存货物以便于发售，允许英商在宁波、舟山、天津、广东等地自由通商；领土方面，允许英国在舟山附近占用一小岛以供英国商人居住与储存货物，清政府拨付广州附近的一处地方供英商居住并允许他们自由出入；税收方面，减免英国商人在广州和澳门内河运货的税额，免除英国人的居住税并发给许可证，允许英国人在各省传教等。这些割让领土、开放口岸、减免关税的要求遭到清政府的拒绝。乾隆指出："天朝尺土，俱归版籍，疆址森然，即岛屿沙洲，亦必画界分疆，各有专属。"[①]并警告称，如果英国船只航行至浙江、天津时想上岸交易，定当立即驱逐出洋。九月，马戛尔尼使团离京，十一月到达广州。在广州期间，马戛尔尼向两广总督递交了包括11项条款的书面要求，除此前已提出的要求外，还要求英国商人可随意与任何中国人贸易，不必通过公行、行商；英人犯罪或有不法行为，其同国人如无参与帮助犯罪者，一律不负连带责任；如英商认为适宜或有必要长期留居广州者，应准其留居等条款。在没有取得任何结果的情况下，英国使团在澳门略事逗留后返回了英国。

在与马戛尔尼使团的接触中，清政府由于不了解世界形势，把经过工业革命而蒸蒸日上的英国继续当作"荒蛮"对待，没有充分重视英国不断膨胀的对华侵略意图，更无意筹划如何应对未来的挑战。在此后的几次中英交往中，无论是清嘉庆二十一年（1816年）的阿美士德使团访华，还是清道光十四年（1834年）的律劳卑事件，清政府都以"天朝上国"的姿态拒绝英国的诸多要求，致使在

[①] 纪昀：《纪晓岚文集》第3册，河北教育出版社，1995，第431页。

1840年被迫以武力仓促应战。[①]

2. 拒绝进步

本来,早在鸦片战争期间,道光皇帝和一些督抚曾急于学习西方的军事技术,并开始购买和仿造西方的船炮。但鸦片战争后,整个统治阶级对当时世界大势和资本扩张本质一无所知,未曾把来自西方的挑战看成是空前未有的深重长久之患,依然以"天朝上国"恩泽天下的姿态,一心一意设法巩固和平局面,魏源"师夷长技以制夷"的主张根本无人理睬,甚至当法俄等国出于自身利益的考虑主动提出帮助清政府掌握这些西方长技时,也都遭到了清朝统治者的拒绝。如法国人认为清朝与英国结束战争进行通商的和平局面不值得依赖,建议清政府必须进行防备,以免后患,尤其是与其他西方国家搞好关系,以便在事发后获得帮助,进而要求双方互派公使。清政府认为法国居心不良,打着帮助清政府的旗号为自己谋私利,用心尤其险恶。因此,当法国再次提出让清政府派人到本国学习修船、铸炮等技术以抵御英国的建议时,被后者一口回绝。此外,俄国也建议清政府到他们国家学习同样的技术,也被清政府以不愿多生事端为理由坚决拒绝。清政府主动放弃了到西方国家学习先进技术的机会。

面对西方列强的步步紧逼和潜在威胁,清政府却看不到改革的紧迫性,反而希望能通过签署屈辱的和约维持清朝与西方列强的关系。第一次鸦片战争后,英国根据和约要求"入城",清政府则以该要求违反和约为由拒绝,致使双方局势紧张。英国又要求与西藏定界通商,主和派大臣耆英误判形势,以为清朝已经开放五个通商口岸,英国不会放弃这些利益而在西藏发生争端,因此建议拒绝。《南京条约》的内容远不能满足英国的胃口。后来,美国和法国也

[①] 赵毅、赵轶峰主编:《中国古代史》(下册),高等教育出版社,2010,第366~367页。

提出修改条约的要求，清政府本可以趁机提出自身的要求，但担心修约会影响清朝与西方的关系，遂予以拒绝。清政府的一再拒绝引起了英国的强烈不满。首相巴麦尊狂妄地称："中国人在对唯一能使他们信服的论据——大棒论据退却以前，就不仅应该看到这根大棒，而且应该感到这根大棒确实打在自己的背上。"①于是，为资本扩张服务的战争又重新酝酿起来。

在世界历史上，在面临日益严峻的外来压力下而没有改革的王朝还有波兰。17世纪时，波兰与欧洲多数国家的发展呈现相反的趋势，前者正在解体，后者却正在形成民族国家，尤其是俄国、普鲁士和奥地利等国家实力强大，觊觎日益衰弱的波兰，波兰被迫不断出让领土：东普鲁士于1618年并入勃兰登堡，立窝尼亚于1662年并入瑞典，第聂伯河以东的大片领土于1667年并入俄国，致使波兰领土缩小，国际地位低下。面对这种颓势，统治阶层中的加西米尔和索毕斯基两位国王都实行过变革，却遭到守旧贵族的激烈反对，前者甚至丢掉王位。到18世纪初，波兰已经失去了改革的时机，而且环伺的列强不允许波兰通过改革强大起来，交替插手波兰内政，最终，波兰先后多次被瓜分，彻底丧失了作为独立国家的地位。②

因此，18世纪后期的波兰与19世纪后期的清朝虽然地处欧亚两洲，但都做着在严重的外部威胁下要不要改革的选择：清政府先是错失改革时机，后来在不得不进行改革时敷衍塞责，最终被国内革命推翻；波兰则受制于内部贵族的守旧和外部势力的干涉，一再错失改革时机，最终被瓜分亡国。前者亡朝，后者亡国，其原因都与没有进行及时而有效的改革直接相关。

---

① 齐思和、林树惠、田汝康等编：《第二次鸦片战争》（六），上海人民出版社，1979，第18页。
② 吴于廑、齐世荣主编：《世界史：近代史编》（上卷），高等教育出版社，2011，第140页。

第六章 循序渐进的改革

历史上的新政权在刚刚建立时，面对前朝遗留的弊端，如土地兼并、皇权衰落或旁落、人口流离和财政危机等，需要针对各项弊端，以快刀斩乱麻的勇气，迅速采取改革措施。这时的改革宜快不宜慢。随着时间的流逝，曾经起过积极作用的政策和制度会暴露出问题，成为进一步发展的负担。因此在王朝中期，又可能出现新一轮的改革活动。不同于政权建立初期的迅速改革，此时的改革宜缓不宜急，即改革措施的推进需要循序渐进。《孟子·公孙丑下》："彼一时，此一时也。"时代变化了，改革的速度也要因时而变。

一、循序渐进改革的必要性

从时限上看，历代政权改革的对象有两类，一类是前代的，另一类是当代的。有时，这两类的区别并不明显，如果新政权沿用前代的规章制度，这些规章制度在出现弊端后也会成为改革对象。但无论是沿用前代的还是新政权创立新的规章制度，它们在开始实施时，大多起着积极作用，即使衍生出问题，也需要经过一段时间后才能暴露出来，而且问题的形成有着复杂的因素，这决定了改革需要顾及的事项越多，越需要循序渐进地推行。

1. 问题长期存在而蕴含的"权威性"

德国哲学家黑格尔说过，凡是现实的都是合乎理性的，凡是合乎理性的都是现实的。虽然这句话经常被用来为合理的和不合理的现实辩解，却也隐然指出了一种现象长期存在的"合理性"。这样的现象在刚出现时满足了特定的需要，一旦存在并经过长时间延续，就会成为传统，具有不同程度的权威性。要想对其进行改革甚至彻底根除，意味着要改变传统的做法，自然应该循序渐进地进行。

《诗经·大雅·假乐》："不愆不忘，率由旧章。"有种解释认为，《假乐》是周宣王行冠礼时的冠词。如此，这两句是告诫周宣王不做错事、不忘职责，一切都要遵循原有的法度章程，表达了时人对年轻君主的殷切期望。遵循原有的法章制度，即遵循祖宗之法。北京大学的邓小南曾揭示宋朝历史的一个突出现象就是追念祖宗之世，推崇"祖宗之法"，而宋人心目中的"祖宗之法"是个动态积累而成、核心精神明确稳定且涉及面宽泛的综合体。它既包括治理国家的基本方略，也包括统治者应该循守的治事态度；既包括贯彻制约精神的规矩设施，也包括不同层次的具体章程。[1]简而言之，祖宗之法既包括成文的也包括不成文的，两者都不能轻易改动。

在内廷中使用宦官，是中外历史共同的现象，古埃及、希腊、罗马和波斯等文明古国都出现过宦官，以致有研究者声称："宦官实为一种普遍的人类学现象。"[2]与中国不同的是，这些文明古国的

---

[1] 邓小南：《宋代"祖宗之法"治国得失考》，《人民论坛》2013年第16期。

[2] 沃尔特·施德尔：《罗马与中国：比较视野下的古代世界帝国》，江苏人民出版社，2018，第92页。

宦官较早退出历史舞台，中国的则延续至近代，似乎给文明古国的称号蒙上了"不文明"的面纱。

其实，中国早期的宦官未必全都是阉人。汉桓帝延熹五年（162年），尚书朱穆在上奏中提及宦官出身时说道："根据汉朝的惯例，中常侍也从士人中选拔。建武之后才一律由宦官担任。"也就是在西汉时，中常侍的职务本来都是由士人——用今天的话说就是知识分子担任的，东汉建立之后才开始由阉人担任宦官。从此，包括中常侍在内的内朝由清一色的宦官组成就成为不成文规定，进而演变为具有权威意义的"故事"，束缚着时人对它的改革。

东汉中期之后，宦官干政与妇人之治是东汉历史的两大特点，前者引起官僚的极大厌恶，这种厌恶夹杂着他们对宦官作为刀锯之余的生理鄙视和堵塞仕途之路的愤恨，于是有了汉灵帝时部分官僚谋划诛杀宦官的行动。此前的汉桓帝时，扶风平陵人窦妙被册封为皇后，时任太尉陈蕃曾助力促成。桓帝去世后，窦妙自然成了窦太后，并主持朝政。基于陈蕃之前的帮助，她把大小政事都交付给陈蕃处理，陈蕃也与窦太后之父窦武一起，同心合力辅佐皇室。他们征召李膺、杜密、尹勋和刘瑜等名士进入朝廷，参与朝政，使得天下士人殷切盼望的太平盛世到来。然而，汉灵帝的乳母赵娆和女尚书一天到晚守在窦太后身边，还与中常侍曹节和王甫等人勾结奉承窦太后，轻而易举就获得官爵，引起陈蕃和窦武的痛恨。有一次，陈蕃在朝堂上商议朝廷政事时对窦武说："曹节和王甫等人从先帝时起就操纵朝廷大权，扰乱天下，现在不杀掉他们，将来会更难下手。"窦武深表同意，于是就联络志同道合的尚书令尹勋等人，共同制定翦除宦官的计划。汉灵帝建宁元年（168年）五月日食，陈蕃鼓动窦武说："西汉时的丞相萧望之吃尽宦官石显的苦头，近来的李膺和杜密不仅一人遭祸还牵连妻子。如今，像石显那样的宦官有十几个呢！我以80岁的年纪要为将军除害，可以日食为借口，斥退罢免宦官以应对天象变化。另外赵夫人及女尚书整天惑乱太后，应该马上把她们赶走。希望将军考虑此事。"窦武向窦太后禀告说:"按照旧例,黄门、常侍只能在宫内办理事务,掌管门户,管理宫里各部门的财务而已,如今他们参与政事,手握大权,党徒遍布天下,做尽坏事,天下动荡不安正是因为他们的缘故。应该把他们全部诛杀黜退,清理朝廷。"窦太后却以祖宗之法反驳说:"汉朝自建立之后就有宦官,即使诛杀也要杀那些有罪的,怎么能够全部废掉呢?"此事被泄露,导致计划失败。最终,曹节和王甫等劫持汉灵帝和窦太后,下令逮捕窦武等。窦武率兵反抗,结果兵败自杀,被枭首于洛阳都亭,陈蕃也在事发当天被捕杀。

从汉光武帝建武年间到汉灵帝建宁元年,宦官担任中常侍等内廷职位已延续百年以上,当时虽然没有明确的规章制度规定,但它存在的时间如此之长,以至于成为约定俗成的传统。陈蕃和窦武都想废除这个传统,但他们低估了宦官势力在这百年时间里的发展,也低估了这个传统对窦太后等人的约束。

2. 问题形成的长期性

东汉党锢之祸的教训表明,宦官并不仅仅是内廷中一个单纯依附于皇权的群体,他们还逐步掌握了实权,在政治上培植起自己的势力,在军事上掌控了军权。

唐朝宦官势力的发展大致经历了三个阶段。第一个阶段是唐玄宗时期。他改变了唐高祖、唐太宗和唐高宗严格控制宦官干政的传统,导致宦官不仅人数众多,而且染指朝政。唐玄宗晚年怠于政事,把部分政务交给宦官高力士处理,听任他自断小事,禀报大事,由此开启了唐朝宦官干预朝政的先例,一时之间,"宇文融、李林甫、李适之、盖嘉运、韦坚、杨慎矜、王鉷、杨国忠、安禄山、安思顺、高仙芝因之而取将相高位,其余职不可胜纪"[①]。不过当时宦官还未掌握军权,主要是依仗皇帝的宠信窃弄权柄而已。

---

① 刘昫等:《旧唐书》,中华书局,1975,第4757~4758页。

第二个阶段是唐肃宗和唐代宗时期。马嵬驿兵变后,唐肃宗在灵武即位,因宦官李辅国拥立有功,便任命他为"判元帅府行军司马事",对他倍加信任,让他协助自己主持平叛军务。返回长安后,李辅国专掌禁军,所有制敕都需要他画押后施行,由此掌握军政大权。唐肃宗病危时,张皇后想废除皇太子李豫而改立越王李系,李辅国和程元振出兵保护李豫,逮捕张皇后和李系等人。李豫即位后,因李辅国拥立有功,尊其为"尚父"。李辅国恣横更甚,嚣张地对唐代宗说:"大家但内里坐,外事听老奴处置。"①后来唐代宗利用宦官内部矛盾,杀掉李辅国,但又任用宦官程元振和鱼朝恩掌管禁军。

第三个阶段是唐德宗时期。唐德宗建中四年(783年)泾原士卒兵变,攻陷长安,唐德宗仓皇出逃至奉天,无军队护卫,狼狈不堪。事后,唐德宗忌惮武将重臣,对宦官更加信任,以宦官掌管禁军。自唐德宗兴元元年(784年)重返长安后,神策军便驻扎在京师四周和宫苑之内。因其待遇优厚,戍守长安的其他军队皆请求隶属于神策军,神策军的人数很快发展到15万人,成为禁军主力。唐德宗贞元十二年(796年),设立左、右神策军护军中尉,也由宦官担任,神策军的统帅权完全落在宦官手中。宦官统领神策军,等于掌控了中央的军事力量。此外,唐代宗时有两名宦官担任内枢密使,掌管机密,承宣诏旨,权力极重。唐玄宗时开始实行宦官监军的制度,唐肃宗以后诸道藩镇都以宦官担任监军之职。

可见,从唐玄宗后期到唐德宗的50年左右的时间,宦官人多势众,掌握了京城的军权,获取了对藩镇的监察权,宦官成为唐中叶以后左右政局的强大势力。在这种背景下若想解决宦官问题,操之过急显然难以成功。唐顺宗企图夺回宦官的兵权,又计划削减藩镇势力,结果遭到两者的共同抵制,先是宦官拥立其子为太子,接着

---

① 刘昫等:《旧唐书》,中华书局,1975,第4761页。

藩镇要求他内禅，内外压力导致永贞革新归于失败。可见对于长期形成的问题，需要使用循序渐进的方式改革。

3.问题解决的阻滞性

在秦汉之际的大变局中，出身基层社会的刘邦集合了主要来自社会底层的各色人士攻入关中，推翻了秦朝的统治，后又打败项羽，重新建立统一国家。刘邦及其追随者纷纷进入上层统治机构，成为汉初的"军功受益阶层"。此后的很长时间里，政治权力基本由"军功受益阶层"把持。学者李开元说："汉初军功受益阶层，从高帝时期出现，经惠帝、吕后、文帝、景帝，直到武帝末年从历史舞台上消失，大约存在了一百年时间。在高帝、惠帝、吕后、文帝之约五十年间，汉初军功受益阶层完全支配着汉帝国之各级政权，为其间汉帝国政治之主导和支柱。"[1]其中一个典型的事例就是，汉文帝在选择丞相时，曾"以皇后弟窦广国贤有行，欲相之，曰：'恐天下以吾私广国。'久念不可，而高帝时大臣余见无可者，乃以御史大夫嘉为丞相，因故邑封为故安侯"[2]。仔细揣摩这段话可知，申屠嘉继任丞相不是由于他的才能多么出众，而是跟随刘邦打天下的大臣中实在没有合适的人选了。他在汉高祖时只担任"队率""都尉"，履历不算出众，但好赖属于开国功臣，选择他也显示出了汉初丞相职位的人选主要限定在功臣。

汉时贾谊的任职经历透露出当时朝政的因循守旧。贾谊是河南洛阳人，年少有为，他18岁的时候因为能够背诵《诗》《书》和善于写文章闻名当地。河南郡守吴公听说后把他召到门下，对他非常器重。当时，汉文帝即位不久，听闻吴公政绩全国第一，还向他的同乡李斯学习过，就征召吴公担任廷尉。吴公又推荐贾谊，称贾谊年纪虽

---

[1] 李开元：《汉帝国的建立与刘邦集团：军功受益阶层研究》，生活·读书·新知三联书店，2000，第240~241页。

[2] 班固：《汉书》，中华书局，1962，第2100页。

小但通晓诸子百家，汉文帝就召贾谊做了博士。那时他才20多岁，是所有博士中最年轻的。汉文帝每次下令讨论问题，年长的博士不知道说什么，贾谊却对答如流，引起众人的叹服。汉文帝非常喜欢贾谊，不到一年的时间就破格提拔贾谊为太中大夫，俸禄一千石。贾谊认为汉朝建立二十余年，天下太平，应当修订历法，更改车马、服饰颜色，订立法令制度，确定官职名称，振兴礼乐，这完全改变了汉初以来的传统做法。汉文帝与大臣商议，任命贾谊担任公卿，这引起周勃、灌婴、张相如和冯敬等大臣的嫉妒，他们诋毁贾谊，说他只是洛阳学识浅薄的少年，却想着霸占权力。诋毁他的几个人，既是军功受益阶层的代表，更是既定秩序的维护者：

周勃，沛县人。秦末跟随刘邦起义，屡立军功，封绛侯。后来参与平定吕氏之乱，迎文帝即位，拜右丞相，卒谥武。

灌婴，睢阳人，随刘邦平秦灭楚、大破英布等，功劳显赫。汉高祖六年（前191年）封颍阴侯，官至太尉、丞相。

张相如，秦汉之际跟随刘邦南征北战，屡立战功，汉高祖十一年（前196年）封东阳侯，汉文帝时率军击破匈奴，汉文帝前元十五年（前165年）去世。

冯敬，上党人，西汉博成侯冯无择之子。秦汉之际，冯敬与韩信及曹参率领的汉军交战被俘而降汉。汉文帝前元三年（前177年）拜为典客，4年后迁御史大夫。

由于这些可谓既得利益者的反对，汉文帝后来疏远了贾谊，不采纳他的意见，只让他做长沙王太傅。

4. 问题产生的复杂性

人们在制定制度时，对于制度应该发挥的客观效果有个主观的预估，这就是该制度的显功能。但在现实中，制度不能在任何时候都能很好地发挥其功能，有时与现状不适应，有时阻碍人们的需求，透露出制度功能的失调，这时的制度即成为问题，要纳入改革对象范围。

制度功能的失调有着不同的原因，具有一定的复杂性，因此不可一概而论。第一个原因是潜功能的扩大。制度除了具有人们预期的显功能，还有潜功能，即人们在制定制度时没有认识到和意识到的效果。随着时间的推移，潜功能逐渐凸显，有超过和替代显功能的趋势，因而成为障碍。唐高宗之后，边疆多事，在西部边境，吐蕃与唐朝争夺西域；在东北边境，契丹不断侵扰。为加强边境防御力量，武则天开始在缘边区域设立军镇，驻扎重兵。唐睿宗景云二年（711年），唐朝在河西地区设置河西节度使，掌管地方军政。开元、天宝年间，唐朝边防线上已形成了九镇节度使和一个经略使，九镇即范阳、平卢、河东、朔方、安西、北庭、河西、陇右、剑南，经略使即岭南经略使。从位置上看，九个藩镇主要位于从西北到东北的漫长边境，对稳定边疆形势曾发挥过积极的作用。但是，唐朝的府兵制由于均田制的破坏而瓦解，后改实行募兵制，藩镇士兵就地招募，长期服役。这就改变了唐初的做法。募兵制下天下若有战事，就任命大将出征，战事平息之后军队就解散，士兵归于折冲府，大将归于朝廷。边将得以专兵，藩镇势力不断扩大。为了防御吐蕃、突厥、契丹军队的进犯，精兵猛将聚于边镇。唐玄宗天宝元年（742年），全国兵力57万余，边军达到49万，中央禁军只有八九万，且缺乏训练，一般州县则没有军队。节度使本来是军职，掌管军事，然而边境沿线形势复杂，朝廷不断增加节度使的权力，经常让他们兼管军储、财政，后来又兼任地方采访使，监察州县，形成了尾大不掉的局面，节度使发展成为强大的地方割据势力，使得唐朝府兵制下"内重外轻"的军事形势，转变成为"外重内轻"的局面。

安史之乱中，唐朝无力根除藩镇势力，对于叛军旧部采取安抚策略，承认他们的割据事实：唐代宗宝应元年（762年），李宝臣任成德镇节度使，割据于河北中南部；唐代宗广德元年（763年），田承嗣任魏博镇节度使，割据于今山东、河南、河北交界地区；同年，李怀仙任卢龙镇节度使，割据于今河北北部、中部及辽宁西部地区。这三个藩镇势力强，分裂性大，是唐朝后期主要的用兵对象。唐德宗即位后励精图治，施行两税法，朝廷财政收入大增。同时，唐朝与吐蕃之间局势缓和，唐德宗得以集中精力裁抑藩镇。唐德宗建中二年（781年），李宝臣死，唐德宗拒绝承认其子李惟岳袭职的要求，李惟岳遂与魏博节度使田悦联合淄青节度使李纳、山南东道节度使梁崇义起兵叛变。叛乱被平定后，参与平叛的藩镇互相争夺地盘，发生新的冲突。不久，田悦、李纳与成德降将王武俊、范阳节度使朱滔发动叛乱，朱滔称冀王、田悦称魏王、李纳称齐王、王武俊称赵王，淮西节度使李希烈也加入叛军，起兵反唐，自称天下都元帅。建中四年（783年），唐德宗抽调关内诸镇之兵平叛，泾原兵路过长安时发生哗变，占据长安，乱兵拥立朱滔兄朱泚称帝，国号秦，后改称汉。唐德宗逃到奉天，朔方节度使李怀光率兵来援，与唐德宗发生矛盾，遂联合朱泚共同反唐。唐德宗又逃到梁州，后来依靠李晟援军才收复长安，诛杀朱泚。唐德宗贞元二年（786年），李希烈被部下毒死，唐德宗与朱滔、田悦、李纳、王武俊妥协，终于平息了这场大乱。此后，唐德宗对藩镇的态度由裁抑转向姑息，不再对藩镇用兵。

　　唐宪宗即位后，各地藩镇在长期战乱中实力有所削弱，唐朝又展开对藩镇的裁抑斗争。朝廷采取"先弱后强"的方针，于唐宪宗元和元年（806年）平定剑南西川节度使刘辟叛乱，次年又平定镇海节度使李锜叛乱。两次举动使朝廷威望大增，诸镇开始对朝廷怀有畏惧之心。唐宪宗元和七年（812年），魏博节度使田兴首先向朝廷请命归附，对当时的局势产生了很大的影响。在此之后，唐朝又改用"先强后弱"的方针。两年后的唐宪宗元和九年（814年），淮西节度使吴少阳去世，其子吴元济自领军务，骄横叛上，唐宪宗命宰相裴度亲率重兵讨伐吴元济。唐宪宗元和十二年（817年）十月，大将李愬于雪夜亲率精兵奇袭蔡州城，生擒吴元济，平定淮西之乱。淮西既平，唐宪宗又借田兴之力平定淄青节度使李师道。成德节度使王承宗、卢龙节度使刘总迫于形势请命归附，陷于强藩60余年的河北、山东、河南等地区又归朝廷管辖，藩镇叛乱基本上被清除，但藩镇掌握军政、财政、行政大权的格局并没有根本改变，藩镇割据的基本条件仍然存在。唐宪宗死后，唐穆宗即位，河朔三镇复叛，割据局面再次出现。从唐穆宗到唐懿宗，骄兵悍将逐帅争权，纷乱不断，朝廷无力再行干预。①

第二原因是制度的惰性。任何制度都是对现存社会关系的肯定，而一切社会关系都处在不断变化和发展的过程中，制度则相对稳定。因此，相对于不断变化发展的社会关系来说，任何制度都有其保守性，这种保守性也称制度的惰性。就均田制而言，它的实施需要两个相互关联的前提条件——人口较少和政府掌握足够分配的土地。隋朝人口最多的时期是隋炀帝大业五年（609年），全国有890万余户，约4600万人。到唐初唐高祖武德年间，全国仅200余万户，减少了600多万户；到武周末年，全国615万户，3714万口；再到唐玄宗开元二十七年（739年），全国786万户，4543万口。这意味着从唐高祖武德年间到唐玄宗开元年间的120余年里，唐朝人口增加了几倍。

人口增加了，用来授田的土地却没有相应地增加。早在唐朝初年，在经历隋末大乱、人口剧减而政府掌握较多土地的时代，百姓已然出现授田不足的情况，所以均田制才规定了在人口密集、土地紧张的狭乡，授给的口分田减半，同时允许他们在宽乡遥授田。可以想象得到，授田不足的情况在人多地少的关中、黄河中下游等区域更是明显。随着商品经济的繁荣，土地私有化和土地买卖的发展，到开元、天宝时期，均田法令已经在实际上失去了效力。唐玄

---

① 赵毅、赵轶峰主编：《中国古代史》（下册），高等教育出版社，2010，第66~67页。

宗天宝十一载（752年），唐朝政府发布的《禁官夺百姓口分永业诏》，企图控制小农丧失土地，透露出当时官方已经接受买卖土地的既定事实，不拟使用法令惩办买卖双方，土地兼并的进程随之加速。皇室、贵族和官吏凭借政治特权，以借荒、置牧等名义夺占民田，致使土地向不同身份的地主手里集中。刑部尚书卢从愿被举报占有数百顷良田，被唐玄宗称为"多田翁"。名将郭子仪的田产自陕西西部黄蜂岭至河池关，方圆达百余里。与此形成对比的是失去土地的农民，他们或者成为流民，或者成为佃农。

　　第三个原因是制度执行时的弊端。科举制是中国古代通过考试从读书人中选拔官吏的制度。由于它采用分科取士的办法，因此得名科举制。它的特点是个人自愿报考，由县州（府）逐级考试筛选，全国举子定期集中到京城，按科命题，同场竞试，以文艺才能为标准评定成绩，限量择优录取。科举制从隋朝开始实行，到清光绪三十一年（1905年）举行最后一科考试，历经近1300年。开始时它能适应时代进步的需要，为朝廷取才做出贡献，但后期因僵化而禁锢人们的思想，成为社会发展的负累，八股文制度就是很好的例子。八股文本来是一种命题作文，源自宋朝的经义。它有固定的结构，分破题、承题、起讲、入手、起股、中股、后股和束股八部分，其中后面四部分是文章的主体。从写作技巧与方法上看，写好八股文必须善于变换词汇，必须重视修辞，还得讲究对仗和用典等，还是具有艺术价值的。因此客观地说，八股文制度在刚刚出现的时候，有利于推动考试文体的标准化，有利于促进人才选拔的客观性，具有积极意义。但随着时间的流逝，八股文趋向僵化，变成形式死板、内容空洞的文体，写作者必须按照一定格式和字数填写而没有自由发挥的余地，这就禁锢了读书人的思想，危害了学校教育。鲁迅说：

八股原是蠢笨的产物。一来是考官嫌麻烦——他们的

头脑大半是阴沉木做的——甚么代圣贤立言,甚么起承转合,文章气韵,都没有一定的标准,难以捉摸,因此,一股一股地定出来,算是合于功令的格式,用这格式来"衡文",一眼就看得出多少轻重。二来,连应试的人也觉得又省力,又不费事了。①

二、循序渐进改革的实践

社会是个有机体,一个领域出现问题往往意味着相关领域也存在问题,问题的多面性决定了解决问题的速度宜缓不宜急,即改革需要按照一定的顺序或步骤进行,这已被古今中外取得成效的改革所证明。由于需要改革问题的范围、问题的严重程度和改革的难度等方面的差异,循序渐进的改革也分为不同的情况,有分段改革、接力改革和断续改革等,进行的时间从几年到几十年不等。

1. 分段改革

分段改革是因为改革涉及的范围比较广,一次性颁布所有改革法令,同时对全部领域改革,容易混淆主次,在执行中也难以得到有效的贯彻,所以分阶段推进改革措施。这种改革的典型例子是战国时期的商鞅变法和南北朝时期的北魏孝文帝改革。

有人把商鞅变法称为中国古代唯一成功的社会转型式改革。② 从中国古代政权改革的成败来看,称得上社会转型式改革的主要是商鞅变法和戊戌变法。如果说中国历史上不同改革的失败总是由或同或异的原因导致的,那商鞅变法的成功也是由许多因素促成的,而循序渐进地推进改革就是其中一个。

---

① 鲁迅:《伪自由书》,人民文学出版社,1973,第86页。
② 王福生、陈小丽:《大变法:中国改革的历史思考》,金城出版社,2010,第24页。

现在看来，商鞅变法大致可分成三个时期。第一个时期是议定期。在这个时期，秦孝公与商鞅达成变法的共识。秦国地处西陲，经济文化发展程度低于关东诸国，长期以来受到诸国的鄙视，"秦僻在雍州，不与中国诸侯之会盟，夷翟遇之"。进入战国后，秦国经济有所发展，但总体上仍比较落后。魏国和楚国分别实行变法后，国力增强，前者夺取了秦国的西河之地，后者控制了黔中、汉中和巴等地，直接威胁秦国的安全。公元前361年，秦孝公即位，为了改变秦国的局势，发布变法求贤的命令，征召治国人才，吸引了商鞅的到来。商鞅到达秦国后，经景监引荐，先后多次见求秦孝公。

第二个时期是准备期。在这个时期，秦孝公颁布《垦草令》，即开垦荒地的法令。今天已无法得知该法令的原文，但有的学者认为《商君书》第二篇《垦令》的语气不像是秦孝公发布的命令，可能是商鞅制定了这个方案。《垦令》中有二十种督促百姓积极开垦土地的办法，体现了商鞅的重农政策。当时新法已准备好了，还没公布，商鞅担心老百姓不相信新法，就在咸阳市场南门立了一根三丈长的木杆，称谁能把木杆搬移到城北门，就赏给他十金。百姓觉得奇怪，没人去搬。商鞅便加大悬赏力度，宣布能搬到的人获得五十金。重赏之下必有勇夫，有个人抱着试试看的态度把木杆搬到北门，真的拿到了赏金。商鞅通过这个办法告诉百姓他言出必行，接着便公布了新法令。

第三个时期是变法期。变法措施分前后两次。第一次（前356年起）的措施有：一是制定连坐法，把百姓按照五家为伍、十家为什的单位编制，实行连坐制度。告发奸邪之徒的人能获得奖励，隐匿奸邪的人将受到同等处罚。二是推行个体小家庭制，要求有两个男子的家庭必须分家，否则加倍征收赋税，这为秦国扩大兵源和征收赋税提供了坚实的基础。三是奖励军功，在战场上杀敌一个并取其首级者，国家赐爵一级、田一顷、宅九亩。同时规定，宗室贵族没有军功不能享受特权，这对世卿世禄的宗族是一个打击。四是重农抑商，对积极从事农业并向国家贡献粮食多的人，免除本人的徭役；凡因经商或懒惰而导致贫困的商人和手工业者等，则全家沦为官奴。公元前350年，秦迁都咸阳后，商鞅发布了第二次变法政令，内容包括：一是废井田开阡陌，清除土地上的道路和田界，承认土地私有，鼓励农民开垦荒地，且允许买卖；二是实行县制，在全国设31个县，每县设立县令和县丞，由国君任免，统一领取俸禄；三是统一度量衡，把升、斗和丈、尺的单位做统一规定，并以此为标准制造度量衡器，供全国各地使用。①

商鞅变法的效果非常明显。商鞅在变法中吸取了魏、楚等国先行变法的经验教训，结合秦国的具体情况，制定出细密的计划，对秦国社会实行了全面的改革，改革领域涉及政治、经济、军事和思想文化，以及风俗习惯等。公元前338年秦孝公去世后，太子嬴驷即位，改"公"为"王"，即秦惠王。曾在商鞅变法中受到处罚的公子虔等人诬告商鞅谋反，秦惠王最终怀疑商鞅，诛灭其家族，但没有破坏商鞅变法的内容，因此商鞅变法的措施一直得到贯彻，可谓相当成功，甚至连秦国的妇女儿童都能谈论新法。经过多年的努力，秦国日益发展成为一个强国，1年之后，诸侯国就害怕秦国的强大；10年之后，秦国被治理得很好。

少数民族政权也有社会转型式的改革，成功的概率相对而言高于汉族政权，北魏孝文帝改革就是其中较有影响的一次。这次改革同样分两期进行，第一期改革以政治和经济领域改革为主，主要措施有：一是整顿吏治。北魏前期没有理顺吏治，地方官吏由于没有固定俸禄，到任后便任意搜刮百姓。北魏孝文帝太和八年（484

---

① 赵毅、赵轶峰主编：《中国古代史》（上册），高等教育出版社，2010，第156~157页。

年），执政者参照魏晋官制，对北魏职官进行分级，计有九品十八级三十阶；官阶确定后，下一步是根据官阶确定俸禄制度，俸禄的高低与官品高低对应起来。同时，北魏加强考核官吏的力度，严惩那些贪污受贿和剥削百姓的官吏，使得官风为之一振。二是推行均田制和租调制。北魏孝文帝太和九年（485年），在汉族地主李安世的建议下，北魏颁布均田令。均田令不是平均分配土地，只是将掌握在国家手中的公田加上农民原有的土地，进行一定限度的分配调整。三是实行三长制。486年，北魏接受汉族地主李冲的建议，废除宗主督护制，实行三长制。根据三长制，五家组成一邻，设邻长；五邻组成一里，设里长；五里组成一党，设党长。邻长、里长和党长负责清查户口和田亩数额，作为征收赋税和调发徭役的依据，加强了北魏对地方的控制和管理，可谓北魏政权的基层组织。第二期改革以生活与习俗为主。494年，孝文帝以南征为名，把都城从平城迁至洛阳。洛阳是中原王朝的古都，北魏迁都洛阳，有利于摆脱拓跋贵族守旧势力的影响，加强对中原的控制。迁都之后，北魏采取了一系列旨在改易拓跋旧俗的汉化措施，内容包括禁胡服，令鲜卑人改穿汉服；废北语，以汉语作为鲜卑的通行语言，并规定30岁以下的现任官吏必须改说汉语，否则予以降黜；变姓氏，令鲜卑人改从汉姓，如拓跋氏改为元氏、丘穆陵氏改为穆氏、步六孤氏改为陆氏等。此外，北魏还改革婚俗，提倡胡汉通婚，修订法律，兴建学校，尊孔崇儒，在国家体制和思想文化方面全面接受汉族的政治制度和文化。

2. 接力改革

接力改革是因为改革的问题非常棘手，骤然改革容易引起社会不稳，所以需要一代又一代的改革者接力推进。在推进过程中，不同改革者采取的手段或许不同，但针对的是同一个问题。这种改革的典型例子是汉初（西汉建立到汉武帝时期）分封制的解决。

西汉的分封大致上分为异姓分封和同姓分封两个阶段。在楚汉战争中，刘邦为笼络韩信、彭越等人合力击败项羽，先后分封了七个诸侯王，自北而南大致是：燕王臧荼，都蓟；赵王张敖，都襄国；梁王彭越，都定陶；韩王韩信，都颍川；楚王韩信，都下邳；淮南王英布，都六；长沙王吴芮，都临湘。他们占据了关东的广大区域，而朝廷直接控制的地区仅限于关中、巴蜀和河南的一部分，这里面还分布着140多位功臣的侯国和封君的汤沐邑，致使西汉呈现干弱枝强的态势。异姓诸侯王的存在客观上对西汉中央政权构成严重威胁，使刘邦寝食难安。为控制全国局势，巩固新生的政权，刘邦在吕后、萧何等人的策划下，采取了非常手段。从汉高祖五年（前202年）到汉高祖十二年（前195年）间，西汉统治者以谋反罪逐一铲除了楚、韩、赵、梁、淮南、燕诸王，只有长沙王吴芮因封地偏远，处于汉朝与南越的中间地带，起到两国的缓冲作用，得以幸免。

刘邦在逐个消灭异姓诸侯王的过程中，一时之间还无法控制全国，同时他认为秦朝的迅速灭亡与没有分封子弟为王以致朝廷危亡而无救援力量有关，因此在铲除异姓诸侯王之时，陆续分封自己的子侄为王，希望他们在朝廷危急时刻能够匡扶汉室。从地域来看，前后被封的同姓诸侯王有：齐王刘肥，定都临淄；梁王刘恢，定都睢阳；淮阳王刘友，定都陈；楚王刘交，定都彭城；吴王刘濞，定都广陵；淮南王刘长，定都寿春；代王刘恒，定都晋阳；赵王刘如意，定都邯郸；燕王刘建，定都蓟。刘邦担心异姓势力复兴，就与大臣刑白马发誓："非刘氏而王者，天下共击之。"[①]同姓分封刚刚推行的时候，诸王与刘邦血统亲近，效忠朝廷，发挥了拱卫朝廷的作用，而且在分封过程中，中央朝廷在制度上制定了一些限制措施，规定朝廷委派太傅辅佐诸侯王，任命诸侯王国的丞相以统领王国众官；诸侯王没有皇帝颁布的虎符不得擅自发兵等。他们的封地

[①] 班固：《汉书》，中华书局，1962，第2047页。

犬牙交错，每个王国都无法独树旗帜，对抗朝廷。但诸侯王还有权任命御史大夫以下官吏，自行征收赋税、铸造货币和集结军队等的权力，汉朝仍然潜伏着分裂割据的隐患，干弱枝强的形势并没有从根本上改变。

刘邦之后，渐渐强大起来的同姓诸侯王与中央的关系逐渐疏远，态度逐渐傲慢起来。他们在王国内自为法令，僭越礼制，甚至公开举兵叛乱。汉文帝前元三年（前177年），济北王刘兴居起兵反叛；前元六年（前174年），淮南王刘长谋反。他们招致罪犯，即山铸钱，即海煮盐，虽然位居诸侯，实际上比皇帝还富有，从初封时稳定大局的力量演变成地方割据势力，成为汉朝的最大隐患。汉文帝为人小心谨慎又有长远谋略，为加强皇权，采取过一些限制措施。一是让列侯回自己的封国，即使像绛侯周勃这样的功臣也不例外，借以摆脱他们的掣肘，便于控制都城的局势。二是分封皇子为王，如封刘武为梁王，梁国拥有40余座城，从地理上起到牵制东方诸国和拱卫京师的作用。三是安抚强横难制的同姓王。吴王刘濞从公元前177年起就称病不朝，暴露出谋反迹象，大臣晁错等多次建议削夺吴国的封地，但汉文帝不仅没有治吴王的罪，反而赐给他几杖以表示优待。强大的诸侯王还引起贾谊的警惕。公元前174年，他在著名的《治安策》中指出，当时最严重的问题是朝廷弱而王国强，局势就像得了肿病的患者一样，肢体和指头无法屈伸。贾谊采取的解决措施不同于晁错的削藩，他认为最好的办法是"众建诸侯而少其力"，即对现有的王国实行再分封，一直到他们的封地分完为止。这样，单个的诸侯国地小力弱，不容易产生非分之想。然而汉文帝没有立即采纳贾谊的建议，直到公元前164年，汉文帝才将齐国拆分为齐、城阳、济北、济南、淄川、胶西和胶东七国，将已经削夺的淮南国分为淮南、衡山和庐江三国，这时距离贾谊去世已经4年，拆分诸侯国实际上就是对贾谊"众建诸侯而少其力"之议的采纳。

汉文帝去世后，其子汉景帝即位。当时吴王刘濞强横跋扈，根本不把皇帝放在眼里。御史大夫晁错上奏《削藩策》，认为诸侯王被削夺封地与否都会造反，晚削不如早削。景帝采纳晁错的建议，假借罪名削夺了楚、赵和胶西国的部分郡县，引起他们的不满。汉景帝前元三年（前154年），景帝又下令削夺吴国的会稽等郡，由此引发七国之乱。原先，面对朝廷的削藩政策，刘濞与胶西王刘卬取得联络，约定谋反事成之后与胶西分天下而治，并与楚、赵和淮南等国互通声气。刘卬又与胶东、淄川、齐、济南和济北等国相约同时起兵反汉，这样，总共有10个诸侯国参与谋反。当削藩的诏书传到吴国后，刘濞打出"请诛晁错，以清君侧"的旗号，在国都广陵起兵。他率领20余万军队，兼领楚国士兵渡淮西向，地处北方的赵王刘遂则联络匈奴，伺机南下。反叛势力虽然声势浩大，但内部利害不同：刚起兵之时，齐王就临时毁约，以至于胶西、胶东、淄川和济南反过来攻打齐国；而济北和淮南国因国内亲汉势力的阻拦，没能按约定起兵，因此参与反叛的只有七国。这七个诸侯国位于关东，它们的联合给朝廷带来极大的压力。景帝先是诛杀晁错，试图堵住吴王之口，幻想诸侯就此息兵，但刘濞请"诛晁错"不过是个借口，晁错被杀之后，他自称"吾亦为东帝矣"，率领叛军继续西进，景帝这才明白过来，下决心予以镇压。他任命开国功臣周勃之子周亚夫为太尉，率兵出击吴、楚二国；又派郦寄和栾布等将领分别出击赵和齐等诸侯国。另一方面，吴王虽然率兵西进，但在到达睢阳时，由于景帝之弟梁王刘武的坚守，兵锋遭到阻遏，这给周亚夫提供了时间，周亚夫仅用3个月的时间就击溃了吴、楚联军，同时，栾布和郦寄也平定齐地和赵地的叛乱。现在看来，七国之乱是中央集权与地方割据两种态势之间矛盾的爆发，景帝在平定七国之乱以后，巩固和扩大削藩势头，从制度上对王国做出严格限制：改革王国的官制及其职权，改王国丞相为相以降低其地位，裁减御史大夫、廷尉、少府、宗正和博士数量，减少大夫和谒者等职官的属吏，进而控制诸侯王权限，规定诸侯王不得亲自治国。从此，汉朝基本解决了诸侯王强大难治的局面，加强了中央集权。

汉武帝时期，诸侯王已经不像汉文帝和景帝时那样强大，但有的王国仍然连城数十，地方千里；有的诸侯王骄奢淫逸，杀人越货，破坏国家法律程序；有的谋害朝廷命官，意图摆脱中央制约。这些问题需要朝廷进一步采取措施。汉武帝元朔二年（前127年），在主父偃的建议下，汉武帝颁布"推恩令"，规定诸侯王之位由嫡长子继承，诸侯王可以"私恩"的名义把王国土地分封子弟为列侯，但侯国的名号由皇帝确定。推恩令使大多数诸侯王子弟受封为列侯，但也就此分散了王国土地，因此汉武帝以后，大的诸侯国不过拥有十余座城，小的不过数十里地盘，难以形成强大的势力。另一方面，汉武帝严厉打击诸侯王笼络宾客的行为。西汉立国时距离战国时期不远，还延续着很多战国时的风气，如诸侯王和达官显要通过优待措施招引大量游士宾客，他们既为主人管理产业，出谋划策，也难免欺凌平民，甚至干出违法勾当。对此，汉武帝毫不手软。汉武帝元狩元年（前122年），淮南王刘安和衡山王刘赐被认定谋反，武帝下令逮捕他们的所有宾客，据说有几千人被牵连致死。武帝还颁布左官律和附益法，前者规定王国官为"左官"，一个人只要在王国任过官职就不得到中央任职，这使诸侯王国对士人的吸引力大减；后者禁止士人交结诸侯王，违者严厉处罚。上述行动和规定使诸侯王无力对抗朝廷，只能享用衣食租税，不参与政事，便逐渐退出了舞台。①

从公元前202年到公元前122年，西汉用了80年的时间彻底铲除了分封制带来的弊端。其中，刘邦时解决了异姓诸侯王问题，又给后代君主留下同姓诸侯王问题，这个问题历经文帝、景帝和武帝三

---

① 赵毅、赵轶峰主编：《中国古代史》（上册），高等教育出版社，2010，第215~216、234页。

帝，通过"众建诸侯而少其力"、削藩、推恩令、左官律和附益法等措施和律令，最终得到解决。

3. 断续改革

断续改革往往是因为改革涉及的范围比较广和改革的难度比较大，致使持续的时间较长。断续改革与分段改革的范围有相似之处，但持续的时间更长，其间改革者也会发生变动。党项族建立的西夏立国于1038年，在行政机构设置、军事制度等方面颇类同于宋制，然而在此之前，党项族已经经历了至少两代君王的改革。李元昊之父李德明嗣位时就以帝王自居，被辽朝封为夏国王，并开启汉化历程，在怀远镇大兴土木修建宫室、宗庙、官署等，出行时乘坐辇舆，有卤簿仪卫等从行；他立李元昊为皇太子，立卫慕氏为皇后，追尊其父李继迁为应运法天神智仁圣道广德光孝皇帝，庙号武宗。宋仁宗天圣九年（1031年），李德明去世，李元昊继位。宋朝册封他为定难军节度使，袭爵西平王。他继位后，按照党项族习惯，参考唐宋各项制度，采取系列改革：下令去掉唐、宋所赐的李、赵姓氏，改姓"嵬名"，改名"曩霄"。宋仁宗明道二年（1033年）颁布"秃发令"，规定境内党项人一律不准使用汉人发式；新升兴州为"兴庆府"，仿照唐都长安和宋都开封建筑模式，"广宫城，营殿宇"；仿效宋朝设立中书省、枢密院、三司、御史台、开封府等完整的官制；把全国划分成左右两厢，设置了12个"监军司"，相当于设置12个军区，后来增加到18个；下令大臣野利仁荣创制西夏文字，并在朝中专门设立学习西夏文的"蕃学院"。李元昊用了6年时间改革政治、军事制度，清除内忧外患，完成了立国的最后准备。改革使党项族社会迅速由氏族公社向阶级社会过渡，而西夏政权的建立对统一的多民族国家的形成有积极的贡献。

断续与接力改革的难度也有相似之处，但又不限于代际，有时发生在隔代之间。386年，鲜卑族的拓跋珪即王位，改国号为魏。

北魏建国以后，拓跋珪曾"命有司制官爵，撰朝仪，协音乐，定律令，申科禁"[①]，仿照汉族政权的基本模式构筑国家的政治体制，下令对内徙"新民"实行"计口受田"，打破部落组织，由游牧经济生活转入农业经济生活。第三任帝王拓跋焘即位后，在经济、文化领域也进行了一些革新，还整顿赋役征收办法，减轻贫苦农民负担，以促进农业生产的发展。439年，拓跋焘统一北方，北魏成为统一北方、入主中原的少数民族政权。第五任帝王献文帝拓跋弘在位时，推行了许多措施，对官制、吏治、律令、田制、赋役制、户籍制、族姓、礼乐、习俗等都进行了改革。可见在从拓跋珪到拓跋弘的80余年时间里，北魏三任帝王都明确进行过汉化改革，而改革的方向与历程一直持续到拓跋弘之子孝文帝时期，北魏最终完成汉化。

三、急功近利改革的教训

《论语·子路》记载，子夏担任莒父的地方官，向孔子请教治理之道，孔子告诉要做到两点：不要急于求成，不要贪图小利，"无欲速，无见小利。欲速则不达，见小利则大事不成"。面对复杂的社会问题，改革也不能急于求成，幻想在很短的时间内解决长期积累起来的问题，"毕其功于一役"（孙中山《〈民报〉发刊词》）。在这方面，历史上急功近利的改革给我们提供了深刻的教训。

1. 反复式地改革问题

第一个是不能反复式地改革同一个问题。所谓反复式地改革同一个问题，就是在改革中针对某个领域的特定问题反复进行改革，即使不论这种改革必要性的有无，单是对同一问题的反复改革就会给社会带来混乱和无所适从之感，使得改革本身也成为社会问题。

[①] 魏收：《魏书》，中华书局，1974，第621页。

王莽即位后，为改革西汉后期的社会弊端，附会《周礼》，进行全面的托古改制活动，其中，从居摄二年（7年）到王莽天凤元年（14年）的7年时间，先后进行了几次货币改革。

居摄二年，王莽第一次改革货币，在保留当时已流通了100多年的五铢钱的同时，增加了三种货币一并流通：王莽摄政之时，改变汉朝制度，因为周朝的钱有子母相平衡，于是改造大钱，直径一寸二分，重12铢，正面的文字为"大钱五十"；又制造契刀币、错刀币，契刀的边缘周围同大钱一样，形状像刀，长二寸，正面的文字为"契刀五百"；错刀，用黄金镶嵌它的纹刻，上面写着"一刀值五千"。

王莽始建国元年（9年），王莽即皇帝位后，进行了第二次货币改革。他认为"刘"字有金有刀，就废除错刀、契刀以及五铢钱，另铸小钱，直径六分，与第一次改革发行的大钱一起通行。

王莽始建国二年（10年），王莽第三次改革货币，下令铸造金、银、龟、贝、钱、布各类钱币，称为"宝货"，共二十八品：黄金重1斤，值钱1万。银货分两品：朱提银重8两是一流，值1580钱；其他银一流值1000钱。龟宝分四品：大龟币两边相距一尺二寸，值2160钱，相当于十朋大贝。公龟有九寸，值500钱，相当于十朋壮贝。侯龟七寸以上，值300钱，相当于十朋幺贝。子龟五寸以上，值100钱，相当于十朋小贝。贝货分五品：大贝有四寸八分以上，二枚为一朋，值216钱。壮贝三寸六分以上，二枚为一朋，值50钱。幺贝二寸四分以上，二枚为一朋，值30钱。小贝一寸二分以上的，二枚为一朋，值10钱；不满一寸二分的，不合制度，不得为朋，大概一枚值3钱。钱货分六品：小钱直径六分的，重1铢，叫"小钱值一"；直径为七分的，重3铢，叫"幺钱一十"；直径八分的，重5铢，叫"幼钱二十"；直径九分的，重7铢，叫"中钱三十"；直径一寸的，重9铢，叫"壮钱四十"。再加上原有的"大钱五十"，价值同各自上面的文字一样，一共是六类钱币。

布货分十品：大布、次布、弟布、壮布、中布、差布、厚布、幼布、幺布、小布。小布长一寸五分，重15铢，正面的文字为"小布一百"。从小布往上，长每加一分，重就加1铢，价值则加一百。最大至大布，长二寸四分，重1两，值1000钱。

王莽天凤元年（14年），王莽第四次进行货币改革，废除大小钱，改为货布（重25铢）和货泉（重5铢）两种。重新颁布金银龟贝等货币，大幅度地增减它们的价值。废除大小钱，改为货布，长二寸五分，宽一寸，货布首长八分有余，宽八分，圆孔直径二分半，足枝（铲形货币两足之间的距离）长八分，中间宽二分，其正面右边的文字是"货"，左边的文字是"布"，重25铢，相当于25货泉。货泉直径为一寸，重5铢，其正面右边的文字是"货"，左边的文字是"泉"，同货布两类一并流行。

每一次更改钱币，都导致大批百姓破产，甚至触犯法律。原本，王莽要处死私自铸钱的人，流放非议诋毁货币的人，但犯法的人实在太多了，这些命令无法完全执行；王莽又更改处罚办法：私自铸钱的人不再被处死，而是与妻子儿女一起到官府里当奴婢；知道私自铸钱而不举报的官员和左邻右舍，与私铸者同罪；诋毁货币的百姓要罚做一年苦工，官员要被免职。但是犯法的人更多了。

2. 运动式地推行措施

第二是不能运动式地推行改革措施。所谓运动式地推进改革措施，就是在短期内对行政、经济、军事、教育和宗教等方面进行改革，改革涉及的领域广泛，推进的速度迅猛。

在改革之前，王朝一般面临着诸多积弊，严重影响到王朝的统治，因而改革者希望在短期内"毕其功于一役"，解决所有的问题。北宋熙宁变法之前的真宗年间，宋朝官员已达1万人，仁宗时更是高达2万人，致使冗员激增；全国土地兼并日益严重，大量农民失去土地；朝廷每年向辽和西夏支付巨额岁币，增加了百姓负担；供养百万大军随时应付军事威胁，国力难以为继。在变法高潮期的熙宁四年（1071年），王安石发布了近二十套新法，熙宁五年（1072年）又颁布了数种新法：三月，以内藏库钱置市易务；四月，立殿前马步军春秋校试殿最法；五月，行保马法；八月，颁方田均税法。御史刘挚上言：

> 盖自青苗之议起，而天下始有聚敛之疑；青苗之议未允，而均输之法行；均输之法方扰，而边鄙之谋动；边鄙之祸未艾，而助役之事兴。至于求水利，行淤田，并州县，兴事起新，难以遍举。其议财，则市井屠贩之人，皆召至政事堂。其征利，则下至历日，而官自鬻之。推此而往，不可究言。①

虽然改革的效率很高，但这种集中轰炸式的、运动式的改革推进方式，忽略了社会和民众的承受能力，"二三年间，开阖动摇，举天地之内，无一民一物得安其所。……今数十百事，交举并作，欲以岁月变化天下"②，严重影响新法的执行和落实效果。

3. 密集式地颁布政令

第三是不能密集式地颁布改革政令。清光绪二十四年（1898年）6月11日，光绪颁布"明定国是"诏书，拉开变法大幕。从那一天至9月21日慈禧发动政变，变法共延续了103天，此即戊戌变法。

戊戌变法失败的一个原因就与变法的急剧推行有关。戊戌变法是自上而下发动的，尽管光绪没有完全按照维新派的建议如设议院、开国会、定宪法等实行变法，但新政在政治上有利于民间的言论、出版和结社自由，在经济上有利于民族资本主义的发展，在文教上有利于西方文化的传播，但是维新派在推进变法策略和措施

---

① 脱脱等：《宋史》，中华书局，1977，第10852页。
② 赵汝愚编：《宋朝诸臣奏议》，上海古籍出版社，1999，第1267页。

方面急躁冒进，而年轻的光绪和康有为等维新派都缺乏政治斗争经验，急于求成，在短短的103天中发布了上百道新政诏令，超出社会能够承受的力度。

第七章 综合配套的改革

一般而言，王朝在发展过程中都会出现问题，但在不同的阶段，问题出现的领域和性质都有所不同：政权建立初期的问题大多因朝代更替造成，民生和社会等领域的问题较为凸显；王朝中期和末期的问题大多是由于前期问题的积累导致，政治和经济等领域的问题较为凸显。一个领域中问题的凸显并不意味着其他领域中没有问题，不同时期不同领域中问题严重的程度存在差异。因而改革的思路按改革范围的大小或改革涉及领域的多少来看大致有两个：一是对出现问题的各个领域同步改革；二是对问题凸显的特定领域进行改革。前者是综合改革，后者是单项改革。改革的思路不同，改革的效果不仅有所差异，有时还很悬殊。中国历代改革的实践证明：任何时期的改革都应坚持综合配套。

一、综合配套改革的形式

综合配套改革包括综合改革和配套改革两种形式。综合改革在不同领域的改革是并列的各领域的改革独立推进，相互之间缺乏直接关联，如亚述帝国的提格拉特帕拉沙尔三世在军事方面把军队分成战车兵、骑兵、重装步兵、轻装步兵、攻城兵和辎重兵等兵种，在对外关系方面改变野蛮的征服政策。有时改革是配套的，称为配套改革，一个领域进行改革需要另外一个领域同步改革，以保证前一个领域改革措施的执行，如北魏和隋唐均田制度的推行需要严格的户籍制度为基础。

1. 综合改革

综合改革虽然同时涉及两个及以上领域，但不同领域间的措施似乎缺乏有意识的衔接和配套。

有的时候，改革措施已经规划好了，就等待时机成熟陆续颁布。规划时不一定考虑措施的有效衔接问题。宋仁宗嘉祐四年（1059年），王安石在实施变法之前的10年，即在《上仁宗皇帝言事书》中系统提出改革的构想与内容。宋神宗熙宁元年（1068年），宋神宗与王安石经过多次探讨，达成变法共识。次年，他任命王安石为参知政事，并设立制置三司条例司作为变法的领导机构。在王安石的主持下，北宋陆续颁布一系列变法措施。从横向来看，变法的内容包括经济、军事和教育三个方面，每个方面又包括不同的措施。

经济方面的有均输法，即六路发运使按照"徙贵就贱，用近易远"的原则收购和运输京城所需的物资，以保证京城物资供应和节省费用。青苗法，即政府在青黄不接时按户等向农民贷款贷粮，农民在缴纳税粮时还本付息，以抑制高利贷对农民的盘剥。农田水利法，即民户出资出力修建农田水利工程。免役法，又称募役法，即应役民户按户等缴纳费用，由政府雇人承担其按律负担的差役。市易法，即在重要城市设立市易务，以平价收购滞销的货物，货物短缺时再卖出，以打击商人垄断行市操纵物价。方田均税法，即清丈全国土地，核实土地所有者和面积，以土质为分等标准征收赋税。

军事方面的有保甲法，即乡村中的主客户每10家为保，50家为大保，500家为都保，分别置保长、大保长和都保长。有两丁以上的人家抽一丁为保丁，保丁介于兵农之间，农闲时接受军事训练和维持保内治安，战时则与禁军配合，以节省经费。保马法，即由朝廷统一养马改为民户分散养马，朝廷对养马户给予一定的优惠政策，以节省占地和费用。将兵法，又称置将法，即在战略要地设置将，每将统兵3000名左右，驻地相对固定，接受训练以提高战斗力。设立军器监，即由军器监设计军器的法式，管理军器的生产，以提高军器的质量。[①]

文化教育方面的有贡举新制，即在科举考试中新增明法科，废除明经等科，保留进士科，同时改革考试内容，以经义、论、时务策为主。与此相适应，大学也进行改革，改革的重点是推行三舍法，即把太学分为外舍、内舍和上舍三等，学生通过平日的定期考试，成绩达到规定的标准，就可以参加升舍考试，考试三次不及格的要降舍。处于不同等次的学生享受不同的待遇，或被授以官职，或参加科举考试，或留校任职等。后还在京城设立武学、律学、医学等，培养各类专门人才。

综合改革不仅出现于中原王朝，也会出现于那些入主中原的少数民族政权中。352年，氐族人苻坚称帝，建立前秦，前秦的改革主要发生在苻坚在位期间。苻坚自幼就接受汉族文化的教育，汉化程度很高，是一位开明有作为的皇帝，重用汉族人王猛，锐意实行"变夷从夏"的改革。政治上，针对前秦初期法制不明、纲纪不立的状况，王猛力行"明法峻刑，澄察善恶，禁勒强豪"，在数旬之间除掉贵戚豪强20余人，文武百官和豪强大族不再敢违背朝廷法令。经济上，苻坚在相当一段时间里偃甲息兵，与民休息，倡导节俭，严禁奢侈，注意奖励农桑，招抚流民，开放山泽之利，允许百姓樵采渔猎。在思想文化上，广立学校，提倡儒学。经过这些改革，前秦成为十六国中最强大的政权。

---

① 赵毅、赵轶峰主编：《中国古代史》（下册），高等教育出版社，2010，第143～144页。

从纵向角度看，不同时间的改革措施涉及经济、政治、教育和军事等领域，先改哪一个领域，后改哪一个领域，是不需要进行统一谋划的。

2. 配套改革

配套是指多种相关的事物组合到一起形成一个整体，配套改革则注重在经济、行政、军事和刑法等不同领域中采取的措施相互关联。有的时候，一个领域确立了新的事物和制度之后，需要另一个领域同步改革以配套。

例如严格的户籍登记不仅是政治和社会改革的基础，也是经济改革的基础。在进行经济改革时，也要有完备的户籍登记制度进行支撑。唐朝初年，农民的主要赋役负担是租庸调，即在均田制的基础上实行计丁征收赋役，丁是征收赋税和征发徭役的基本单位：每丁每年纳"租"粟2石；每丁每年输"调"绢或绫等2丈，绵3两（不产丝绵的地区，每丁每年纳布2丈5尺，麻3斤）；每丁每年服徭役20日，不应役者，则纳绢或布替代，按每日3尺绢或布3尺7寸5分折纳，叫作输庸。因此，隋唐时期非常重视户籍。隋朝针对南北朝以来户口隐漏严重的局面进行改革，实施保闾制度：县以下五家为保，五保为闾，四闾为族，分置保长、闾正、族正；京城以外置里正、党长。保长、闾正、族正、里正、党长分级负责检查户口。隋文帝开皇三年（583年），下令在全国整顿户籍，检查隐漏户口，要求各州县按照户籍上注明的年龄大小，逐户进行核对，此即"大索貌阅"。同时，还推行"析籍"政策，规定亲属关系在堂兄弟以下的，一律分居，另立户籍，以防容隐。经过此次"大索貌阅"和"析籍"，政府籍册中增加了40多万壮丁、160多万人口。唐初施行严密的户籍管理制度，要求民户每年必须向地方政府呈报本户的人口状况和田亩数量等情况，写成手实——类似于今天的登记手册。地方政府汇总各户呈报的手实，汇总出当地"课口"总数及应纳租调总额，称计账，再逐级上报朝廷作为财政预算依据。以手实和计账为基础，县司编成全县的户口总册，称为户籍，逐户载明户口、田亩、承担赋役情况，一式三份，存于县、州和户部。

此外，均田制还是府兵制的基础。府兵每三年拣点一次，从军府所在地合乎标准的民户中点充，21岁入军，60岁免役。服役期间，府兵不服徭役，不纳租税，但要定期轮流到京师担任宿卫和出征，其军费给养，除重兵器与战马由国家供给以外，兵甲衣粮均需要自备；如装备有缺，则以"不忧军事"之名治罪。随着均田制的破坏，府兵自身无力供给武器和给养，府兵制自然无法执行。

配套改革还有一种特殊情况，即在同一个领域中推出不同的措施相互配套的改革。明朝中期，由于豪民大量兼并土地，又将税粮额留给已经失去土地的小农，造成"小民税存而产去，大户有田而无粮"，无法交纳税粮的小农被迫逃亡隐匿，导致国家税收大量失额。明万历六年至九年（1578—1581年）之间，明政府将全国土地重新丈量，得数为田地七百多万顷。这个数字比弘治时期的数字多出300万顷，接近洪武时期的最高数。在清查土地的基础上，明万历九年（1581年）皇帝在全国推行一条鞭法。一条鞭法的大意是以州县为单位，以经过重新清丈的田土的等级和数量与人丁为基础，将该州县原额田赋、力役、贡办等应承担的各项赋役，除苏、松、常、嘉、湖地区供应京师食用的白粮以外，其他的一概折合为白银征收，使赋税额度与和田产、丁口对应起来，占有土地多的人自然多交税，一定程度上体现了赋税的公平合理。赋税基本由官收官解，减轻了民间征收和运送的压力。实物赋税和直接力役改为货币赋役，推动了农民与市场经济的结合，在田少人多的地区这种改革尤为重要。项目简化归并减少了吏胥上下其手的机会，实际上减轻了人民负担。这项改革在张居正死后继续推行，到1592年，已经在全国大部分府州县实施。①

二、综合配套改革与单项改革的效果

法国社会学家孔德把生物有机体的观点运用于社会学领域，认为社会与有机体一样，是由不同组织构成器官，进而构成系统的。在社会有机体中，家庭是细胞，阶层、种族和阶级是组织，社区和城市是器官。英国社会学家斯宾塞从生物进化的基本原则出发，正式提出社会有机体理论，建立了自己的社会学体系。他认为生物有机体由营养、分配、循环和调节四个系统构成，社会有机体同样如此，不同身份的人对应不同的系统：工人和农民对应生产也就是营养系统，商人、企业家和银行家对应分配和循环系统，管理机构和政府对应调节系统，各部分各司其职，相互协调。这个理论告诉我们：综合配套改革涉及的面广，专项改革涉及的面专，从理论上分析，后者的难度要小，改革成功的概率要大；然而在现实中，前者取得的效果远远大于后者，因此改革必须综合配套。

1.改革必须综合配套

目前所知世界历史上最早的改革——苏美尔城邦拉格什统治者乌鲁卡那基进行的改革就是综合性改革。他在位期间，恢复庙产，废除寺庙纳税义务；撤销遍布全国的监督和税吏；保护士兵财产；禁止盗窃、残害和债务奴役，禁止欺凌孤寡等。这些措施涉及经济、政治、军事和法制等领域，显然是综合性改革。改革打击了贵族势力，减轻了平民负担，缓和了社会矛盾，得到群众的拥护，实现了拉格什城邦的富强。可以说，历史上的综合配套改革，在特定时间内都取得了积极效果。这里的特定时间，首先是指改革持续的时间。北宋经过王安石变法，基本上达到了富国强兵的预期目标，

---

① 赵毅、赵轶峰主编：《中国古代史》（下册），高等教育出版社，2010，第311页。

朝廷收入增加，财政状况大为改善，"熙宁、元丰之间，中外府库，无不充衍，小邑所积钱米，亦不减二十万"①；限制了高利贷对农民的盘剥，打击了大商人对市场的操纵和垄断；国力有所增强，军队战斗力得以提高。比较而言，张居正执政的10年是自15世纪中叶以来明朝国家行政系统最有效率和最为稳定的时期。张居正改革的出发点是针对当时的国家社会问题，目的是恢复行政机构的效能以顺应时代发展的潮流，而不是推翻现有体系，但在客观上，改革有利于商品经济的发展，有利于百姓生活的稳定，对于减轻百姓负担和缓和社会矛盾也具有积极意义。

如果改革措施之间能够相互衔接配套，则改革的效果将是深远的。秦国经过商鞅变法，迅速发展起来，达到了富国强兵的目的。强大起来的秦国随之展开了一系列对外战争，不断开疆拓土，《史记·秦本纪》记载：秦孝公"十九年，天子致伯。二十年，诸侯毕贺"，说明秦国的地位得到周天子和其他诸侯国的认可。秦国由此一步步强大，最终兼并六国，统一天下。

奥朗则布是第一个全面改变第三任君主阿克巴的宗教政策，非常坚决和顽强地把帝国变成伊斯兰教国家的君主。为了全力维护极少数伊斯兰封建主集团的利益，他把统治阶层与占人口绝大多数的印度教居民对立起来，并把印度教王公、僧侣、官吏、商人置于自己的对立面，不但莫卧儿帝国的社会基础空前削弱，而且失去了聪明懂行的大批印度教徒官吏，引起了行政和税务管理上的混乱，结果造成帝国衰落。为了挽救莫卧儿帝国的危机，奥朗则布号召伊斯兰贵族减缩开支，不用舶来的奢侈品，过俭朴和勤奋的生活。他本人以身作则，经常早晨5时起床，工作到深夜。他下令解散宫廷的乐舞人员，拆去德里皇宫的黄金装饰。在这些措施没有多大效果后，他又意图通过夺取印度南部新土地的办法来寻找出路，为此进行

---

① 脱脱等：《宋史》，中华书局，1977，第10568页。

了26年的德干战争，其中最后20年是与马拉塔人（印度少数民族之一）的战争。而这，断送了他和他的帝国。1681年，奥朗则布离开首都，从此没有再回来；1707年3月，89岁的奥朗则布死于阿马德纳加。他留下的是一个四分五裂并被马拉塔人、锡克人强大势力包围的莫卧儿帝国。无怪乎他在弥留之际给他儿子马扎姆的信中悲痛地写道："我孤身而来，孑然而去……我在各处所进行的战争都是受茫然无措、惶恐无已的情绪支配的，正如水银般动荡不安、行将踏上最后旅程的我本人一样。"①奥朗则布的结局固然令人唏嘘，尤其是考虑到他曾缔造了帝国的鼎盛更是如此，然而他在帝国面临危机时所采取的多项改革措施既不得要领，又舍本逐末，无助于危机的缓解。

2. 单项改革的局限

单项改革的难度虽然小，但效果往往不佳。西汉后期大臣师丹提出的"限田、限奴"办法制定之后，遭到了外戚丁氏、傅氏和权臣董贤的反对。"限田"的政策未能实行，汉哀帝一次就赏给董贤田地2000顷，完全违背了"限田"政策的精神，"限田"之事再也无人提了。当时田宅奴婢的价格降低，丁氏和傅氏当权，董贤显贵，改革措施对他们不利。皇帝下令暂且拖后改革，后来也没有继续实行。限田限奴之议没来得及实施就夭折，对缓和土地兼并问题没起到作用，多少透露出单项改革效果不佳的事实。

其实，任何一项改革，即使单项的，也必定涉及社会的其他领域。1861年，俄国沙皇亚历山大二世签署命令，进行农奴制改革。这次改革的目的主要是解决农奴制问题，主要属于社会领域。首先，规定农民为自由之身，以法令形式宣布农民人身自由，因此地

---

① 吴于廑、齐世荣主编：《世界史：近代史编》（上卷），高等教育出版社，2011，第171～173页。

主买卖和交换农民属于违法行为，同时地主不能干涉农民的家庭生活；其次，给予农民部分权利，农民拥有姓名权，他们可以用自己的名字订立契约和从事工商活动，可以登记动产和不动产，甚至进行诉讼；再次，农民可以改变身份，他们可以成为市民或商人，不再受地主的约束；最后，农民可以赎买土地，虽然土地的所有权属于地主，但农民可以按照规定赎买，不过付出赎金的数额要高出土地实际价格的二三倍，其中农民用现金支付20%—25%，剩余部分由政府以有息债券形式代付，农民需要在49年内向政府还清，包括本金和利息。这些措施都是指向农民，但是为了管理好农民，亚历山大二世改革同时涉及行政方面，一是规定农民仍然组织在原来的村社中，选举产生村社的公职人员，公职人员隶属于地方行政机构，必须贯彻政府的一切法令；二是在村社之上设置调停人角色，调停人一般由地方贵族担任，负责处理地主与农民之间的关系，以保障地主利益；三是村社与村社相互连环保，以约束和确保农民按时完成各类赋役。[①]由此可见，单项改革的推进需要其他领域的保证，单纯地推进单项措施难以取得预想的效果。

相比于综合配套改革基本取得的效果，单项改革整体上成功的例子较少，重要的原因在于，社会是一个有机体，无论综合配套改革还是单项改革都得涉及复杂的社会关系，都要处理不同社会阶层的利益。在这个前提下，单项改革获得成功的概率必然会小，取得的效果不如综合配套改革。要进行改革，即使某个领域的问题最为突出，也既需要重视配套措施的跟进，又需要推进相关领域的改革。总而言之，改革必须综合配套才行。

---

① 吴于廑、齐世荣主编：《世界史：近代史编》（下卷），高等教育出版社，2011，第96~97页。

结 语

中国传统社会的改革，如果从文献记载中夏朝以父子相继代替禅让方式开始，距今已有几千年的历史。在这几千年中，不仅古代政权进行过改革，而且今天的我们仍然身处改革过程中。改革只有进行时而没有完成时。

一、传统改革精神的构成

中国传统改革精神，历经两千多年的沉淀，已然成为中华优秀传统文化的组成部分，且伴随时间的流逝而不断丰富，深刻体现了我国古代改革家在面对社会问题时当仁不让的改革意识、改革过程中勇往直前的改革魄力和面对困难时不惧牺牲的改革气概。

当仁不让的改革意识，是指在面对社会潜在的和呈现出的危机时，一批又一批的仁人志士前赴后继，振臂高呼，扛起改革的大旗。

西汉初年，贾谊被征为博士后，认为从西汉建立到汉文帝时已有20多年，当时天下太平，应该改正历法、变易服色、订立制度、确立官名、振兴礼乐，于是他完全改变秦朝的旧法，草拟了各种仪法，崇尚黄色，遵循五行之说，创设官名。后来，他在著名的《治安策》中指出，朝廷面临着内忧外患：在内部，朝廷与诸侯枝强干弱，诸侯几度叛乱；在外部，北方少数民族虎视眈眈，几度侵犯。有的大臣不思改革，反而认为天下太平。对此，贾谊在《治安策》中进行反驳："向陛下进言的人都说现在天下已经安定，已经治理得很好，我认为不是那么回事。说天下已经安定大治的人，不是无知就是奉承，不懂得什么是治乱大体。有人抱着火种放在堆积的木柴之下，自己却睡在这堆木柴之上，在火还没有燃烧起来的时候他便认为这是安宁之处。现在朝廷的局势与此相似！本末颠倒，首尾冲突，国制混乱，严重不合理的现象比比皆是，怎么能够说是天下已经大治！"他尖锐地指出当时的局面"可为痛哭者一，可为流涕者二，可为长太息者六，若其它背理而伤道者，难遍以疏举"[①]。汉文帝后元七年（前157年），汉景帝即位后，面临内忧（诸侯王势力强大）外患（匈奴侵扰）的局面，御史大夫晁错提出了改革的措施，建议招募百姓充实到边疆以防御匈奴，逐步削减诸侯王国的封地以强化中央集权，后者引起了一片哗然。晁错之父得知后，特地从家乡找到他："皇上刚即位，你当权处理政务就侵害剥夺诸侯利益，疏远人家骨肉之情，招致怨恨，为什么？"晁错说："我不这样做，天子不得尊崇，王室不得安宁。"晁错之父说："你这么做，刘家安宁了，晁家就要危险了，你好自为之吧。"贾谊和晁错都透过汉初太平盛世的光景，看到社会的深层问题，并提出改革现状的建议，体现了当仁不让的改革意识，在相对短暂的人生中绽放出灿烂光彩。

勇往直前的改革魄力，是说在改革过程中面临阻力和困难，改革者毫不退缩，继续推行改革措施。

改革的对象通常是政治、经济、军事和社会风气等方面的问

[①] 班固：《汉书》，中华书局，1962，第2230页。

题，但引起这些问题的往往是制度，而制度是人制定的。说到底改革时制度的改变必然牵扯到人，因此在改革过程中，改革者强大的魄力必不可少。1050年夏，王安石在从浙江鄞县知县任满返回江西临川途中，游览杭州飞来峰，写下《登飞来峰》一诗："飞来山上千寻塔，闻说鸡鸣见日升。不畏浮云遮望眼，自缘身在最高层。"当时，王安石在农业领域推行"青苗法"改革措施，取得了一定的成功。这首诗展示出他的凌云壮志和舍我其谁的改革魄力。十几年后，宋神宗即位后，王安石任参知政事，开展了声势浩大的变法运动。据称，王安石曾说过"三不足"之语："天变不足畏，人言不足恤，祖宗之法不足守。"可见为了改革，什么都不值得考虑，为此时人称王安石"拗相公"——"拗"就是不随和，形容一个人脾气很倔，但把这个字放在改革中，正体现了王安石自青年时期就具有的改革魄力。

不惧牺牲的改革气概，是说在改革面临成败攸关之际，改革者或者因为改革，或者为了维护改革等原因，敢于做出牺牲，包括自己的生命。

晁错上疏3年后，以吴王刘濞为首的七国诸侯王以"请诛晁错，以清君侧"为名举兵反叛。景帝听从袁盎之计，腰斩晁错于东市。若干年后，司马迁评价说："晁错为家令时，数言事不用；后擅权，多所变更。诸侯发难，不急匡救，欲报私仇，反以亡躯。语曰'变古乱常，不死则亡'，岂错等谓邪！"[1]司马迁所引用的"变古乱常，不死则亡"不仅预示了晁错的下场，更展现中国一批又一批改革者的结局：战国时，商鞅在秦孝公的支持下变法，孝公死后，商鞅被诬谋反，死后被车裂；北宋时，王安石在宋神宗的支持下变法，又在激进派和保守派的党争过程中几度起落，最终赋闲回乡；明朝时，首辅张居正在万历初年实施改革，瘁于国事，死后

---

[1] 司马迁：《史记》，中华书局，1959，第2748页。

被抄家，罪行波及家人；晚清时，康有为和梁启超等维新人士倡导改革，最终谭嗣同、康广仁、林旭、杨深秀、杨锐、刘光第血溅刑场。尤其是谭嗣同，在他被捕的前一天，几位日本志士苦劝他到日本避难，他没有接受。友人再三劝说，谭嗣同慷慨陈词："世界各国的变革没有不经流血牺牲而成功的，现在中国还没听说有因变法而流血牺牲的人，这就是中国不昌盛的原因。要有人流血牺牲的话，请从我谭嗣同做起。"

二、传统改革精神的价值

人类社会的发展需要持续不断的动力，推动社会发展的动力很多，革命、技术、制度和改革等都可以推动社会的发展，而在所有的动力中，改革是传统社会中较为常见的一种，对王朝的发展、社会的转型和个体的价值而言都有重要意义。

改革是王朝发展的助推剂。历史上的任何一个王朝，无论曾经多么强大，在发展到中期时，都会面临这样或那样的问题，这些问题需要通过改革去解决。西汉元帝即位后，贡禹任谏议大夫，在一次上疏中，他指出当时社会的两大问题是奢靡过度和妃嫔过多，而后者正是源自汉武帝而因循于昭、宣二帝的后果：汉武帝在位时挑选了几千名美女充实后宫，等到自己去世后，因为即位的汉昭帝年幼，霍光就把持了朝政，但他不懂礼数，把搜刮的金银财宝和各种物品随葬，又让后宫女子在陵园守节，违背了天道人心，也不是汉武帝的本意。汉昭帝去世后，汉宣帝即位，霍光还是如此。汉宣帝去世后，即位的汉元帝无意改变此前的做法，大臣也是依惯例行事，这实在令人心痛，以至于百姓受其影响，娶妻超过限度，有的诸侯有几百名妻妾。在这次上疏中，贡禹使用的"群臣亦随故事""大臣循故事"[1]等词汇，正是指因循

---

[1] 班固：《汉书》，中华书局，1962，第3071页。

旧例而不改革。

改革是社会转型的动力。无论是中国还是世界其他区域，都经历过不同数量和程度的社会转型，在社会转型期能否采取相应的改革以改变旧体制并助推新趋势，往往决定这个国家和区域社会转型的成功与否。日本的大化改新是自上而下进行的，改革以班田收授制取代部民制，为新国家的诞生奠定基础，并改变了政权的性质，使其成为新的与封建经济相适应的上层建筑；此后明治政府的资产阶级改革经过20多年使日本"脱亚入欧"，成为亚洲的一个资本主义强国。明治维新是日本历史上的一个转折点，也是日本避免沦为欧美殖民地的转折点，使得日本成为亚洲第一个走上近代化发展道路的国家。

改革是个体价值的升华。《左传·襄公二十四年》记载，晋国执政者范宣子问叔孙豹："古时候有人说，有的人死了却能获得不朽，这是什么意思？"进而问道："我的祖先从虞舜以上是陶唐氏，在夏朝是御龙氏，在商朝是豕韦氏，在周朝是唐杜氏，晋国主持中原盟会的时候是范氏，这就是不朽吧？"叔孙豹告诉他："我听说，人生的最高层次是树立德业，其次是建立功勋，再次是著书立说。一个人只要做到其中一点，那就不会随着时间的流逝而被遗忘，这叫不朽。子孙世代享受高官厚禄，没有一个国家没有这种情况，不能说是不朽。"古今中外改革者，以其切实的改革行动推动社会变迁，属于"立功"，正可归入不朽行列，个体价值在顺应改革的潮流中得到升华。

三、传统改革精神的特点

历览中西改革，虽然持续的时间有长有短，范围有大有小，程度有深有浅，改革大多推动社会发展，即取得了一定的成功，当然，成功有大有小。由于中西文化传统不同，中国传统改革特点既有与西方相似之处，也有自身的特色。

首先，中国传统社会改革的发动者多是大臣。汉武帝时期，汉朝由于常年对匈奴作战，国库亏空，因此当汉朝因经略西南夷而修筑道路时，引起了巴蜀当地富绅的质疑。司马相如受汉武帝委派前去安抚百姓，他在《难蜀父老》中称，"盖世必有非常之人，然后有非常之事；有非常之事，然后有非常之功。非常者，固常人之所异也"[①]。在他眼里，汉武帝自然是非常之人，而从后世眼光来看，改革者未尝不是。任何民族和政权在发展过程中都需要不断改革，但不是所有人都能认识到改革的必要性，有时即使认识到改革的必要性，也会囿于种种因素而不会进行改革，改革的发动和推进需要非常之人。

中国传统社会不乏进行改革的非常之人：春秋时期的管仲、郭偃、晋文公、子产，战国时期的李悝、吴起、申不害、韩昭侯、齐威王和赵武灵王，秦汉时期的汉武帝、王莽，魏晋南北朝时期的王猛、孝文帝，隋唐时期的刘晏、杨炎、二王八司马，宋辽金元时期的范仲淹、王安石、阿保机、阿骨打、金熙宗、成吉思汗和元世祖，明清时期的张居正、多尔衮和雍正等，都在社会发生变迁的情况下，应时而改，推动社会的发展。其中，商鞅变法奠定了秦国统一天下的政治、经济和军事基础，并在各项制度上深刻影响了中国历史；北魏孝文帝改革不仅使北魏的政治和经济有了较大发展，加速了封建化进程，而且促进了北方经济的恢复、发展和民族融合。

与中国传统社会改革主要由大臣发起不同，西方古代的许多改革由执政者发起。在古希腊时期，雅典执政官索伦也是非常之人。公元前6世纪初，雅典执政官梭伦进行了一系列经济、政治和社会方面的改革，这成为雅典城邦发展史上的重要里程碑，并为雅典民主政治奠定了基础，梭伦因其在政治方面的改革，被后来的古希腊思想家亚里士多德称作民主制的奠基人、平民的第一位政治代表。

---

① 班固：《汉书》，中华书局，1962，第2584页。

梭伦改革之后，雅典迅速强大起来，成为与伯罗奔尼撒同盟对峙的提洛同盟的盟主。在古罗马时期，塞尔维乌斯是这样的人物。古罗马王政时代，第六王塞尔维乌斯实行了一系列改革：以地缘关系为基础建立新的部落，取代原先以血缘关系为基础组织的氏族部落；在普查公民及其财产的基础上，根据财产多少把公民划分成五个等级，每个等级享有不同的权利，承担不同的义务，二者保持适应；成立新的公民大会——森都利亚大会以取代此前的库里亚大会。塞尔维乌斯改革完成了创建原始君主制国家的历史任务，标志着罗马国家的产生。此外，在近现代时期，"彼得大帝是一手把俄罗斯从中世纪的蒙昧与黑暗中拉出来，明治时期的精英是一手把日本从封建传统、儒家文化中拉出来，凯末尔则是一手把土耳其从阿拉伯政教合一文化体制中拉出来"[①]。

其次，改革的过程充满曲折。制度的更替是推动社会发展的动力，而制度的更替主要是通过改革实现的。制度更替不仅仅是单纯的新制度代替旧制度的过程，也是由制度所规定的利益关系的调整，这使得改革的过程很难一帆风顺，往往充满曲折。

改革可能需要漫长时间。前文曾提到，西汉在对分封制问题的解决上，就历经汉高祖、汉文帝、汉景帝、汉武帝等多位君主，改革的焦点也从对异姓诸侯王的削弱转变为对同姓诸侯王的削弱，直到汉武帝执政中期，由分封制带来的诸侯王问题才得以彻底解决，其间经历了80年的时间。

另外改革过程中可能出现短暂逆流。在多数情况下，改革是推动社会发展的动力，但在特殊场合，改革也会成为社会发展的阻碍。这样的情况在中国历史上出现过——辛亥革命推翻了帝制，是社会的一大进步；而1915年袁世凯自称皇帝，改国号为中

[①] 王福生、陈小丽：《大变法：中国改革的历史思考》，金城出版社，2010，第123页。

华帝国，建元洪宪，史称洪宪改制，可谓历史的倒退。这种情况在古罗马时期也出现过。公元前83年，罗马将领苏拉在稳定局势后实施宪政改革，改革过程中，他恢复了独裁官职位，安插自己的追随者到元老院，剥夺保民官的权力，践踏了罗马的行政、立法和司法权力，从根本上破坏了罗马的共和制，可谓罗马民主进程中的逆流。最终，他的改革没有解决罗马面临的问题，反而恶化了局势。①

每次改革的成功都给后人提供宝贵的经验，而每次改革的失败何尝不给世人留下不同的警醒。随着时间的推移和环境的变迁，这些改革的经验和警醒能够超越时空限制而具有借鉴价值和启示意义，我们后人可以把这些经验和警醒归纳为相对宏观的分类——改革的时机、深度和广度，推进的力度，社会的接受程度等，由此，过往的改革就不仅仅是已经逝去的历史，而是可以启迪现在和未来改革的资源。

---

① 吴于廑、齐世荣主编：《世界史：古代史编》（上卷），高等教育出版社，2011，第246页。

参考文献

柏杨，1987. 中国人史纲［M］. 长春：时代文艺出版社．

班固，1962. 汉书［M］. 北京：中华书局．

陈来，2019.《周易》中的变革思想［J］. 社会科学研究（2）．

陈乐民，2004. 欧洲文明十五讲［M］. 北京：北京大学出版社．

邓小南，2013. 宋代"祖宗之法"治国得失考［J］. 人民论坛（16）．

范晔，1965. 后汉书［M］. 北京：中华书局．

方麟，2014. 王国维文存［M］. 南京：江苏人民出版社．

房玄龄，等，1974. 晋书［M］. 北京：中华书局．

冯梦龙，2017. 智囊诠解［M］. 李向阳，译注. 天津：天津古籍出版社．

冨谷至，2018. 汉简语汇考证［M］. 张西艳，译. 上海：中西书局．

宫崎市定，2015. 宫崎市定中国史［M］. 焦堃，瞿柘如，译. 杭州：浙江人民出版社．

顾奎相，陈涴，1992. 中国古代改革史论［M］. 吉林：辽宁大学出版社．

顾奎相，陈涴，2004. 中国古代改革成败论——湘岩文存二集［M］. 吉林：辽宁大学出版社．

郭沫若，1996. 十批判书［M］. 北京：东方出版社．

韩愈，1986. 韩昌黎文集校注［M］. 上海：上海古籍出版社．

黄仁宇, 1997. 中国大历史［M］. 北京：生活·读书·新知三联书店.

黄寿祺, 张善文, 1989. 周易译注［M］. 上海：上海古籍出版社.

鞠佳, 2016. 变革之路——中国历朝改革得失［M］. 北京：中国工人出版社.

李开元, 2000. 汉帝国的建立与刘邦集团——军功受益阶层研究［M］. 北京：生活·读书·新知三联书店.

李民, 王健, 2004. 尚书译注［M］. 上海：上海古籍出版社.

李焘著, 黄以周, 等, 1986. 续资治通鉴长编［M］. 上海：上海古籍出版社.

李延寿, 1974. 北史［M］. 北京：中华书局.

刘向, 2005. 战国策［M］. 山东：齐鲁书社.

刘昫, 1975. 旧唐书［M］. 北京：中华书局.

鲁迅, 1976. 伪自由书［M］. 北京：人民文学出版社.

马立诚, 2016. 历史的拐点——中国历朝改革变法实录［M］. 北京：东方出版社.

欧阳修, 1974. 新五代史［M］. 北京：中华书局.

欧阳修, 宋祁, 1975. 新唐书［M］. 北京：中华书局.

齐涛, 2001. 中国通史教程古代卷［M］. 山东：山东大学出版社.

齐涛, 2008. 中国通史教程近代卷［M］. 山东：山东大学出版社.

钱穆, 1996. 国史大纲［M］. 北京：商务印书馆.

司马光, 2017. 资治通鉴［M］. 上海：上海古籍出版社.

司马迁, 1959. 史记［M］. 北京：中华书局.

宋濂, 等, 1976. 元史［M］. 北京：中华书局.

苏艳, 2018. 从文化自恋到文化自省——晚清中国翻译界的心路历程［M］. 武汉：华中师范大学出版社.

童书业, 2019. 春秋史［M］. 上海：上海人民出版社.

童星, 罗军, 2001. 社会规范的三种形式及其相互关系［J］. 江海学刊（3）.

脱脱，等，1974.辽史［M］.北京：中华书局.

脱脱，等，1975.金史［M］.北京：中华书局.

脱脱，等，1977.宋史［M］.北京：中华书局.

王福生，2012.论改革的起因与动因［J］.未来与发展（1）.

王福生，陈小丽，2010.大变法——中国改革的历史思考［M］.北京：金城出版社.

王明珂，2013.华夏边缘——历史记忆与族群认同［M］.杭州：浙江人民出版社.

王明珂，2018.游牧者的抉择——面对汉帝国的北亚游牧部族［M］.上海：上海人民出版社.

王士立，1994.中国古代改革家［M］.南开大学出版社.

王先谦，1988.荀子集解［M］.北京：中华书局.

王先慎，2013.韩非子集解［M］.北京：中华书局.

魏收，1974.魏书［M］.北京：中华书局.

沃尔特·施德尔，2018.罗马与中国——比较视野下的古代世界帝国［M］.李平，译.南京：江苏人民出版社.

邬国义，胡果文，李晓路，2017.国语译注［M］.上海：上海古籍出版社.

吴于廑，齐世荣，2011.世界史·古代史编［M］.北京：高等教育出版社.

吴于廑，齐世荣，2011.世界史·近代史编［M］.北京：高等教育出版社.

徐复观，2001.中国人性论史·先秦篇［M］.上海：上海三联书店.

徐梦莘，1987.三朝北盟会编［M］.上海：上海古籍出版社.

许倬云，2006.中国古代社会史论——春秋战国时期的社会流动［M］.邹水杰，译.广西：广西师范大学出版社.

许倬云，2012.西周史（增补二版）［M］.北京：生活·读书·新知三联书店.

薛居正，等，1976.旧五代史［M］.北京：中华书局.

阎步克，1986.秦政、汉政与文吏、儒生［J］.历史研究（3）.

阎步克，2017.波峰与波谷——秦汉魏晋南北朝的政治文明[M].北京：北京大学出版社．

杨伯峻，1981.春秋左传注[M].北京：中华书局．

杨宽，1998.战国史（第3版）[M].上海：上海人民出版社．

余英时，2005.汉代贸易与扩张——汉胡经济关系结构研究[M].邬文玲，等，译.上海：上海古籍出版社．

张廷玉，等，1974.明史[M].北京：中华书局．

张荫麟，2019.中国史纲[M].南京：江苏人民出版社．

赵尔巽，等，1977.清史稿[M].北京：中华书局．

赵汝愚，1999.宋朝诸臣奏议[M].上海：上海古籍出版社．

赵毅，赵轶峰，2010.中国古代史[M].北京：高等教育出版社．

赵翼，2011.廿二史劄记[M].上海：上海古籍出版社．

周振甫，2010.诗经译注[M].北京：中华书局．

朱熹，1983.四书章句集注[M].北京：中华书局．

L.S.斯塔夫里阿诺斯著，吴象婴、梁赤民译，1988.全球通史——1500年以前的世界[M].上海：上海社会科学院出版社．

后记

本书是"中国传统政治文化书系"中的一册。

在撰写本书之前,笔者曾出版过几种著作,也算是"老"作者了,但在参与书系撰写之后,心里难免惴惴:以前的写作大多是"自由"发挥的产物,如今丛书立意深远,体例统一,时间有定,自己能否按期完成?好在有诸多师友形式多样的持续督促,总算勉力完成。

人类历史的进程不会一帆风顺,而总是伴随这样那样的问题。问题不断出现是人类历史的常态,因此,有问题并不可怕,可怕的是回避问题,不想办法解决问题。在解决问题的方法中,改革是非常重要的一种。揆诸中国历史,早在文献记载中的夏朝就已经出现事实上的改革,而从思想上把改革作为解决问题的办法确立下来并进行大量的实践,是在春秋战国时期。从那时起,通过改革解决问题成为有志之士的共识,并升华为改革精神,融汇于中华优秀传统文化,一直到今天。基于这样的思考,本书以分专题而不是时间顺序的形式展示中国传统改革精神,既说明改革对历史进程的促进作用,也反思改革不当所引发的社会震荡,同时不遮掩因循守旧导致的社会停滞和王朝瓦解。至于这样的思考是否落实在文字层面，读者自可评说。

本书内容跨越的时间如此之长，涉及的范围如此之广，对于已经超越自身研究领域的笔者来说，顾及不周之处在所难免：材料的选择是个难题，没有改革过程的细节，行文就会空洞乏味；细节过多，行文又显得冗长；行文风格也是难题，纯粹学术化的论证使得作品除了范围狭小的受众，只能被束之高阁；迎合大众的通俗化写作又会使作品失去应有的严肃性。两难之间最难选，对此，尚祈见谅和批评。

本书的撰写首先得益于书系主编齐老师的信任。齐老师对中国传统政治文化有独到理解，对中国传统政治文化遗产在当今一定程度上的失落和失语有深刻感触。他组织"中国传统政治文化书系"的撰写事宜，既是对这种现状的回应，也是对中国历史上关于国家制度和国家治理丰富思想的当代阐释。本书作为其中之一，在多大程度上可以实现主编的关切还未可知，可知的是在撰写期间，笔者所思所想几乎绕不开本书主题，如太史公有言："虽不能至，然心向往之。"

在撰写过程中，泰山出版社对书稿提出建设性修改意见，王艳艳和徐甲一直关心本书的撰写情况，并做了很多协调和编辑工作，笔者也曾就中国传统改革的诸多问题多次请教周围的同事，这些，俱可感念！

李沈阳
2022年4月